안전한 학교 개론

박남수 저

보무각

박남수

이화여대 보건교육학과(이학사)
이화여대 대학원 보건교육학과(이학석사)
연세대학교 대학원 보건행정학과(보건학 박사)
전 아주대학교 의과대학 응급의학교실 연구교수
현 협성대학교 지역사회건강안전연구소 소장
현 국제안전도시 공인심사전문위원
현 국제안전학교 공인심사전문위원
현 교육부 건강증진모델학교 중앙컨설팅 자문위원
현 교육부 안전교육시범학교 중앙자문위원
현 협성대학교 보건관리학과 교수

안전한 학교 개론

초판발행 2016년 8월 29일
초판인쇄 2016년 8월 26일

지은이 박남수
펴낸이 이호동
발행처 보문각
블로그 http://bomungak.blog.me/
e-mail bomungak@naver.com
주소 서울시 서초구 바우뫼로7길 8 707호
등록번호 302-2003-00085
전화 02)468-0457
팩스 02)468-0458

값 15,000원

ISBN 978-89-6220-298-4 93510

머리말

참으로 안타까웠던 세월호 침몰사건 이후 정부와 국민들의 관심과 안전에 대한 민감성은 높아져 있으나 안전을 확보하기 위한 행동 실천까지는 아직 가야할 길이 멀다.

최근 초등학생이 심폐소생술 교육 이수 후 실제 응급상황에서 활용하여 50대 어른의 생명을 구한 것이 보도되었다. 주위에 다른 성인들도 여럿 있었음에도 불구하고 사람이 쓰러져 있는데도 관심이 없고, 오히려 초등학생보다도 못한 대응을 한 것이다. 이는 기성세대들이 과거 압축 성장과정을 거치면서 비롯된 경제발전 우선 풍조에 익숙하여 안전에 대한 무관심과 함께 사회 전반에 퍼져 있는 기성세대들의 안전 인식과 실천 행동과의 괴리를 보여주는 사례라 할 수 있다.

무엇이 문제이고 어디서부터 바로 세워져야 할 것인가? 안타까운 희생을 헛되게 하지 않기 위한 출발점은 학교에서 실시하는 안전교육 강화와 안전한 학교를 만드는 것에서 찾을 수 있다. 물론 교육으로만 모든 것이 해결되는 것은 아니다. 현재의 사회 구성원들을 대상으로 안전 불감증 제거와 각종 사고대처방안을 마련하는 것도 중요하지만, 장기적이며 지속가능한 안전한 국가를 만들어가 가기 위해서는 무엇보다 미래 국가의 기둥이라 할 수 있는 영유아 아동기에 대한 안전교육 강화와 안전한 학교를 만들어가야 하는 사회의 변화가 수반되어져야 한다.

학교는 어린 시절부터 반복적인 학습, 훈련을 통해 안전의식과 대응방식을 몸으로 체화시켜 전국민의 안전의식의 내면화 및 실천을 도모할 수 있는 최적의 환경이다. 안전한 학교를 만들기 위해 강화된 정책이 제대로 효과를 거두기 위해서는 학교에서의 안전교육을 포함하여 학교를 벗어난 지역사회에서도 학교 안전교육을 뒷받침 할 수 있는 인프라가 뒷받침되어야 한다. 단순히 안전교육은 학교의 책임이라는 기존의 경직된 사고방식에서 벗어나 각자의 자리에서 역할을 다해야 학생들이 안전하게 학습하고 성장할 수 있는 충분한 환경이 조성될 수 있다.

이 책에서는 안전한 학교를 만들어 가야 하는 필요성과 중요성을 이해하고, 학교 교육 활동과관련하여 발생할 수 있는 손상문제 및 안전이슈에 대한 지식을 습득할 수 있도록 구성하였다. 또한 교육활동별로 주요 손상문제와 해결전략의 개발을 지원할 수 있도록 구성하였다. 보건학을 전공하는 학생들 뿐 만 아니라 교육 및 보육을 전공으로 하는 학생, 사회 안전에 관심이 있는 전공자들을 위한 기본 안내서로 기획되었으며, 부족하나마 손상예방과 안전증진에 대한 길라잡이 역할을 할 수 있게 되기를 바란다. 이 책이 나올 수 있도록 도움을 주신 협성대학교 우수경 교수님과 협성대학교 지역사회건강안전연구소 김기예 박사님, 그리고 보문각 대표님을 비롯한 편집부 직원분들께 감사드린다.

2016년 8월

박남수

목 차

제1부 안전한 학교의 이해

제1절 안전한 학교의 이해

제2절 안전한 학교 만들기

Contents

제2부 주제별 안전 확보 전략

제1절 등하교 안전

제2절 교내 교육활동 안전

제3절 체험학습 안전

제4절 폭력 예방 및 자살 예방

Contents

제5절 재난재해 안전

제6절 응급처치

제1부

안전한 학교의 이해

1부는 안전한 학교를 만들기 위한 기본 단계로 먼저 안전과 손상의 개념에 대한 이해가 필요하고, 안전한 학교를 만들기 위해 적용할 수 있는 이론적 근거와 효과적 전략, 주요 선진국 및 우리나라 안전학교 정책에 대하여 제시하고자 한다.

제1절 안전한 학교의 이해

1장 안전과 손상의 개념

1. 손상

안전을 확보함으로써 기대하는 결과는 궁극적으로 생명보호라 할 수 있다. 따라서 안전에 대한 이해를 하는데 앞서 안전하지 못했을 때 발생하게 되는 손상(injury, 다치는 것, 상해)의 개념을 먼저 살펴보겠다.

일반적으로 안전의 상대적인 개념으로 "사고(accident)" 또는 "안전사고"라는 용어를 사용하는데 사고(accident)의 사전적 정의에는 "우연한 일, 예측할 수 없음, 통제할 수 없음"의 의미가 내포되어 있어, "재수 또는 운이 없어서 발생한 의도하지 않은 예방 불가능한 사건"으로 이해되고 있다. 그러나 손상(injury)은 "질병 이외의 외부적 요인에 의해 사람이 다치는 것, 즉, 비의도적 혹은 의도적 사건의 결과로서 발생하는 신체나 정신에 미치는 건강상의 해로운 결과"로 정의되고 있으며 "손상의 원인을 분석하여, 각 원인에 따른 포괄적 예방책을 마련한다면 충분히 예방 가능하다"는 의미로 해석되고 있다(WHO, CDC, 2001).

특히 최근 들어 의도하지 않은 사건뿐만 아니라 학교 내 폭력이나 자살 · 자해와 같이 의도가 있는 사건들이 증가 추세를 보이며(통계청 2015, 질병관리본부 2016), 의도적 및 비의도적 사건에 대한 사전 예방이 강조되고 있으므로, 예측할 수 없고 통제할 수 없는 개념(사고, accident)보다는 사전 대책을 마련하여 예방이 가능하다는 손상(injury)의 개념을 사용하도록 구분하는 접근이 필요하다.

현대 사회에서 중요한 건강문제의 하나로 대두되고 있는 손상(injury)은 보편적으로 질병이외의 이유, 즉 의도적 혹은 비의도적 사건의 결과로서 발생하는 신체나 정신에 미치는 건강상의 해로운 결과를 의미한다(NCIPC, 1989).

손상 유발요인으로는 사고, 자해, 폭력, 자연재해, 재난, 전쟁 등 많은 원인들이 제시되고 있다.

우리가 흔히 사용하고 있는 사고(accident)는 불안전한 상황의 결과로서 손상이 발생하거나 발생할 수 있는 사건을 의미하는 손상유발원인중의 하나이다. 사고는 주로 비의도적 손상에 국한된 개념을 가지고 있기 때문에 최근 심각성이 대두되고 있는 청소년 폭력이나 자살과 같은 의도적 손상에 대한 개념까지는 내포하지 못하므로, “사고(accident)”와 “손상(injury)”이 혼용되어 사용되는 것은 주의해야 한다.

손상을 예방하기 위해서는 손상 위험요인(어디서, 무엇을 하다가, 무엇에 의해, 어떻게, 얼 만큼 등)에 대한 내용을 파악할 수 있어야 한다. 국제표준질병 및 사인분류(ICD)에 따르면 손상이 발생하게 된 의도에 따라서는 비의도적 손상, 의도적 손상, 의도 미확인 손상으로 구분된다. 비의도적 손상에는 우리가 흔히 사고라 총칭하는 떨어짐, 넘어짐, 익수, 충돌, 화상 등 일상적 환경에서 발생되는 손상이 해당되며 의도적 손상에는 자살(자해), 타살, 폭력, 가해 등이 포함된다. 의도 미확인 손상에는 발생한 손상의 의도가 정확하게 확인되지 않는 경우가 포함되나, 일반적으로 의도적 손상의 경우 실제 발생되는 것보다 낮게 보고되는 경향(under-report)이 매우 크기 때문에 의도미확인 자료를 의도적 손상 범주에 포함하여 분류하기도 한다(UNICEF, 2003).

특정한 목적을 달성하기 위해 계획적으로 수행되는 일련의 활동들 또는 그 계획을 흔히 사업으로 통칭하고, 건강수준의 향상과 그 결정요인의 변화를 목적으로 계획된 사업을 보건사업이라 한다. 건강의 결정요인은 다양하며 이를 변화시키려는 활동을 수행하기 위해서는 여러 가지 자원이 요구된다. 보건사업은 인력, 물자 등을 포함한 여러 자원들을 유기적으로 결합한 조직을 필요로 하며 이러한 조직을 통한 활동은 대개 특정한 인구집단의 건강과 그 결정요인의 변화를 목적으로 실행된다. 따라서 보건사업은, “건강을 돌보는 일을 자신의 사명이자 일차적 목적으로 삼는 조직이 특정 인구집단의 건강수준과 그 결정요인을 변화시킬 목적으로 계획하여 수행하는 활동들 또는 그 계획”으로 요약해서 정의할 수 있다. 윈슬로(Winslow)는 공중보건 입장에서 본 보건사업이란

"공중보건의 목표인 질병예방, 수명연장, 건강증진을 달성하기 위해 여러 자원을 활용하면서 수행되는 조직적인 활동이다."라고 정의하였다. 이러한 정의에 담겨있는 의미들을 보다 구체적으로 살펴보자.

그림 1-1 손상의 유발요인

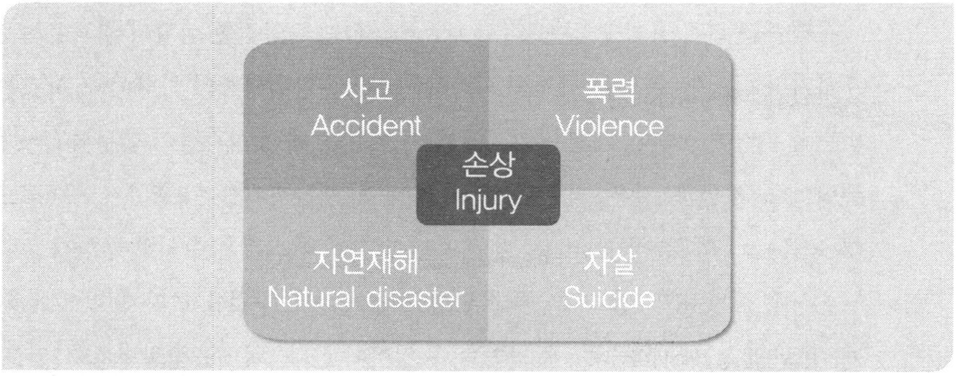

손상은 심뇌혈관질환, 암 등 기타 질병으로 인해 생애주기에서 일을 할 수 있는 기간을 단축시키는 것 보다 더 많은 기간 동안 일을 할 수 없게 하는 등 노동력 상실과 함께 매우 큰 사회적 경제적 부담을 초래하는 건강 문제이다. 손상으로 인한 높은 사망률과 후유 장애, 개인의 삶의 질 저하는 물론, 막대한 사회경제적 손실에 대한 인식을 토대로 세계보건기구와 선진국에서는 국가단위 보건 분야 우선관리사업의 하나로 손상을 다루고 있다(WHO, 2006).

2012년 우리나라 전체 질병의 사회경제적 부담중 16.2%(19조 5400억 원, 2012년)가 손상 및 중독으로 인한 사망이었으며 이는 손상사망자 1인당 6억2,720만원(2012년)의 사회적 비용 손실을 야기한 것으로 추정되었다(국민건강보험공단, 2014).

그림 1-2 건강문제로서 손상으로 인한 사회경제적 비용

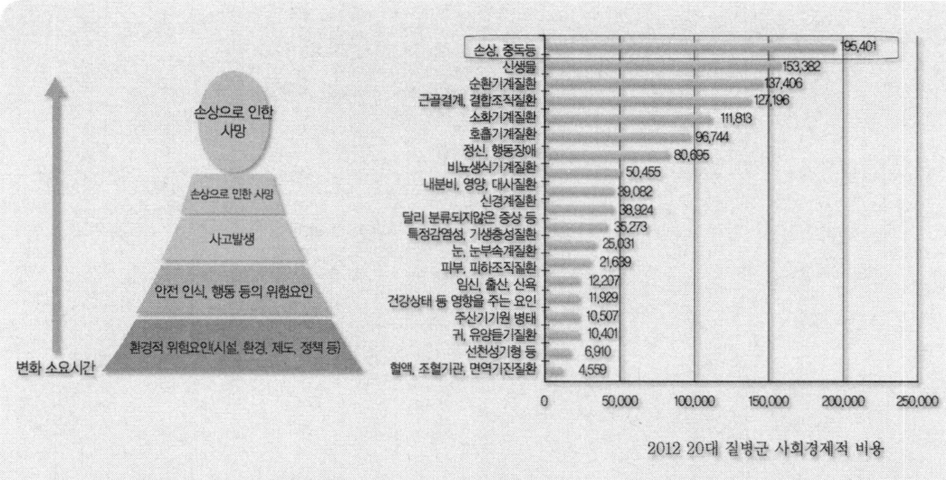

자료원 : 박남수(2016)   자료원 : 국민건강보험공단(2014)

2. 손상의 패러다임 전환

1900년대 초기까지는 손상을 개인적인 실수나 운명으로 치부하였다. 그러나 1920년대부터 자동차 사고를 운전행위의 미숙에서 기인한다고 간주하여 운전자들에게 면허를 부여하는 제도를 법제화하기 시작하였으며, 1930년대 중반에 자동차 사고는 인적 요인과 기계적 요인의 조합에 의한다는 것이 알려진 이후 손상을 하나의 질병(Disease)으로 인식하기 시작하였다. 1940년대 보건학자 Gordon에 의해 손상이 다른 질병과 마찬가지로 유행(Epidemic)과 계절적 변화, 장기간의 추세, 인구학적 분포를 가진다고 밝혀지면서 손상에도 고위험군(High- Risk Group)이 있으며 개체(Host)와 병원체(Agent) 혹은 매개체(Vector), 환경(Environment)의 세 요소가 서로 관련되어 있는 예방 가능한 문제임을 인식하였다.

과거에는 손상을 개인적인 문제로 간과하였다면, 손상을 질병으로 간주한 것은 손상예방을 위한 인식의 전환을 가져왔으며, 이에 따라 손상예방에 대한 과학적 접근이 가능하게 되었다.

그림 1-3 손상에 대한 패러다임 전환

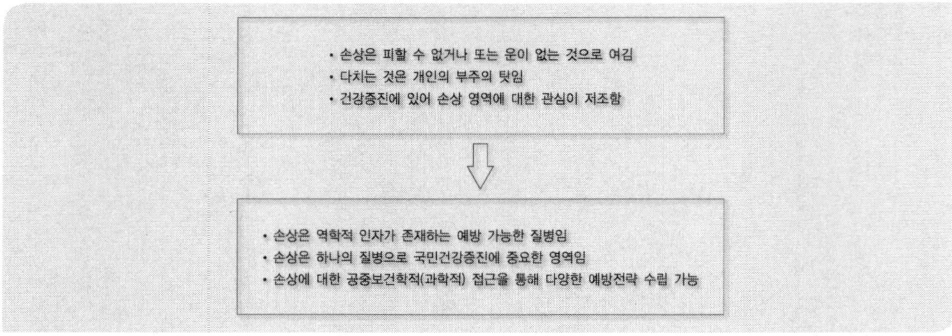

3. 안전(safety)

세계보건기구는 손상을 대부분의 경우 통제할 수 있는 즉, 줄이거나 없앨 수 있는 환경적 · 생물학적 및 행동적 결정인자를 갖는 사건과 행동의 결과(WHO, 1989)로 정의하고 있다. 따라서 예기치 못한 교통사고나 화재 등과 같은 사건(accident)에 의해 우연히 발생되는 것이 아니라, 다른 질병과 같이 고위험군(high risk group), 위험 환경(risk environment), 위험요인(risk agent)이 서로 복합적으로 관련되어 있어, 이를 적절히 통제함으로써 충분히 예방 가능하다.

사고와 손상예방 프로그램들은 손상을 예방하는 것 외에도 급성 환자의 치료와 재활 프로그램을 개선할 방법들을 포함하고 있다. 사고의 예방은 손상 예방의 중요한 한 방편임에는 틀림없지만 유일한 방편은 아니며 일단 사고가 나더라도 보호 장비를 착용하였을 경우와 같이 손상을 예방하거나 줄일 수 있는 또 다른 방편이 있으며, 손상 이후 응급의료서비스의 개선으로 생명을 구하고 손상의 장애를 예방하는 것도 역시 손상예방의 중요한 방편임을 알 수 있다. 그러나 이중에서 가장 효율적인 활동은 사고 및 손상 발생 이전에 취해지는 적극적 예방활동들이라 할 수 있다(CDC, 2005)(그림 1-4).

안전 safety의 궁극적인 목표는 생명보호라 할 수 있다. 그러나 안전은 단순하게 범죄나 폭력예방을 위한 수단, 교통사고로 인한 사망의 감소와 같이 손상이나 위험이 없는 상태만을 의미하는 것이 아니라, 위험이 없는 것에 대한 주관적인 느낌, 인간의 성장발달을 위한 긍정적 상태의 유지 등 하나로 정의될 수 없는 포괄적, 동적 개념이라 할 수 있다. 손상(Injury)은 예방으로 인한 삶의 질 향상효과가 극히 높은 영역 중의 하나

그림 1-4 손상예방의 개념

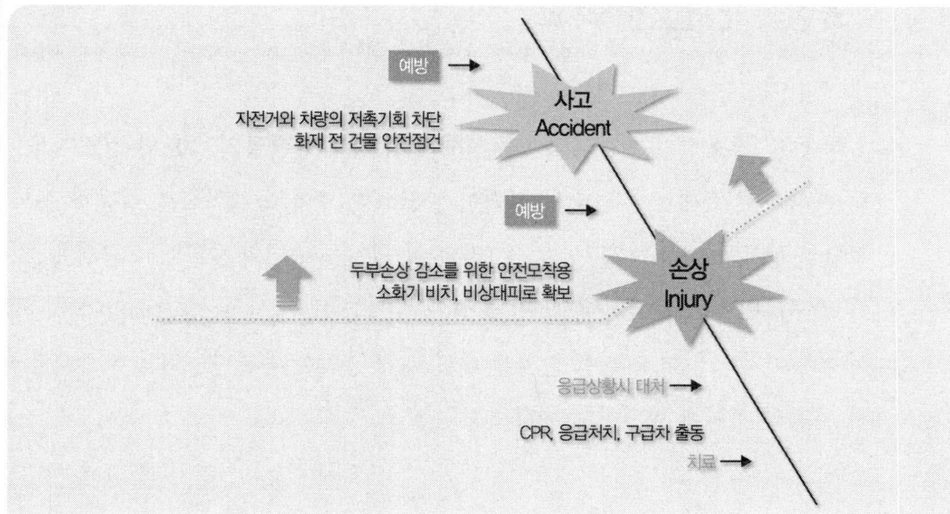

로 사고손상으로 인한 사망의 예방가능성은 98% 이상인 것으로 보고되어(정영호, 2014) 향후 손상예방 및 안전증진정책의 강화가 필요함을 알 수 있다.

이러한 안전 수준을 향상시키고자 하는 안전증진(safety promotion)은 불안전의 결과인 신체적 또는 정신적 손상이나 불안감, 손상 발생 위험 등이 초래되지 않도록, 국가, 지역사회나 학교 등의 집단과 함께 구성원 개개인이 안전의 개념을 이해하고, 안전이라는 목표달성을 위해 행해지는 모든 계획된 노력을 의미한다. 이는 개인의 태도와 행동 뿐 아니라 사회 · 문화 · 정책 · 제도 등의 구조적 변화를 통해 안전을 충분히 제공하고 확보할 수 있는 환경을 만드는 과정과 결과를 의미한다. 따라서 기존의 재난재해 관리중심이라는 협의의 안전 관점에서 벗어나 포괄적 안전에 대한 개념으로 확대하여야 하며, 아동 청소년의 삶의 질 향상을 위해 해결해야 할 주요한 문제의 하나로 손상과 손상을 유발하는 위험요인을 이해해야 하고 이에 수반되는 적극적인 안전정책 수립과 수행이 요구된다.

2장 안전한 학교

아동 및 청소년기는 신체적, 지적, 사회적, 정서적 발달의 속도나 정도가 급격히 일어나는 시기로서 새로운 기술과 능력이 발달되며 보다 독립적으로 행동하고 사회적으로 적합한 행동을 배우는 시기이다. 그러나 이 시기는 주변의 사물이나 환경에 호기심이 높아 탐구하려는 충동이 강한 반면에 신체적 기능 및 정신적 성숙에 있어서 충분한 발달이 이루어지지 않아서 위험 상황에 대한 대처 능력이나 판단능력의 부족으로 인한 갖가지 사고의 위험에 직면하게 된다.

1. 아동 청소년 손상사망 발생

2015년 9월 통계청에서 발표한 연령별 3대 사망원인 구성비 및 사망률을 보면 1-9세는 암, 운수사고, 10-19세는 고의적 자해(자살), 운수사고 이었다. 연령별 사망률(인구 10만 명당)이 높은 사망의 외인은 0세는 운수사고(1.7명), 추락사고와 타살(유기 등)(1.4명), 1-9세는 운수사고(1.2명), 타살(0.9명), 10대는 운수사고(4.8명), 자살(4.5명)이었으며, 사망의 외인 사망률은 전년 대비 10대를 제외한 모든 연령층에서 감소하였다. 10대는 전년 대비 1.2명(11.5%) 증가하여 이는 아동 청소년 연령층의 주요 사망원인이 사망의 외인 즉 손상사망임을 알 수 있어 이에 대한 예방대책의 마련이 시급함을 알 수 있다.

표 1-1 연령별 3대 사망원인 구성비 및 사망률, 2014년

(단위 : %, 인구 10만 명당)

연령(세)	1위			2위			3위		
	사 망 원 인	구성비	사망률	사 망 원 인	구성비	사망률	사 망 원 인	구성비	사망률
1–9	악성신생물	17.8	2.1	운수 사고	10.5	1.2	선천 기형, 변형 및 염색체 이상	9.5	1.1
10–19	운수 사고	26.2	4.8	고의적 자해(자살)	24.7	4.5	악성신생물	14.3	2.6
20–29	고의적 자해(자살)	45.5	17.8	운수 사고	15.4	6.0	악성신생물	10.6	4.1
30–39	고의적 자해(자살)	36.9	27.9	악성신생물	19.5	14.7	운수 사고	7.8	5.9
40–49	악성신생물	29.3	48.6	고의적 자해(자살)	19.5	32.4	간 질환	7.9	13.2
50–59	악성신생물	38.8	144.6	고의적 자해(자살)	9.8	36.4	심장 질환	7.9	29.3
60–69	악성신생물	44.1	344.4	심장 질환	8.6	67.1	뇌혈관 질환	7.7	59.8
70–79	악성신생물	35.1	827.1	뇌혈관 질환	10.5	248.5	심장 질환	9.9	234.6
80 이상	악성신생물	17.3	1,490.8	심장 질환	11.9	1,027.2	뇌혈관 질환	10.8	925.1

자료원 : 통계청 사망원인통계결과(2015)

표 1-2 사망의 외인에 의한 연령별 사망률 추이, 2013년-2014년

(단위: 인구 10만 명당)

연 령 (세)	2012년	2013년	사망의 외인						
			운수[1] 사고	추락[2] 사고	익사 사고	화재 사고	중독 사고	자 살	타 살
계	61.3	57.8	11.2	4.5	1.1	0.6	0.4	27.3	1.0
0	13.8	12.4	1.7	1.4	1.0	–	–	–	1.4
1-9	5.0	4.0	1.2	0.6	0.4	0.1	0.0	0.0	0.9
10-19	10.1	11.3	4.8	0.2	0.6	0.2	–	4.5	0.5
20-29	28.7	27.1	6.0	0.5	0.5	0.2	0.1	17.8	0.5
30-39	40.4	39.0	5.9	1.0	0.5	0.3	0.3	27.9	0.7
40-49	53.5	50.6	8.0	2.6	0.9	0.5	0.4	32.4	1.2
50-59	74.3	68.2	13.3	6.2	1.5	0.8	0.6	36.4	1.4
60-69	97.0	87.0	20.7	9.8	1.7	0.8	0.7	37.5	1.3
70-79	184.0	163.8	39.8	16.5	3.3	2.2	1.1	57.6	1.5
80세 이상	427.9	388.5	45.9	36.6	4.2	5.1	1.7	78.6	1.8

1) 운수사고는 사람이나 화물을 운반하기 위한 기계장치와 관련된 사고를 의미하며 육상, 수상, 항공의 교통 및 비교통사고 (논밭의 트랙터 사고 등)를 포함

2) 미끄러지거나 넘어지는 사고를 포함

자료원 : 통계청 사망원인통계결과(2015)

손상 발생에 있어서 손상으로 인한 사망은 빙산의 일각과 같이 피라미드 맨 윗부분에 해당하는 매우 작은 부분에 불과하다. 통계청의 사망원인통계, 퇴원손상환자심층조사통계 국민건강영양조사등의 자료원을 이용하여 손상으로 인한 사망과 입원, 외래방문의 규모를 추정한 결과에 따르면, 인구 10만명 당 사망:입원:외래의 비는 1:28.41:117.03으로 나타났다(김아정, 2013).

그림 1-5 전체 손상의 발생규모 현황

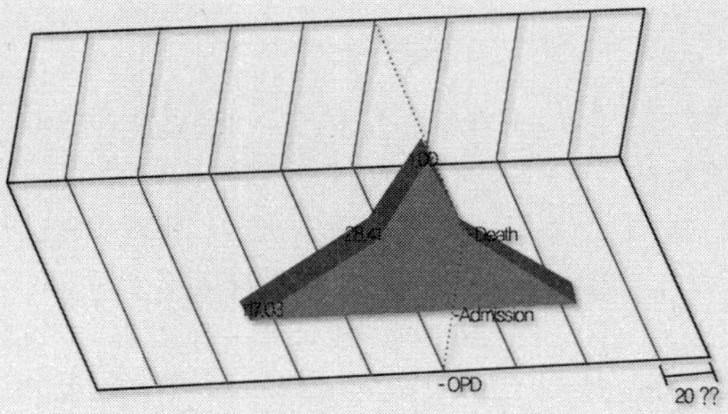

자료원 : 김아정 (2013)

따라서 손상문제에 대한 예방대책을 마련하기 위해서는 사망뿐만 아니라 입원, 외래 치료, 이로 인한 장애발생, 일상생활제한 등의 비치명적인 결과와 함께 손상을 유발하는 위험요인까지 포함하는 현황까지 파악되어져야 한다.

2. 학교 교육활동 관련 손상 발생

학교는 제도화된 틀 속에서 전문적인 소양과 지식을 갖춘 교사가 일정한 연령층의 학생을 대상으로 정선된 문화유산을 교육내용으로 구성하여 계획적으로 교육하는 기관이다. 따라서 학교는 유아교육법[1]에 의하여 유치원, 초 · 중등교육법[2]에 의하여 초등학교 · 공민학교, 중학교 · 고등공민학교, 고등학교 · 고등기술학교, 특수학교, 각종학교, 그리고 고등교육법[3]에 의하여 대학, 산업대학, 교육대학, 전문대학, 방송대학 · 통신대학 · 방송통신대학 및 사이버대학, 기술대학, 각종 학교를 의미한다.

1) 학교 안전사고의 개념

「학교안전사고 예방 및 보상에 관한 법률」 제2조제 6항에 의하면 "학교안전사고"라 함은 교육활동 중에 발생한 사고로서 학생 · 교직원 또는 교육활동참여자의 생명 또는 신체에 피해를 주는 모든 사고 및 학교급식 등 학교장의 관리 · 감독에 속하는 업무가 직접 원인이 되어 학생 · 교직원 또는 교육활동참여자에게 발생하는 질병으로서 대통령령이 정하는 것을 말한다. 동 법률 제2조제4항에서 "교육활동"이라 함은 학교의 교육과정 또는 학교의 장(이하 "학교장"이라 한다)이 정하는 교육계획 및 교육방침에 따라 학

1) 유아교육법 제2조 (유아교육법 법률 제10176호 일부개정 2010. 03. 24) "유치원"이란 유아의 교육을 위하여 이 법에 따라 설립 · 운영되는 학교를 말한다.

2) 초 · 중등교육법 제2조(초 · 중등교육법 법률 제8917호 일부개정 2008. 03. 21) (학교의 종류) 초 · 중등교육을 실시하기 위하여 다음 각 호의 학교를 둔다[개정 2004.1.29]. 1. 초등학교 · 공민학교, 2. 중학교 · 고등공민학교, 3. 고등학교 · 고등기술학교, 4. 특수학교, 5. 각종학교

3) 고등교육법 제2조 (고등교육법 법률 제9936호 일부개정 2010. 01. 22.) (학교의 종류) 고등교육을 실시하기 위하여 다음 각 호의 학교를 둔다. 1. 대학, 2. 산업대학, 3. 교육대학, 4. 전문대학, 5. 방송대학 · 통신대학 · 방송통신대학 및 사이버대학(이하 "원격대학"이라 한다), 6. 기술대학, 7. 각종학교

교의 안팎에서 학교장의 관리 · 감독 하에 행하여지는 수업 · 특별활동 · 재량활동 · 과외활동 · 수련활동 또는 체육대회 등의 활동, 등 · 하교 및 학교장이 인정하는 각종 행사 또는 대회 등에 참가하여 행하는 활동, 그 밖에 대통령령이 정하는 시간[4] 중의 활동으로서 가 목 및 나 목과 관련된 활동이라고 정하여 있다. 따라서 "학교안전사고" 는 "학교 교육활동과 관련하여 발생한 손상(injury)"의 개념으로 적용하고, "학교안전사고"란 "학교 교육활동과 관련하여 비의도적 혹은 의도적 사건의 결과로 발생하는 신체나 정신에 미치는 건강상의 해로운 결과"라 정의하는 것이 적합하다.

2) 학교 교육활동 관련 손상발생

최근 5년(2011~2015년)간 학교 교육활동 관련하여 발생한 손상에 대한 보상청구 통계(학교안전공제회 보상청구)에 따르면 2011년 8만6468건에서 2012년 10만365건, 2013년 10만5088건, 2014년 11만6527건, 2015년 12만123건으로 연평균 8.6% 증가하고 있다. 학교급별로는 중학교, 초등학교, 고등학교의 순으로 보상청구 된 것으로 나타나 있으나 학생 1000명당 발생정도로 살펴보면, 중학교가 학생 1000명당 19.45명, 고등학교 18.85명, 특수학교 17.39명, 유치원 11.3명으로 단순히 건수가 아닌 발생율의 개념으로 이해하는 것이 학교 교육활동과 관련된 고위험 계층을 파악하는데 적합하다.

표 1-3 최근 5년간 학교안전사고 보상청구통계

학교급	2011	2012	2013	2014	2015
유	5,397	6,378	7,029	7,602	7,722
초	30,604	33,843	35,127	37,075	38,031
중	26,477	33,462	34,400	39,101	39,854
고	23,454	26,040	27,861	31,941	33,704
특수	344	381	400	514	444
기타	192	261	271	294	368
합계	86,468	100,365	105,088	116,527	120,123

자료원 : 교육부)

4) 대통령령이 정하는 시간은 1.통상적인 경로 및 방법에 의한 등·하교 시간, 2.휴식시간 및 교육활동 전후의 통상적인 학교체류시간, 3. 학교의 장의 지시에 의하여 학교에 있는 시간, 4. 학교외의 장소에서 교육활동이 실시될 경우 집합 및 해산 장소와 집 또는 기숙사 간의 합리적 경로와 방법에 의한 왕복시간을 말한다.

2013년 기준으로 한 학교 안전공제회 세부 통계에 의하면 학교안전사고 발생 시간대는 체육수업 29,868건(28.4%), 점심시간(18.6%), 휴식시간 및 청소시간(17.7%), 수업시간(15.1%) 순으로 많이 발생하는 것으로 나타났다. 체육수업시간과 수업시간에 발생하는 학교안전사고 비율이 43%에 달하고 있어 교사의 학생 관리에 허술함이 노출되어 있으며, 특히 교사의 관리와 지도가 느슨한 점심시간과 휴식시간 및 청소년 시간에 발생하는 사고발생 비율이 35%에 이르고 있다.

또한 학교 급별로 사고발생 1,2순위를 비교해보면, 유치원은 수업시간(4,096건)과 점심시간(697건), 초등학교는 체육수업(8,414건)과 점심시간(8,377건), 중학교는 체육수업(12,014건), 휴식시간 및 청소시간(6,567건), 고등학교는 체육수업(8,698건)과 휴식시간 및 청소시간(4,899건)으로 나타났다.

학교에서 발생하는 손상은 학생들의 발달단계에 현저한 차이가 있어 학생들 사이의 장난이나 주의 산만에 기인하기도 하나 학생들의 발달단계에 현저한 차이가 있다는 점이 특성이다. 초등학생의 경우에 인지적인 면에서 아직 미숙하여 본인의 행동으로 인한 위험성에 대한 지각능력이 부족한 상황이다. 또한 학교안전사고의 당사자인 학생들은 모방심과 모험심이 강한 특성을 지니고 있다. 특히 초등학교 고학년과 중학생의 경우는 발달단계상 모방심과 모험심이 강해서 위험에 대한 경계심이 적다. 따라서 여러 매체를 통해 본 장면을 흉내 내거나 위험한 장난을 시도하는 경우가 종종 있다. 따라서 일반 교과시간이나, 교육과정상 위험을 내포한 교과시간, 휴식시간 등 교사가 임장하거나, 임장하지 못한 상황에서도 손상발생의 가능성은 상시 존재한다고 볼 수 있다.

또한 학생의 교육받을 권리와 관련하여 교육법상 학교설립의 주체는 학교 건물의 안전관리의 정비의무가 있다. 그러나 학교건물이나 시설과 관련하여 발생하는 손상들은 대부분 학교시설 정비 미비에서 오는 사고라고 할 수 있다.

3. 안전한 학교의 개념

학교는 동일한 특성을 가진 구성원들의 집단이라는 점에서 손상예방 및 안전증진사업의 집중 및 효율성을 최대로 증대시킬 수 있는 환경이다. 기존의 학교안전(school safety)은 학교보건서비스, 학교급식과 함께 학교 보건교육의 3영역중 하나이며, 각각이 독자 기능을 유지하면서 서로 관련을 맺고, 아동과 학생 등의 건강 유지증진을 도모하는 영역으로 알려져 있다. 학교안전은 안전교육과 안전관리, 그리고 양자의 활동을 원활하게 추진하기 위한 조직 활동이라는 세 가지의 주요한 영역으로 구성되어 있다고 제시되었다(학교안전공제회, 2011).

안전과 손상예방이라는 주제는 학교 전체에서 수행하는 사업중 한 영역(school safety)이 아니라 학교에서 이루어지는 모든 사업에서 기본적으로 반드시 다루어져야 하는(safe school) 개념적 특성을 가지고 있다. 먼저 안전에 관한 기초적ㆍ기본적 사항을 체계적으로 이해하고, 사고력, 판단력을 높임으로써 안전에 대해 적절한 의지결정이 가능하도록 할 것과 함께 발생 가능한 안전 문제를 중심으로 다루어, 안전증진에 관한 보다 실천적인 능력이나 태도, 바람직한 습관의 형성을 목표로 해야 한다. 학교 구성원의 안전을 확보하지 못한 결과로 손상이 발생하게 되면 결석이나 결근 등 교육활동에의 참여가 어려운 상황이 발생되고, 결국 이것은 교육적 목표를 달성하는데 지장을 초래할 수 있으므로, 학교 구성원의 건강과 안전은 모든 교육활동의 기본 전제조건이라 할 수 있다.

그림 1-6 안전한 학교의 개념

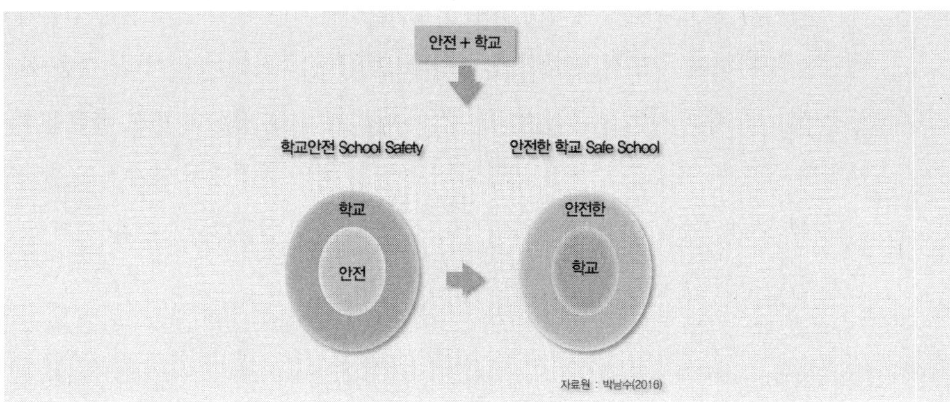

자료원 : 박남수(2016)

안전증진의 개념이 과거에는 개인적인 측면에 초점을 맞추었다면, 최근에는 기존의 개인중심 예방사업과 더불어 안전에 영향을 미치는 복합적인 요인들을 통제하기 위한 사회적 물리적 개선에 초점을 맞춘 인구집단중심의 접근이 효과적인 대안으로 제시되고 있다.

학교 내부 환경은 크게 학생, 교직원으로 구성되고 외부 지원환경으로는 학부모 등의 가족, 지역사회 유관기관, 관련전문단체 등이 있다. 학교 구성원들의 안전은 그 개인이 생활하고 있는 다양한 환경에 의해 영향을 받는데 개인의 건강과 안전에 영향을 미치는 환경을 이해하려면 환경의 다양한 수준에 대한 고려가 요구된다. 따라서 안전한 학교를 만들기 위해서는 무엇보다 학교 내의 모든 구성원들이 손상예방 및 안전증진이라는 목표를 이해하고 안전 확보를 위한 관심과 적극적 참여가 요구된다.

즉, 학생 등 구성원이 안전에 관한 문제에 대해 흥미、관심을 갖고 적극적으로 교육에 참여하여, 사고력、판단력을 익히고, 안전한 의사결정이나 안전행동을 선택할 수 있도록 모색해야 하며, 사고의 원인이 되는 학교환경이나 아동 · 학생 등의 학교생활 등에서의 행동의 위험을 조기에 발견하여 그 위험을 신속하게 제거함과 함께 손상발생시 적절한 응급대처나 안전조치가 가능하도록 대응체제를 확립하고, 아동 · 학생 등의 안전 확보를 도모할 수 있어야 한다. 안전관리는 교직원이 중심이 되어 이루어지며, 안전을 배려하면서 학생등 구성원이 위험한 상황을 알게 하거나 간단한 안전점검을 하게하는 등, 아동 · 학생 등에게 이러한 활동에 직접 참여하게 하는 것은 교육적 관점에서 매우 중요하다.

안전한 학교를 목표로 하는데 있어 중요한 것은 어떤 새로운 기구나 조직을 만드는 것이 아니라 사고나 손상예방에 관심을 갖고 있는 기존의 학교 구성원이나 학교 자체의 역량을 강화하여 주도적인 역할을 수행할 수 있어야 한다는 점이다. 또한 이러한 사업들은 새로운 다른 사업들로 대체되는 것이 아니라 손상 양상의 변화 패턴을 지속적으로 추적할 수 있는 새로운 방법을 만들어내고 인식 행위 환경에서 필수적인 변화를 도모하기 위해 구성원들의 힘을 활용하여 전통적인 하향식 접근방법으로는 해결할 수 없었던 문제를 다루는 것 등의 사업들로 보완되어져야 한다.

■ 정리

학교 안전사고 즉, 교육활동과 관련된 손상 안전사고는 학교 교육활동과 관련하여 비의도적 혹은 의도적 사건의 결과로 발생하는 신체나 정신에 미치는 건강상의 해로운 결과이며, 안전과 손상예방의 주제는 학교 전체에서 수행하는 사업중 한 영역이 아니라 학교에서 이루어지는 모든 사업에서 기본적으로 반드시 다루어져야 하는 개념적 특성을 가지고 있다. 안전한 학교를 만들기 위한 접근전략으로는 손상문제와 수행사업간의 논리적 연계성 확보, 수혜자(이용자) 중시 관점, 사전 예방적 관점의 사업, 개인 뿐 만 아니라 학급, 학교, 지역사회 및 지역교육지원청 등의 관련된 모든 기관에서 동시에 손상예방을 위한 다각적인 노력, 구성원에 대한 교육, 이용물에 대한 공학적 개선, 환경적 개선, 학교 내 안전정책의 제정 및 규제강화 등의 다부문간 복합적 접근이 반드시 요구된다.

제2절 안전한 학교 만들기

1장 학교 안전증진 모델

안전한 학교를 만들기 위해서는 우선 학교에서 많이 발생하고 있는 손상문제와 수행하고자 하는 사업 간의 논리적 연계성을 확보해야 한다. 수행하고자 하는 사업은 시설이 아닌 수혜자(이용자)를 중시하는 관점에서, 사후대처 보다는 사전 예방적 관점에서 개발되어져야 한다. 사업을 수행하는 전략으로는 학교 구성원의 개인적 요인 뿐 만 아니라 학급, 학교, 지역사회 및 지역교육지원청 등의 관련된 모든 기관에서 동시에 손상예방을 위한 다각적인 노력을 기울여야 한다. 또한 대부분 안전한 학교 만들기라 하면 교사 중심의 안전교육 중심으로 생각할 수 있으나 손상이 가지고 있는 복합적 특성을 고려한다면, 구성원에 대한 교육, 이용물에 대한 공학적 개선, 환경적 개선, 학교 내 안전정책의 제정 및 규제강화 등의 다부문간 복합적 접근이 반드시 요구된다. 이러한 전략을 활용한다면 손상 및 안전의 개념에 대한 포괄적 이해를 토대로 하는 근거에 기반을 둔(evidence-based) 과학적인 접근이 가능할 것이다.

1. 손상예방을 위한 공중보건학적 접근

세계보건기구와 미국 질병관리본부에서는 손상예방을 위한 체계적 접근과 효율적인 사업수행을 위해 다음과 같은 4단계를 손상예방을 위한 공중보건학적 예방대책으로 제시하고 있다(WHO, 2001)(그림 2-1).

그림 2-1 손상예방의 공중보건학적 접근

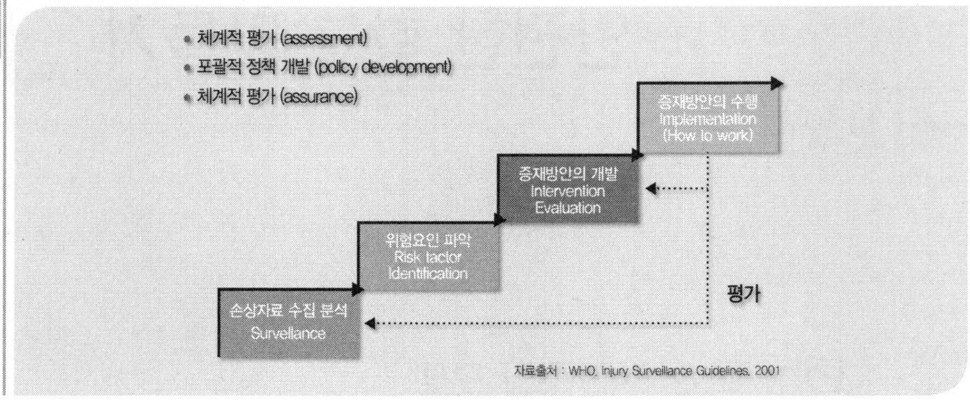

자료출처 : WHO, Injury Surveillance Guidelines, 2001

- 1단계 : 손상감시체계를 구축하여 대상인구집단이 가지고 있는 손상의 문제를 확인한 후 위험요인을 정확히 분석한다.
- 2단계 : 얻어진 손상자료를 토대로 손상예방의 우선순위를 결정하고 손상예방 및 안전증진 방안을 모색한다. 우리가 사용할 수 있는 자원은 한정되어 있어 모든 요구를 충족시켜 줄 수 없기 때문에 가장 먼저 해결해야 할 손상문제

가 무엇인지를 결정하는 것은 매우 중요하다. 이는 대상 집단의 목적(Goal)과 목표(Objective), 표적 집단(Target)을 결정하는 것으로, 이전 단계에서의 상황 분석결과와 대상 집단에 대한 정책적 목표에 의해 영향을 받는다. 설정된 우선순위 영역에 대하여 목표와 목적을 달성하기 위해서는 필요한 다양한 대안들을 제시하고 대한평가를 통해 가장 적합한 안을 선택하여야 한다.

- 3단계 : 구성원의 능동적인 참여를 통해 안전증진을 위한 프로그램을 개발하고 적용한다. 선택된 대안을 일련의 프로그램으로 전환하고 예산을 세우는 단계이며, 광범위한 프로그램을 보다 특정하게 세분화하고 예산이 설정된 일과 활동들로 전환하여 수행하고, 이러한 활동들의 실행에 관한 모니터링을 하는 단계이다.
- 4단계 : 평가(Evaluation)를 통해 프로그램의 수행결과와 효용성을 제시하며, 보완과 지속적 수행, 차후의 상황분석을 위한 정보로 사용한다(Modification and Feedback).

2. 국제안전학교 모델 (International Safe School model)

안전한 학교 만들기를 위한 포괄적이며 효과적인 전략중 하나인 국제안전학교 모델은 세계보건기구에서 제시하고 있는 손상예방을 위한 보건학적 예방대책을 준수하고 있다. 이는 학교환경내의 모든 구성원들이 손상예방 및 안전증진을 위해 개인의 태도와 행동뿐 아니라 건강에 영향을 미칠 수 있는 물리적 사회적환경의 변화를 통해 구성원들의 안전을 충분히 확보할 수 있는 환경을 만드는데 목적이 있다

이것은 WHO 지역사회안전증진협력센터(스웨덴 카롤린스카 연구소) 주관으로 지역사회차원에서 활발하게 추진 중인 국제안전도시(international safe community) 사업과 맥을 같이 하는 사업으로 시작되었으며, 제시된 기준을 충족한 경우 국제안전학교로 공인해주는 체계로 운영되고 있다. 국제안전학교로 공인을 받았다고 하는 것은 이미 사고나 손상으로부터 완전히 안전하다는 것을 의미하는 것이 아니며, 학교 구성원들이 주체적으로 손상을 줄이기 위해 지속적이고 능동적으로 노력하는 것을 인정한다는

점에 의미를 부여하고 있다.

1) 국제안전학교모델을 적용한 포괄적 예방대책

국제안전학교 사업은 크게 학교의 물리적 환경, 사회적 환경, 보건교육, 체육 교육(활동), 보건서비스, 위기 대처 능력, 지역사회와 가족과의 연계 등의 요소로 구성되어 있다.

① 물리적 환경 : 학생들이 생활하는 공간인 학교 건물, 교실내, 운동장, 학교 앞 스쿨존, 체육수업시설, 보호 장비, 실험실습공간, 운동기구 및 놀이기구 등이 해당된다.

② 사회적 환경 : 안전학교 사업 추진을 위한 위원회 조직 및 유기적 운영, 학교 안전기준 제정, 학부모, 교사의 적극적 협조, 학생간의 관계, 교사 학생간의 관계 등 학교 폭력 관련 분위기 등이 해당된다.

③ 보건교육, 체육교육(활동) : 교과운영과 관련하여 보건교육, 체육수업시 손상발생 예방 교육 및 활동, 이에 대한 평가, 각종 사고뿐만 아니라 의도적 손상 (폭력, 자해 등)에 대한 프로그램이 반드시 포함되도록 한다.

④ 보건서비스 : 학생들의 손상자료 수집 및 분석, 환류를 위한 시스템을 마련하고, 학생들의 손상발생시 대처할 수 있는 프로그램을 운영한다.

⑤ 위기 대처 : 각종 응급상황에 대처할 수 있는 계획, 지역사회 유관기관과의 연락망 등을 확보하는 것이 포함된다.

⑥ 지역사회와 가족과의 연계 : 학교 활동에 지역사회와 학생의 가족이 적극적으로 참여할 수 있는 다양한 프로그램을 개발, 안전학교 사업결과에 대한 공유 등을 통해 안전 환경을 구축할 수 있는 기반을 마련한다.

2) 국제안전학교 공인 기준

① 학교의 안전증진에 책임이 있는 학생, 교사를 포함한 교직원, 학부모들의 파트너쉽과 협력에 설근거한 기반을 구축한다.

② 학교 정책을 제정, 운영하는 의사결정권이 있는 운영위원회 등에 의해 제정된 안전한 학교 관련 정책을 마련하여야 한다.

③ 학교의 모든 구성원들의 연령, 성, 환경, 상황 등을 포괄할 수 있는 장기적으로 지속 운영 가능하면서 실천적인 학교 프로그램을 기획한다.

④ 학교 내 손상위험이 가장 높은 대상과 환경에 초점을 맞춘 고위험군 안전증진 프로그램을 포함한다.

⑤ 과학적 지식의 근거를 기반으로 하는 프로그램을 적용해야 한다.

⑥ 학교 구성원의 손상 발생에 대한 빈도와 원인 파악 프로그램 운영해야 한다. (사고나 폭력 등 모든 생손상의 범위 포괄)

⑦ 학교 정책, 프로그램의 과정 및 변화의 효과를 측정할 수 있도록 지속적인 평가를 실시한다.

⑧ 국제 안전 학교 네트워크에의 지속적으로 참여하여 경험을 공유한다.

이러한 기준들은 각 급 학교에서 공인이 목적이 아니어도 제한된 자원으로 안전한 학교를 만들어나가기 위한 효율적인 방법으로 기여할 수 있다.

3) 국제안전학교 공인절차

① 학교 내 손상 현황 및 안전정도 분석에 근거한 중장기 사업계획 수립

- 학교에서는 안전학교 프로그램을 추진하기 위해 학교 손상 현황 및 안전정도에 대한 진단을 실시하고 이를 토대로 중장기 안전학교 사업계획을 수립하여 수행한다.

② 학교장 의향서 제출

- 학교에서는 학교 손상지표와 중장기 사업계획을 포함하여 학교장의 사업 추진 의사를 표명한 공문(국제안전학교 추진 의향서)과 함께 국제안전학교 공인센터(아주대학교의료원 지역사회안전증진연구소)로 제출한다.

그림 2-2 국제안전학교 공인절차

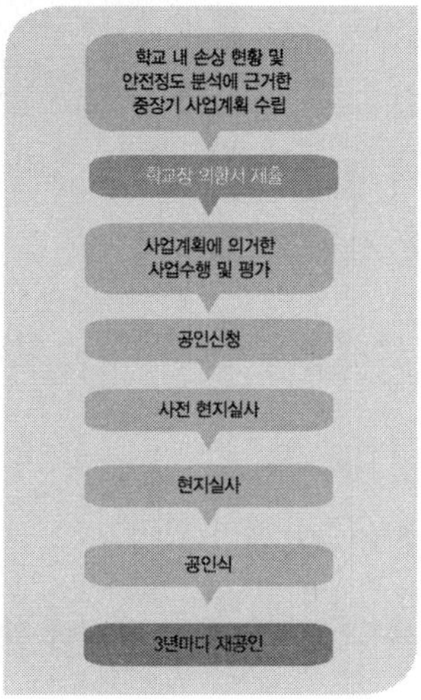

③ 사업계획에 의거한 사업 수행 및 평가

- 손상예방 및 안전증진 프로그램을 일정기간 수행하고 평가가 수행되어지는 기간이 요구된다.

④ 공인신청

- 현지실사를 받기 전에 국문 및 영문 공인신청서를 국제안전학교 공인센터에 제출한다.

⑤ 사전 현지실사

- 현지실사를 대비하여 공인신청서 초안의 서면평가 후 사전 실사를 실시한다.

⑥ 현지실사

- 사전실사 이후 공인신청서를 수정 보완하여 정식 제출하고 현지실사를 받는다. 현지실사 평가에 소요되는 모든 비용은 학교에서 부담한다.

⑦ 공인식

- 현지실사 결과로 공인 여부에 대한 의견을 통보 받은 후 국제안전학교 공인센터와 협의하여 공인 날짜를 정하게 된다.

⑧ 3년마다 재공인

- 재공인은 매 3년마다 수행되어지는데, 이는 지난 3년간의 활동에 대한 평가로 국제안전학교 사업에 대한 질 관리 과정이다.

4) 주요 성과 (2008-2013)[1]

2008년부터 현재까지 지속적으로 국제안전학교사업을 추진하고 있는 수원 정자초등학교의 사례를 살펴보면, 사업기간동안 학생, 학부모, 교직원 등 학교 구성원 모두의 안전에 대한 관심 증대와 적극적 참여, 안전 관련 정보와 지식의 향상, 안전한 행태로의 변화, 안전 환경의 조성 및 학교 내 교육활동과 관련된 손상 발생의 큰 폭의 감소라는 성과를 달성하였다. 이는 국제안전학교 모델의 적용과 지속가능한 실행은 안전한 학교를

1) 수원 정자초등학교, 국제안전학교 공인신청서(2014)

만들고자 하는 궁극적 목적인 안전 수준의 향상과 안전문화 및 안전인프라 조성에 매우 효과적인 사업이라는 근거를 확인할 수 있다.

2장 문제의 파악

손상은 예방이 가능하고 피할 수 있으며, 손상예방은 건강수명 연장 및 의료비 절감과 관련되어 있기 때문에 손상예방정책에 대한 수요가 급증하고 있다. 손상예방을 위한 공중보건학적 접근모델에서도 제시되었지만, 가장 우선적인 단계는 손상발생, 원인, 위험요인 등을 포괄하는 문제 확인단계이다. 이렇게 수집된 손상자료와 산출지표를 이용하여 손상현황을 모니터링 함으로써, 관련 전문인이나 정책결정자들이 손상예방 및 안전증진 정책수립 및 실행의 근거자료로 활용할 수 있다.

손상감시체계는 손상에 관련된 자료를 체계적이고 지속적으로 수집하여 분석, 평가함으로써 손상의 분포와 발생을 파악하고 손상의 원인과 의료서비스 이용 등에 관한 신뢰성 있는 지표를 산출하는 체계이다. 손상감시를 통해 수집된 자료와 산출된 지표를 이용하여 손상현황을 모니터링 함으로써 관련 전문인이나 정책결정자들이 손상 예방 및 안전 증진 계획을 수립하고 정책을 실행할 수 있는 근거를 마련해 주는 손상의 예방과 관리를 위한 필수요소이다(질병관리본부, 2011).

1. 학교 안전문제의 통계 관리[2)]

현재 학교에서 발생한 손상통계를 파악하기 위해 활용할 수 있는 자료는 크게 학교 교육활동으로 인해 발생하는 손상자료와 국가 수준에서 수집되고 있는 학령기 인구집단의 손상자료중 손상발생장소가 학교인 것을 구분해볼 수 있는 자료가 있다.

학교 교육활동과 관련하여 발생하는 손상자료원에는 학교안전공제회 보상청구자료,

2) 학교안전공제회(2011)

교육행정정보시스템(NEIS)통계자료가 있으며 일부 학교에서 운영하고 있는 국제안전학교 손상감시시스템이 있다. 학령기 인구집단의 손상자료 중 손상발생 장소가 학교인 자료는 통계청, 보건복지부, 응급실, 소방 구급활동 및 기타 보험관련기관들이 있다. 단위학교에서 안전한 학교를 만들기 위해 활용할 수 있는 자료는 학교안전공제회 보상청구자료와 개별 학교단위에서 운영할 수 있는 국제안전학교 손상감시시스템이다. 교육행정정보시스템은 자료의 접근성이 매우 낮으며, 국가자료를 통해 단위 학교별 손상현황을 파악하는 것은 불가능하기 때문이다. 여기서는 학교안전공제회 통계관리와 국제안전학교 손상감시시스템의 통계관리 중심으로 기술하였다.

학교안전공제회의 통계관리는 학교에서 발생한 사고에 대한 보상업무를 위한 자료이었기 때문에 손상예방을 위한 자료로 미흡한 점이 많아 손상에 대한 국제 기준의 적용 및 국내 타 전문 손상자료와의 비교성을 확보하기 위해 2011년, 2014년 2차에 걸쳐 통계 관리코드를 개편하였다. 학교안전사고 통계는 학교안전사고의 특성과「학교안전사고 예방 및 보상에 관한 법률」의 취지에 따라 기존에 법적 용어로 사용되고 있었던 "학생부주의"라는 용어를 삭제하였고, 사고의 예방 정책과 예방프로그램의 수립을 위하여 "사고"로서가 아니라 "손상"의 개념 하에서 국제표준분류체계에 부합하게 학교안전사고 통계를 개선하였다.

표 2-1 교안전공제회 통계자료범주

구분	개선안
손상발생시간	1. 등교 2. 자습시간(자율학습) 3. 조회시간 4. 수업시간 (일반수업, 과학·실험, 실과실습시간, 미술시간, 음악시간, 체육시간, 기타) 5. 학교행사 (체육대회, 수학여행, 문예 등 행사, 현장학습, 수련활동, 축제, 경기출전 중, 기타) 6. 특별활동(학생회활동, 동아리활동, 봉사활동, 운동부활동, 기타) 7. 휴식시간 8. 점심시간 9. 보충수업 10. 종례시간 11. 청소시간 12. 방과 후 교실(활동) 13.하교 14. 청소년단체활동 15. 가정생활 기타
손상발생장소	1. 교내 가. 건물 내 1) 교실(일반교실, 실험실습실, 음악실, 미술실, 시청각실, 컴퓨터실, 기타) 2) 통로 : 복도, 계단, 출입문/현관, 기타 3) 부속시설: 화장실, 급식실, 강당(체육관),기숙사, 주차장, 수영장, 도서실, 기타 4) 베란다, 옥상 등 기타 나. 건물 외 1) 운동장주변 : 운동장, 체육시설, 놀이시설, 교문/담장, 화단, 구령대(스탠드), 계단, 기타 2) 부대시설 : 급수대, 배수구(맨홀), 기타 3) 기타

	2. 교외 가. 교외 활동(등하교길, 수련시설(야영장), 실험 · 실습장, 체험학습장, 운동경기장, 자동차(선박, 항공기, 기차) 안, 해외, 기타) 나. 가정 기타 : 도로, 주거지역, 교육문화시설, 상업 및 서비스 구역, 농장 및 전답지, 작업장, 의료시설, 기타
손상발생 매개물(신설)	1. 가구(책상, 의자, 책장, 탁자, 침대 등) 2. 운동(놀이)용 장비 · 기구(공, 운동기구, 운동장 기구 등) 3. 열(불, 뜨거운 물 등) 4. 자연(사람, 동물, 식물 등) 5. 날카로운 물건(칼, 가위, 송곳 등) 6. 건물(문, 창문, 바닥, 벽 등) 7. 기계 도구류 8. 운송용구(차, 자전거, 선박, 항공기 등) 9. 기타
손상발생당시 행동 (신설)	1. 공부 2. 실험, 실습 3. 운동 가. 구기(축구, 농구, 배구, 야구, 탁구, 배드민턴, 핸드볼, 테니스, 도지볼(피구)/족구, 구기 기타) 나. 무도(태권도, 유도, 무용, 무도 기타) 다. 육상(장애물, 단거리, 높이뛰기, 멀리뛰기, 오래달리기, 육상 기타), 라. 기타 (수영, 스키/스케이트(인라인 포함), 기구체조(철봉, 링, 평균대), 매트운동, 체육 기타) 4. 식사, 수면, 휴식 5. 보행, 주행 6. 장난, 놀이 7. 싸움 8. 탑승, 승선, 자전거타기(운전) 9. 기타
손상 의도	1. 비의도 : 자기 자신, 타인 2. 의도적 : 자해/자살, 폭행(집단폭행 포함), 성폭행, 집단 따돌림(왕따), 교사체벌 3. 질병 : 지병(기왕증), 식중독, 이물질섭취, 이물질접촉, 전염병, 기타 질병
손상형태(기전)	1. 사람과의 충돌(부딪힘, 맞음) 2. 낙상 (미끄러짐, 넘어짐, 떨어짐) 3. 기계적(물리적) 힘에 노출(접촉, 물체와의 충돌/부딪힘/받힘, 찔림/베임, 으깨짐/뭉개짐/끼임, 폭발 및 파열) 4. 질식 5. 전류, 방사선, 극단적 기온 및 기압노출 6. 화상 7. 사람, 동물 등에 의한 물림 8. 독성 동물 및 식물과의 접촉 9. 자연재해(일사병, 동상, 일광, 벼락, 지진, 홍수 등) 10 유독성물질 노출 및 중독 11. 교통사고(차량, 선박, 항공기, 기타) 12. 정신적 장해 13. 기타
손상 부위	1. 머리 : 두피, 눈, 코, 귀, 입(구강, 혀), 이마, 턱, 치아 2. 목 3. 흉부(가슴) 4. 복부(몸통: 배, 등, 허리) 5. 어깨 위팔(어깨, 위팔, 겨드랑이, 견갑골, 쇄골) 6. 팔꿈치 아래팔 7. 손 8. 엉덩이/대퇴 : 엉덩이, 대퇴골 9. 무릎 및 아래다리 10. 발 11. 신경계 12. 내장기관 13. 기타 불상
손상결과	1. 염좌(삐임) 2. 골절 3. 탈구(빠짐) 4. 열상(찢어짐) 5.절단 6. 찰과상(긁힘) 7. 출혈 8. 좌상(타박상) 9. 자상(찔림, 베임) 11. 통증 12. 염증(곪음) 13. 파열(터짐) 14. 기타
손상발생당시조치	1. 미치료 2. 보건실치료 종료 3. 외래치료 4. 응급실이송 5. 입원치료 6.사망

출처:학교안전공제회(2011). 학교안전사고 통계체계개선 및 학교안전교육 활성화방안 연구

2. 손상 문제의 파악

1) 손상문제의 파악단계

- 손상자료를 수집하기 위한 보고체계를 개발한다. 학생들이 다쳤을 때 어느 정도까

지 다친 것을 보고 받을 것인지, 다친 학생들은 누구에게 무엇을 언제 어떻게 보고할 것인지에 대한 내용과 방법을 학교 구성원의 협의를 거쳐 결정한다. 손상의 분류와 유형 등의 기준은 개편한 학교안전공제회의 기준을 적용하도록 한다.

- 수집된 자료의 분석과 활용을 위한 방안을 모색한다.
- 손상자료의 보고, 분석, 활용의 각 단계별로 학생, 담임교사, 보건교사 등 구성원별로 역할과 업무에 대해 결정한다.
- 일정기간 동안의 시범운영을 통해 운영의 문제점을 찾아내고 수정 보완하여 우리 학교 실정에 적합한 손상보고체계를 구축한다.

2) 안전문제 파악 결과의 활용(예방대책)

수집된 손상자료는 손상 발생 유발 시설 개선 및 손상예방교육프로그램 개발 자료로 활용한다.

학급별 손상원인을 분석하고, 분석결과의 활용 및 적용을 위한 동학년 협의회를 통해 각 학년별로 개최하여 안전을 위협하는 문제를 파악한 후 그 내용을 생활지도 및 안전교육 활동에 반영한다.

매달 월별 손상통계분석자료를 가지고, 전체 학교 단위로 손상감소대책협의회를 열어 손상을 감소시키기 위한 시설 개선 및 안전교육에 반영할 사항을 협의한다.

분기별로 학급별 손상현황 및 원인을 파악하도록 하여

웹 손상분석프로그램을 통해 분기별 학급 손상 현황 및 원인을 파악하고, 특기사항 및 지도대책을 수립하여 안전교육 및 생활 지도의 기초 자료로 활용한다.

손상 분석결과는 학급단위 및 전교 단위에서 학생들에게도 공유되어, 학생들 스스로 안전문제에 대해 성찰하고, 스스로의 눈높이에서 해결방안을 찾아볼 수 있도록 지원하여 학생의 안전증진 실천에 대한 역량강화를 도모한다.

분석결과와 활용결과는 학부모에게 전달하여 학교의 안전정책 및 교육방침이 가정과 연계성을 확보할 수 있도록 한다.

3. 손상감시체계 운영

안전 및 손상 문제를 파악하고 있는 사업 사례로 정자초등학교 손상감시체계 운영사례를 살펴보겠다. 수원 정자초등학교는 국제안전학교 공인기준을 적용한 사업을 2006년부터 현재까지 지속적으로 추진하고 있는 학교로 2014년 3번째 공인을 받았다.

국제안전학교 공인기준을 적용하는 학교에서는 학교 내 고위험환경 및 고위험 대상에 초점을 맞춘 안전프로그램을 운영해야 하며 이를 지원하기 위한 학교 구성원의 손상발생에 대한 빈도와 원인을 파악하는 시스템을 구축 운영하여 학교 정책, 프로그램의 과정 및 변화를 도모하고, 그 효과를 측정할 수 있어야 한다. 이렇게 축적된 자료를 이용하면 학교 및 학급의 손상현황 및 발생추이를 파악할 수 있다.

1) 손상감시체계 운영 목적

손상정보 기록지를 사용하여 학생들의 학교에서의 손상 정도를 분석함으로써 학생들에게 가장 많이 발생하는 손상의 종류와 그 원인, 위험요인은 무엇인지에 대한 파악을 하는 것으로 이를 통해 학생들이 손상으로부터 보호되고 더욱 안전한 생활을 하는데 있다.

2) 손상 보고 체계

보건실을 이용하는 학생들 중에서 아침 등교 후부터 방과 후까지 학교생활을 하는 동안에 발생한 손상만 손상정보기록지에 적어 손상예방프로그램에 입력을 하게 된다. 보건실을 찾아와서 응급처치를 받는 학생 중 교외나 가정에서 입은 손상의 경우는 입력에서 제외된다.

3) 손상자료 수집 체계

학교생활을 하는 동안에 손상을 입은 학생은 보건실에 와서 응급처치를 받은 후 교실로 돌아가기 전에 일일 손상정보 기록지를 적는다. 수집된 손상정보지는 방과 후에 보건교사나 보건인턴교사에 의해 손상예방 프로그램에 입력을 하게 된다. 자료입력에 소요되는 시간은 그날 사정에 따라 다르지만, 매일 10~15분정도 소요된다.

4) 안전 위험요인의 파악을 위한 구성원 설문조사 및 현장조사 실시

- 매년 설문조사 실시하여 자료 구축
- 교사, 학생 및 학부를 대상으로 하는 안전 인식과 안전행태 설문조사
- 학교 건물내외, 운동장, 통학로 등에 대한 손상유발 위험환경 진단조사

5) 수집된 손상결과 보고와 활용

매일 학생에 의해 작성 된 일일 손상 정보 기록지는 방과 후에 보건교사와 보건인턴교사에 의해 웹 손상기록시스템에 입력하게 되고, 이렇게 입력된 손상 기록은 매월 말에 종합분석하게 된다. 보건교사는 웹 손상기록시스템 상에서 그 달의 전체 손상기록현황, 학급별 · 학년별 · 남녀별 손상 현황 통계, 일별 · 요일별 · 시간별 손상현황 통계, 유형별 손상현황통계를 보고 손상유형을 종합적으로 분석한다. 매월 교내 · 외에서 발생되는 손상원인 분석 결과를 교사들에 의한 교육활동 지도요소(인적요인)와 손상예방을 위한 시설 개선 및 보완(물적 요인), 지역사회 유관기관과의 협력자원을 위한 교육활동 및 체험활동(환경적 요인) 등으로 분류하여 안전 지도계획에 반영한다.

3장 위험요인의 파악

1. 사회생태학적 접근

일반적으로 안전문제의 원인으로는 크게 인적요인, 물적 요인, 환경적 요인으로 구분해 볼 수 있다

1) 인적 요인

연령, 성별, 태도 및 심리적 상태, 행동 특성 등이 해당된다. 15~24세의 연령층은 사고로 인한 사고사망률이 높은 연령층으로, 이들은 사고에 대한 두려움이 없고 모험을 즐기며 안전교육에 대하여 부정적인 시각으로 접근하는 경향이 있다. 그리고 이 연령층에서는 약물과 음주로 잘못된 판단을 하기 쉬워 사고가 많이 발생한다. 그러나 안전에 관한 지식과 태도를 특히 젊은 층에게 습관화시켜 주는 것은 쉬운 일이 아니다. 왜냐하면 그들은 사고나 사망에 아주 쉽게 노출될 수 있다는 자체를 이해하지 못하는 경우가 흔하기 때문이다. 따라서 이 연령층에는 사고로 연결될 수 있는 태도에 대한 안전교육이 철저히 요구된다고 하겠다. 성별로는 남성의 사고비율이 더 높으며 특히 15~24세에서는 5건의 사고 중 4건은 남성에게서 발생한다. 개인의 태도는 사고의 가장 중요한 요인 중 하나이며, 특히 교통사고의 경우에는 더욱 중요한 요인이다. 운전이나 다른 일을 수행할 때, 긍정적 태도성향을 가지는 것은 가장 효과적인 사고예방법이다. 계속적으로 반복되는 행동은 습관이 된다. 올바른 습관은 안전한 상태를 만들기 때문에 어린이들에게 올바른 습관이 형성되도록 안전교육을 시키는 것은 매우 중요하다. 기타 관련된 행동특성으로는 흡연, 음주, 약물남용, 안전띠 착용 등을 들 수 있다.

주로 많이 발생하는 손상의 인적요인은 다음과 같다.

① 친구와의 관계에서 발생하는 사고

친구와의 놀이 중 심한장난, 싸움, 새로 온 학생이 있는 경우 새로운 활동 참여 등으

로 발생하는 사고

② 개인의 행동 및 심리적 문제로 발생하는 사고

쉽게 흥분하거나 충동적인 행동, 규칙무시 행동, 주의가 산만하고 신경질이며 정서적으로 불안한 경우, 당황하거나 어려운 일에 직면했을 때 재촉 받는 상황, 배고프거나 기분이 좋지 않을 때 발생하는 사고

③ 교사 및 종사자의 부주의

위험물 보관 소홀, 부주의한 학생관찰, 학생 방관, 안전교육 부실 및 교사 자신의 경솔한 행동, 학생들에게 규칙을 잘 설명해 주지 않는 경우 등으로 발생되는 사고

④ 기타

신입교사 또는 방문자가 있는 경우, 교원의 수 부족, 아픈 학생으로 인해 교사의 일과 진행이 순조롭지 않은 경우, 학생들의 능력을 정확히 파악하고 있지 않을 시, 성인과 학생 모두 피곤한 시간인 일과 끝날 무렵, 날씨로 인해 밖에서 놀 수 없을 때 등의 요인으로 발생하는 사고.

2) 매개체적(물적) 요인

물적 요인은 단독 요인으로 작용하여 손상을 유발하는 사례는 많지 않지만, 기술적, 공학적 발전과 지속적인 자체검사수행에 의해서 기계를 안전하게 생산 · 관리하는 것이 중요하다.

칼, 송곳, 가위, 포크, 젓가락, 펀치, 스테플러, 톱, 글루건 등 과 같은 도구나 장비의 부주의한 보관 및 사용으로 발생되는 손상이 포함된다.

3) 환경적 요인

환경적 요인은 인적 요인, 물적 요인과 더불어 사고를 발생시키는데 있어서 촉매 역할을 하기도 한다. 다수의 사고가 인간의 불안전한 행동에서 직접적으로 기인된 것이라고 할 수 있지만 불안전한 물리적 사회적 환경에서도 비롯된다. 시설물의 고장·파손상태의 방치, 위험한 장소의 학생 출입 및 학생이 사용하기 부적절한 설비 등에 의해 발생하는 실내·외 시

설 및 설비로 인한 손상, 고정 놀이기구나 고정 운동기구의 파손 및 고정부분의 결함, 배치 간격의 협소 및 뾰족하거나 날카롭거나 깨어지기 쉬운 구조적 안전성 결여 및 방치로 발생하는 손상 등이 포함된다. 사회적 환경에 해당하는 안전한 환경관리와 안전관련 규제와 정책 등은 손상 발생을 감소시키는 효과적인 수단이 될 수 있다.

4) 다수준 접근

학교에서의 안전사고의 발생은 단순히 개인의 부주의와 태만에 기인한 평면적인 결과가 아니라 보다 다양한 원인이 복합적으로 작용하여 발생하는 입체적인 사건으로 구성되어지는 일련의 과정이다. 따라서 단순한 1차원적인 원인이 아니라 개인, 가족 및 친구, 생활하는 공간(가정, 학교), 지역사회, 국가 등 사회생태학적으로 서로 영향을 주고 받는 요인에 대한 포괄적 접근(systems approach)이 요구된다.

유치원이나 초등학교 아동의 경우에는 발달특성상 호기심이 많고 탐색활동이 분주해지는 과정이라는 점과 교사 및 학부모들의 안전에 대한 인식 부족이나 아동의 주변 환경에 대한 감독 소홀, 학교내외의 취약한 물리적 사회적 환경요인 등을 들 수 있다.

아동의 손상은 부모나 교직원의 철저한 사전대책에 의해 충분히 관리될 수 있으므로 학령기 아동의 손상발생 감소를 위해서는 이 세 가지 원인에 대한 포괄적 접근이 필요하다. 그러나 현실적으로 아동의 발달특성단계 자체를 변화시킬 수는 없으며, 손상발생의 물리적 환경요인을 개선하기 위한 비용과 시간의 부담(burden)이 발생할 수 있고, 아동과 교직원, 학부모 등의 안전 인식 및 행태변화는 지속성을 확보하기 어려운 점이 장애요인이 될 수 있다. 그러므로 학령기 아동이 생활하는 공간의 안전성 확보, 안전의식 및 행태의 유지, 교직원, 부모등 양육자의 변화, 아동 특성의 변화가 조화롭게 중재되어야만 손상발생감소라는 바람직한 결과를 기대할 수 있다.

그러나 중고등학교 청소년의 경우엔 초등학생과는 다른 특성으로 안전 문제가 발생하기도 한다. 급격한 신체적 변화와 함께 인지적 변화, 심리적 변화, 이와 더불어 동료중심의 사회성, 독립성 선호, 위험적인 사고 선호 등의 개인적 요인들이 안전문제를 유발하는 원인이 되기도 한다.

표 2-2 청소년 안전사고의 원인

구분	내용
신체적 변화	급속한 성장, 호르몬의 급격한 변화
인지적 변화	즉각적인 결과 선호
심리적 변화	순종에서 반항으로
독립성 선호	기본규칙 저항, 영웅숭배 의사결정 미흡
동료중심의 사회성	친구중요, 호기심 증가, 위협적 행위
낮은 정체성	낮은 자아상, 동료에게 갈채, 무모한 행동
위험적인 사고	오토바이 사고, 폭력사고, 익수사고, 무모한 경쟁적으로 인한 사고

출처 : 청소년수련활동 안전매뉴얼, 2014

개인적 수준에서는 안전증진사업의 직접적인 사업 목표인 고위험 인구집단을 대상으로 하고, 조직 및 기관이란 가족 직장동료 친구는 목표대상 인구집단과의 유대 관계가 있는 집단 또는 각 조직기관의 의사결정자들을 의미한다. 지역사회 및 자치단체수준에서는 지역사회기관의 장. 입법과 행정가등의 의사결정자 등을 대상으로 한다.

개인의 위험 행태를 개선하는 것은 주로 교육적 접근을 통해 안전에 대한 믿음이나 태도 변화 등의 요인을 변화시키기 위한 접근으로 이러한 전략은 고위험 집단에 적합하다. 조직적 수준에서는 안전증진을 위한 프로그램 시설, 자원 및 정책 형성을 목표로 하는 전략을 수립하여야 한다. 학교나 지역사회수준에서 수행되는 사업은 개인을 둘러싸고 있는 가족 및 학교와 같은 환경 속에서의 상호작용에 더 많은 영향을 받는다는 점에 중점을 두어 지역사회 수준에서는 구성원의 안전증진에 대한 중요성을 인지하고 이에 대한 규범적 합의를 도출하며 협력적 조직, 시설, 자원, 활동을 개발하고 수행해야 한다.

그림 2-3 다수준 접근

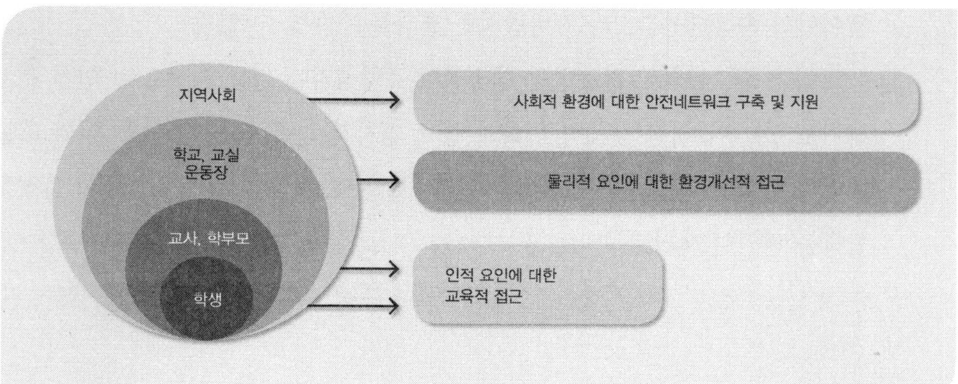

2. 해돈 매트릭스(Haddon' s matirx)

사고나 손상의 원인분석에 있어 어떠한 사고나 손상의 경우이든 단일 원인은 거의 없으며 일반적으로 여러 원인이 복합적으로 작용한다.

1970년대 초 Haddon은 손상의 원인분석에 대한 두 차원의 접근 방법을 제시하였는데, 손상의 역학적 세 인자인 인적요소(Host)- 사고당한 사람과 이 사람이 이용하는 매개체(agent)와 이 사람이 생활하고 있는 물리적, 사회 경제적 생활환경(environment)이 있어서 이들 간에 이루어지는 상호작용의 결과로 인식하였다. 이러한 요인들은 다시 시간적 흐름에 따라 사고 전 단계(Pre-Event Phase), 사고 단계(Event Phase), 사고 후 단계(Post-Event Phase)로 나누어 손상을 분석하였다. 사고 이전단계에서는 사고 발생의 여부를 결정하는 개체, 매개체, 환경의 모든 위험 요소가 포함되고, 사고 단계에서는 사고로 인한 손상의 정도를 결정하는 위험요소들이 포함되며, 사호 이후단계에서는 이미 발생한 손상의 정도를 최소화하기 위한 위험요소들이 포함된다.

해돈 모형은 여러 가지요소와 함께 사고를 단계별로 고려해 볼 수 있도록 하며, 나아가 특정 위험요인을 분석하고 단계별로 대책을 수립할 수 있도록 하는데 매우 도움이 된다.

근거중심 원인분석 – Haddon's matrix

- 사고발생 이전
- 사고당시
- 사고발생 후

- 인적 요인 human
- 매개체 vehicle and equipment
- 물리적 환경 physical environment
- 사회적 환경 social environment

Faktors/phases	Human	Vehicle and equipment	Environment	
Pre-crash				
Crash				
Past-crash				

교통안전을 예로 들면 다음과 같이 각 요소의 문제점들을 찾아낼 수 있다. 사고 전 단계(사고발생 가능성)에서는 사고예방 요인을 찾아 수정해야 한다. 즉 도로 조건을 개선해야 하고, 적극적으로 안전교육을 실시해야 한다. 사고 단계(사고발생)에서의 안전모

나 안전띠는 사고를 예방하지는 못하지만 사고발생 시 손상은 줄일 수 있다. 사고 후 단계(사고발생 후의 결과)에서는 사고 후 외상 등의 신속하고 정확한 치료로 손상을 최소화할 수 있음을 보여 주고 있다.

표 2-3 해돈 매트릭스를 이용한 도로교통사고 원인 분석

시간	사람 (host)	매개체·원인 (agent)	물리적 환경 (Physical environment)	사회적 환경 (social environment)
사고 전	• 어린이 특성 (충동 · 판단력부족) • 알코올 섭취 · 약물중독 • 시력 혹은 청력약화 • 피로 • 운전 중 핸드폰 사용 • 음식 섭취 • 연령, 심리적 상태 • 행동특성	• 타이어 마모 • 정비 불량 • 차량규격 제정 • 비잠금제동장치 등	• 도로조건 열악 (급경사 · 급커브) • 야간시야확보어려움 • 도로구분불법주정차 • 보행자보호장치	• 과적, 과속 • 법, 규제위반 • 가벼운 처벌 • 올바른차량이용 인지부족 • 통학버스운전자 안전불감증 음주단속
사고 당시	• 어린이안전시트 미착용 • 오토바이안전모 미착용	• 차량내 장착물건 • 안전띠, 에어백	• 충격완화용 장애물	• 목격자 도움 부족 (신속한 신고)
사고 후	• 건강 상태	• 폭발 · 화재		• 신속한 응급처치 부족

자료출처 : Haddon W. Strategy in preventive medicine. Journal of Trauma. 1974;14(4):353-354

다음의 표는 학교에서 발생하는 손상의 원인과 위험요인을 분석한 것이고, 표2는 이 원인과 위험요인에 대해 각각의 칸에 해당되는 전략들을 맞춘 것이다.

해돈의 매트릭스는 손상예방수단의 개발을 위한 체크리스트로서 사용되기도 하며, 각각의 칸은 개별적인 전략들로 개발되어 활용될 수 있으나 사람, 매개체, 물리적 환경, 사회적 환경에 대한 복합적 전략을 활용하는 것이 손상을 예방하는데 더 효과적이다.

표 2-4 학교 손상발생원인 및 위험요인

시간	사람 (host)	매개체 · 원인 (agent)	물리적 환경 (Physical environment)	사회적 환경 (social environment)
사고 전	• 어린이 특성 (충동 · 판단력부족) • 보행중 휴대폰사용 • 보행중 이어폰사용	• 놀이기구 파손 • 책상 및 의자 파손 • 문이 천천히 닫히게 하는 장치 되어있지 않음	• 교실 내 나무 바닥 • 울퉁불퉁한 운동장바닥 • 계단 미끄럼방지장치 없음	• 체육활동 및 운동경기 중 안전규칙 없이 진행 • 보호자(선생님)의 관리 감독 소홀

	• 놀이도구 및 운동기구의 올바른 이용방법의 교육 부족 • 통학버스 운전자의 안전불감증		• 체격에 맞지 않는 책상 및 의자 • 창문 및 베란다 추락방지장치 없음 • 차가 다니는 길과 학생이 다니는 길이 불리되어 있지 않음 • 과학실에서 실험도구 및 실험용액 등에 주의표시 부족 • 화장실 바닥 미끄러움	
사고 당시	• 보호장구 미착용 (안전모, 무릎보호대 등)		• 접촉환경 • 충격완화용 장치 부족	• 목격자 도움 부족 (신속한 신고)
사고 후	• 평소 건강상태	• 폭발 · 화재		• 신속한 응급처치 부족

표 2-5 학교손상 발생원인 및 위험요인에 따른 예방 프로그램

시간	사람 (host)	매개체□원인 (agent)	물리적 환경 (Physical environment)	사회적 환경 (social environment)
사고 전	• Reflector 착용 • 보행 안전교육 • 체육활동 운동경기 안전규칙 교육 • 놀이도구 및 운동기구 이용방법 교육 • 통학버스 안전운전 교육	• 정기적인 정비 (운동장, 놀이기구 운동기구, 책상, 의자) • 교실문 손끼임 방지장치 설치	• 운동자 바닥, 교실바닥 환경 개선 • 계단 미끄럼방지장치 설치 • 체격에 맞는 책상 및 의자 제공 • 통학로 스쿨존 규제 • 창문 및 베란다 추락 방지 장치(난간)설치 • 등하교시 차와 학생이 다니는 길 구분 • 과학실 내 실험용기 및 용품에 대한 주의표시 강화 • 화장실 바닥 미끄럼 방지장치 설치 및 환기	• 체육활동 및 운동경기 시 보호자의 관리감독 강화
사고 당시	• 자전거, 인라인스케이트 이용 시 보호장구 (안전모 등) 착용		• 충격 흡수대 설치 • 충격 완화용 장애물	• 목격자의 역할 홍보
사고 후	• 응급처치 훈련		• 사고 위험지역 안내	• 응급의료체계 • 외상처치체계

4장 안전 확보 전략

1. 문제 해결전략 개발

학교에서의 손상 및 사고는 일회성으로 끝나는 것이 아니라 유사한 사고가 반복하여 지속적으로 발생하고 있는 것이 문제이므로, 파악된 위험요인에 대한 해결 전략 즉, 국가의 정책적 방향을 인지하고, 학교 구성원에 대한 교육, 학교 시설, 장비의 점검 및 개선, 학교 안전문화 조성 등의 적극적 조치가 필요하다.

학교의 구성원 뿐 만 아니라 학교가 위치해 있는 지역사회의 사회 · 경제 · 문화적 특성이 다르기 때문에 손상 및 안전의 위험요인 또한 다양할 수 있다. 따라서 해당 학교의 특성을 고려하고 손상현황에 근거한 사업이 개발되어져야 한다. 이미 개발되어져 활용되고 있는 사업을 적용하더라도, 학교마다 요구도가 다르기 때문에 이를 적용하는데 있어 유연성이 있어야 한다.

해결 전략으로 개발된 프로그램은 실현 가능하고 비용 · 효과적이어야 하며 프로그램의 목표와 표적 집단, 수행활동 등이 명확히 설정되어 있어야 한다.

손상예방 및 안전증진을 위한 구체적 해결 전략으로는 개인의 안전행태에 대한 자발적인 변화를 유도하기 위한 교육적 개입이나 지원과 함께 다양한 차원에서의 사회적 경제적 조직적 정책적 접근등의 환경적 접근전략을 같이 시도해야 하며, 필요에 따라 강제성을 띠는 법적 · 규제적 접근을 포함하는 복합적 중 해결전략을 개발하는 것이 효율적이다. 이는 곧 손상예방을 위한 안전증진방안으로 4E 정책의 수립 · 시행이 요구됨을 의미한다. '4E' 접근전략은 Education, Environment or Engineering, Enforcement, Evaluation로 교육, 환경개선과 공학적 기술 개선, 법적 규제강화 등이 다양하게 조합되어야 하며 기획초기단계부터 사업수행에 따른 평가를 어떻게 실시 할 것인지가 충분히 고려되어야 한다. 이중 규제강화 전략과 환경 개선을 통한 수동적(passive) 보호전략이 교육적 전략보다 효과적이나 법적 규제나 환경 개선을 통한 수동적 보호전략들의 수행을 위해서는 교육적 전략을 이용한 정책의 수용성을 높이는 것이 전제되어져야 한다.

1) 교육(Education)

안전에 관한 교육은 손상을 예방하기 위해서는 개인의 지식을 향상시키고 태도를 변화시켜 보다 안전한 행위를 촉진시키고, 위험한 행위를 감소시키는데 목적이 있다. 교육적 전략은 다음의 4가지 가정을 전제로 한다.

- 위험을 감소시키기 위해 바람직하다고 추천되는 활동을 한다.
- 기존의 위험한 행위에 대해 잘 훈련된 사람은 그렇지 않은 사람보다 사고를 당할 가능성이 적다.
- 교육자는 정보나 기술을 교육하고, 정서, 태도, 가치관과 관련도니 행위 변화를 유발할 수 있는 유용한 방법을 알고 있어야 한다.
- 안전과 관련된 새로운 기술을 사용하는 것은 손상발생율을 감소시킬 수 있다.

따라서 교육적 전략은 대상자에게 가능한 한 명확하게 사실을 전달하고 교육대상자가 참여할 수 있는 동기를 찾아내는 것이 중요하다.

교육적 전략은 영유아부터 성인기까지 지속될 수 있는 기초적인 안전행위와 기술을 교육할 수 있으며, 어떤 유형의 사고나 사고원인, 연령집단에서는 교육이 유일한 전략일 수 있다. 또한 위험에 대한 대중의 지각과 수용이 사회적 규범과 태도를 변화시킬 수 있으며, 정책변화를 촉진하고, 소비자가 보다 안전한 상품을 선택하도록 교육할 수 있다(박남수, 2016).

2) 환경개선(Environment or Engineering modification)

환경 및 공학적 개선은 물리적 사회적 환경의 개선을 통해 잠재적인 위험을 최소화하거나 제거하고, 보다 안전한 환경을 조성하여 손상을 예방하는 전략이다. 즉, 학교 내외의 환경을 안전하게 만들기 위해 적극적으로 학교안전구역을 설하고, 학교안전에 필요한 시설물을 설치하며 각종 위험물을 개 · 보수하는데 노력함을 뜻한다.

3) 규제강화(Enforcement)

정책및 규제 강화는는 영향력 있는 지역사회의 규범, 법률 및 행정적 규제를 통해 집단의 행위에 대한 홍보를 통해 개인과 가족을 변화시킬 수 있는 가장 효과적인 방법이다. 즉 안전하게 생활할 수 있도록 행동 및 시설에 관한 안전관리기준을 마련하고, 이를 준수하도록 요구하는 지도 · 관리방안을 강화하는 것을 의미한다.

4) 평가(Evaluation)

점검 및 평가는 학교안전사고의 예방에 관한 각종 사업을 정기적인 모니터링과 평가를 통해 과정과 결과 모두를 관리함으로써 효율적으로 사업이 수행될 수 있도록 유도하는 것을 말한다.

2. 문제와 해결전략의 연계

문제해결전략을 개발하는 단계는 다음과 같다.

① 손상감시체계를 통해 파악된 손상문제를 분석한다.

② 분석결과를 토대로 가장 우선적으로 해결해야 할 손상문제를 선정한다.

③ 선정된 손상문제에 영향을 미칠 수 있는 행태, 인식, 환경 등 제반 위험요인을 분석한다.

④ 분석된 문제점과 위험요인들을 해돈 매트릭스의 시간별 원인별 매트릭스에 채워 넣는다.

⑤ 선행연구 및 문헌고찰을 통해 채워진 칸마다 적합한 해결전략을 또 다른 매트릭스에 채워 넣는다.

⑥ 채워진 해결전략 매트릭스에서 현재 학교나 학생의 특성상 수행하기 어려운 전략들이 있는지 점검한다.

⑦ 전략들의 선정이 완료되었으면 이러한 전략들을 수행하는데 소요되는 시간을 고려하여 단기, 중기, 장기의 시간적 흐름에 따라 전략을 구분한다.

⑧ 각 전략마다 세부사업계획을 작성하여 구체화한다.

⑨ 세부사업 기획 시에는 단일 전략의 사업이 아니라, 전체 사업을 검토하여 사업수행방법이나 장소, 대상 등이 유사한 경우엔 통합하여 복합적 전략으로 기획하도록 한다.

3. 교육적 접근

1) 안전 인식증진을 위한 AHE (Activated Health Education Model) 의 활용

그림 2-4 AHE (Activated Health Education Model)을 이용한 교육적 접근

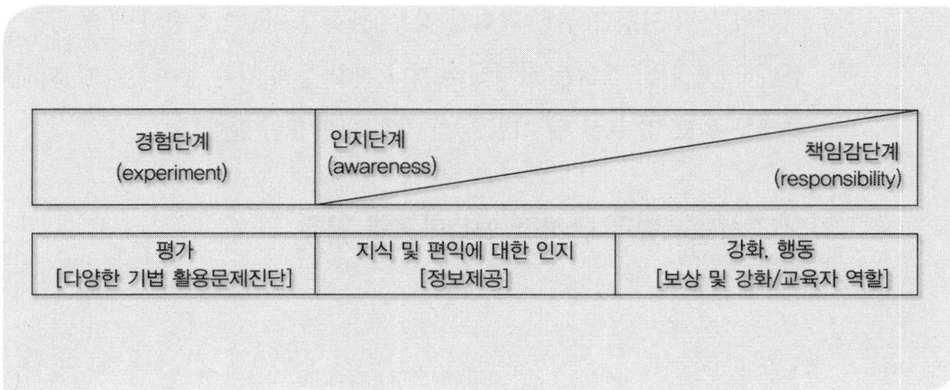

AHE 모델은 건강하고 안전한 행위로의 변화를 위한 교육적 단계로 제시되었으며, 세 가지 주요 초점은 자신의 경험에 대한 평가, 안전 행위에 대한 지식 및 편익의 인지, 습관화의 단계로 구성되었다.

① 1단계는 경험적 단계(experiment phrase)로 스스로의 안전한 생활에 대한 평가에 학생들을 적극적으로 참여시키는 단계이다. 학생들의 실제 안전한 행위가 인지되고 실천 행위가 어느 정도 손상을 예방할 수 있는지에 대해 알 수 있다. 자가진단 행위에 대한 인지는 현재의 안전 정보에 대한 수용성을 증가시키며 안전에 대한 개인적인 책임감을 향상시키는 행위 증가가 가능하다.

② 2단계는 인지 단계(awareness phrase)로 이전에 마쳤던 경험적 활동들을 포함하는 원리들을 제공하는 정보를 의미한다. 목표로 하는 안전한 행위를 위한 일반적인 지식과 기본 사실에 대한 인지와 함께 그 목적에 부여하는 가치와 행위를 취함으로써 생길 수 있는 편익과 부적절한 행위로 인한 위험의 중요성에 대해 인지하는 단계이다. 이러한 인지를 통해 고쳐야 할 행위와 이해되어진 이상적인 행

위간의 차이를 감소시킬 수 있는 방안에 대해 모색해 볼 수 있다.

③ 3 단계는 책임감 획득 단계(responsibility phrase)로 변화과정에 학생들을 직접 포함하는 것은 개인의 안전에 대한 가치를 분명히 하는 책임감을 조장할 수 있다. 책임감 단계는 학생들 스스로 자가 관리 행위계획을 개발하는데 기여한다. 자기관리라는 원칙은 자신의 행위를 모니터 하면서 자극원에 대한 통제, 즉시 및 장기간의 목적 달성을 위한 강화의 적용, 사회적 지원시스템의 사용 등을 모두 포함한다. 직접 안전 행위를 실행해 보거나 관찰 등과 같은 참여시키기, 의식행동의 반복행동 유도 및 포상 및 처벌 등의 강화 방안을 수행한다.

2) 건강신념모형과 단계적 설득이론의 활용

그림 2-5 건강신념모형과 단계적 설득이론을 이용한 교육적 접근

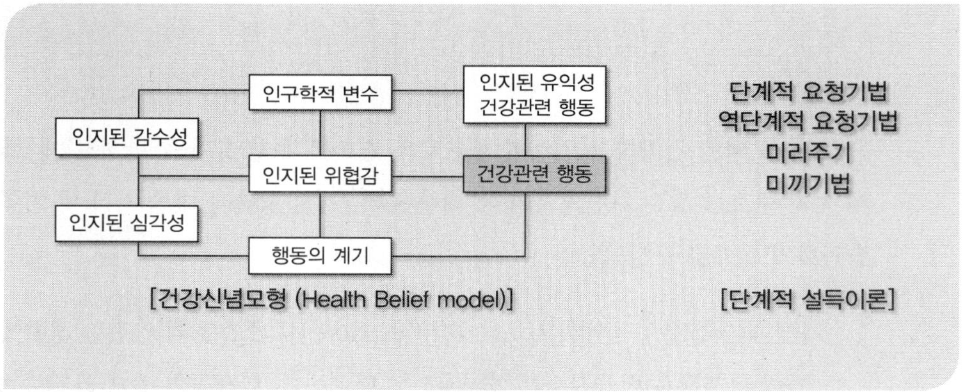

① 건강신념모형

건강신념 모형은 인지된 감수성, 인지된 심각성, 인지된 유익성 및 인지된 장애요인의 요소를 활용한 행동변화전략이다. 인지된 감수성은 자신의 안전 수준에 대해 잘 알지 못하면 각종 손상이 발생할 가능성에 대해 인지하는 것이 해당되며, 인지된 심각성은 손상 발생 시 건강상태의 저하, 학교생활과 사회관계에 지장 등에 대한 인식이다. 인지된 유익성은 안전 행위를 취함으로 인한 이익의 인지이며, 인지된 장애요인은 안전 행위 실천에 장애가 되는 요인을 확인하는 것이 해당된다(김명 외, 2014).

② 단계적 설득이론

단계적 설득 이론은 설득 메시지를 제시하는 순서를 달리해 상대방을 설득하는 방식으로 상대방에게 작은 요청에 응하게 한 후, 이것보다 더 큰 목표 요청까지 승낙하게 만드는 방식이다(김재휘, 2013).

3) 범이론적 모형에 따른 행위변화단계 모델

범이론적 모형은 프로체스카카(1979)가 심리치료연구를 바탕으로 변화하는 공통적 과정이 있음을 발견하고, 2개의 상호 연관된 변화 차원인 변화단계와 변화과정을 도식화 하였다. 행위변화과정과 행위변화단계를 중심으로 개인 집단이 문제행위를 어떻게 수정하고, 긍정적 행위를 선택하는가의 행위변화를 설명하고 있다. 특정 안전행위는 다양한 변화단계와 변화과정을 통한 역동적 과정을 거치면서 그 행위로 인한 효과와 손실을 통한 의사결정균형과 어떤 특정행위를 지속할 수 있다는 자신감인 자기 효능감을 통하여 형성, 유지, 지속된다고 보았다.

① 변화단계

계획 전 단계	6개월 이내에 행동변화의 의지가 없는 단계. 자신의 문제를 인지하지 못하거나,과소평가,회피,저항 함.
계획단계	문제를 인식하고 변화를 생각하지만 행동으로 옮기지 않는 시기. 문제를 인식하고 6개월 이내에 행위변화로 인한 이익과 장애를 고려하여 변화하고자 하는 의도를 갖고 있음. 구체적인 계획은 아직 없고 생각만 하고 있음.
준비단계	행위변화의도와 행동을 결합시킨 단계. 1개월 이내에 건강행동을 하려는 의도 가짐. 효과적인 활동은 못하고 행위를 시도하기 위한 정보를 얻는 노력함.
실행단계	행동시작 후 6개월 이내로 행동변화가 실행되는 단계. 행위, 경험, 환경을 크게 변화시키는 단계. 행위변화가 안정되어 있지 않고 되돌아가려는 성향 작용.
유지단계	실행단계에서 시작한 행위변화를 최소한 6개월 이상 지속하여 생활의 일부분으로 정착하는 단계. 재발유혹에 저항, 행동유지에 자신감을 보임. 행위변화가 점점 습관화되고, 되돌아가려는 성향은 줄어드나 여전히 주의를 요함.
종결단계	의도적인 노력 없이도 행동변화를 유지하는 것이 가능한 단계

② 변화과정

변화과정은 변화의 한 단계에서 다음 단계로 이동하기 위해 수행하는 내적 또는 외적 행동양상으로, 다음 단계로 나가는데 필요한 중재 프로그램을 안내하는 지침이 된다. 변화의 초기단계에서는 의도와 동기를 증가시키기 위해 경험적 과정(인지적 과정)을 더 많이 사용하고, 후기단계에서는 행동적 과정을 자주 사용한다. 경험적 과정에는 의식고취- 극적 해소 - 환경 재평가 - 자기재평가 - 사회적 해당, 행동적 과정에는 자기 해방- 자극통제 - 조력관계 - 대체조건 형성 - 강화관리의 과정을 거친다.

4) 학교 안전교육 가이드라인

학교안전교육의 의미는 유치원부터 고등학교까지 각 급 학교에 재학 중인 학생들에게 교육되어야 하는 안전교육을 총칭한다. 따라서 학교안전교육의 범위에는 각 급 학교에서 교육과정을 통해 실시되는 학교안팎의 안전교육 활동뿐만 아니라 학교 교육활동의 일환으로 실시되는 안전교육이외의 지역사회에서 유관 전문기관 또는 관련 전문가들에 의해 실시되는 안전교육들도 모두 포함하는 포괄적인 개념이다.

학교 급별 학령구분을 6단계로 구분하여 안전교육 영역에 따른 내용체계와 6단계별 안전교육의 학령별 적합도를 고려하는 것이 필요하다. 6단계는 유치원, 초등학교 1-2학년, 3-4학년, 5-6학년, 중학교, 고등학교로 구분된다. 초등학교를 3개 연령 군으로 구분하는 것은 교육과학기술부가 학습의 효율성 제고를 위해 수업시수가 적은 교과목은 특정분기, 학기, 학년에 집중이수를 할 수 있도록 하여 학습부담 과중과 흥미 저하를 예방하려고 학년군제를 도입하였기 때문이다.

학교안전교육 가이드라인은 유치원에서 고등학생들에게 교육되어야 하는 학교안전교육의 영역에는 어떠한 영역들이 포함되어야 하며, 다양한 학교안전교육의 영역들이 각 학교 급별로 어느 정도의 비중으로 다루어져야 하는지, 또한 각 영역들이 학생들의 발달수준 등 학교 급을 고려했을 때 어느 시기에 교육되는 것이 가장 적합한지 등에 대한 지침을 제시하여 학생을 대상으로 하는 국가안전교육의 포괄적 방향성을 설정하는데 필요한 기초자료가 된다. 2012년 학교안전공제중앙회에서는 가이드라인 마련을 위한 기본단계로 학교안전교육의 영역을 생활안전, 교통안전, 폭력 및 신변안전, 약 유해물질안전 및 인터넷 중독의 7대 영역으로 구분하고, 학교 급별 안전교육영역의 중요도와 교육내용의 학교 급별 교육시기 적합도에 대한 전문가 의견을 조사하였다. 조사결과 학교 급별 안전교육영역의 중요도는 차이가 있었으며 학교 급안에서도 영역별 중요도가 다르고, 안전교영역의 학교 급별 교육시기 적합도에 대한 다양한 분포를 확인할 수 있었다.

표 2-6 학교 급별 학교안전교육영역의 중요도

대분류	학령구분 / 중분류 내용	유치원생	초등학생 1-2학년	초등학생 3-4학년	초등학생 5-6학년	중학생	고등학생
생활안전	시설안전, 실내 활동 안전, 실외활동 안전, 신체활동 안전, 여가활동 안전, 식생활 안전	25	25	20	20	15	15
교통안전	보행자 안전, 자전거 안전, 오토바이 안전, 자동차 안전, 대중교통 안전	25	22.5	20	20	15	10
폭력 및 신변안전	언어 및 신체폭력, 자살 및 집단 따돌림, 성폭력, 사이버 폭력, 유괴 및 미아사고	15	20	20	20	20	20
약·유해물질 안전 및 인터넷 중독	흡연·음주, 의약품, 유해물질 안전, 인터넷 중독(게임 및 인터넷)	10	10	15	20	20	20
재난안전	화재, 폭발·붕괴, 화학적 오염, 자연재난	10	10	10	10	10	10
직업안전	직업안전	5	5	5	5	5	10
응급처치	기본 응급처치, 유형별 응급처치	5	5	10	10	10	10

출처 : 학교안전공제중앙회, 2012

각 학교급별로 교육이 수행되어져야 하는 필요도를 계량적으로 제시하기 위해 전문가 조사결과의 안전교육 영역별 학교 급별 교육시기 적합도에 대한 응답률을 기준으로 정하였다. 적합도에 대한 응답률을 4단계, 즉 1단계 0-25%, 2단계 26-50%, 3단계 51-75%, 4단계 76-100%)로 구분하였다. 단계별로 4단계는 의무적으로 강제 적용하여 반드시 실시되어야 하는 안전교육내용, 3단계는 강력하게 권고하는 안전교육내용, 2단계는 일반적으로 권고하는 안전교육내용, 1단계는 필요한 안전교육내용이기는 하나 권고사항은 아님을 의미하며, 단계가 높을수록 적합한 교육시기를 의미한다. 즉 응답률이 4단계에 속하는 학교급별에서는 해당 안전교육영역을 교육하기에 가장 적합한 시기이며, 이는 해당 학생들에게는 반드시 교육되어져야 하는 내용으로 이해할 수 있다.

표 2-7 학교안전교육영역의 학교급별 교육시기 적합도 판단결과

◉ 4단계(강제) ⊚ 3단계(강력) ◎ 2단계(일반) ○1단계(보통

대분류	중분류	소분류	학령별 적합도							
			유치원			초등학교			중	고
			만3	만4	만5	1, 2	3, 4	5, 6		
생활 안전	시설 안전	실험 · 실습 안전	○	○	◎	○	○	◉	◉	◉
		다중이용시설 안전 (공연장, 극장, 목욕탕 등)	⊚	◉	◉	◉	◉	◎	○	○
		놀이시설 안전	◉	◉	◉	◉	◎	○	○	○
생활 안전	시설 안전	시설 안전 (맨홀, 배수시설, 전기시설, 가스시설, 승강기, 에스컬레이터, 회전문 등)	⊚	⊚	◉	◉	◉	○	○	○
		제품 안전 (생필품,전자제품 학용품 등)	⊚	◉	◉	◉	◉	○	○	○
	실내활동안전	실내활동 안전수칙 (계단통행,복도,화장실,방안,욕실,주방 등)	◉	◉	◉	◉	◉	◉	○	○
	실외활동안전	실외활동 안전수칙 (등 · 하교길,체험학습,놀이터,집주변 등)	◉	◉	◉	◉	◉	◉	○	○
	신체활동안전	신체활동 중 안전 (체육활동, 놀이활동 등)	◉	⊚	◎	◉	◉	◉	◉	○
	여가 활동 안전	캠핑 안전수칙	○	○	⊚	○	⊚	◉	◉	◉
		등산 안전수칙	○	○	⊚	○	○	◉	◉	◉
		물놀이 안전수칙	◉	◉	◉	◉	◉	◉	◉	◉
		롤러스케이트, 인라인, 킥보드,스키 안전수칙	◎	⊚	◉	◉	◉	◉	○	○
	식생활 안전	안전한 식품 선택 (첨가물, 보관상태, 유통기한 및 원산지 확인 등)	⊚	◉	◉	◉	◉	◉	◉	◉
교통 안전	보행자 안전	교통 표지판 구별하기	⊚	◉	◉	◉	⊚	○	○	○
		길을 건너는 방법 (횡단보도, 지하도, 육교 등)	◉	◉	◉	◉	⊚	○	○	○
		보행안전 수칙 (인도와 차도의 미구분 도로, 자동차 사각지대 인지 등)	◉	⊚	◉	◉	◉	⊚	○	○
	자전거 안전	안전한 자전거 타기	◎	⊚	◉	◉	◉	⊚	○	○
		자전거 안전 관리	◎	◎	◉	◉	◉	◉	○	○
	오토바이안전	오토바이 사고의 원인과 피해사례	○	○	◎	○	○	○	◉	◉
		오토바이 사고 예방 (안전모 쓰기, 교통법규준수, 면허 취득 및 등록, 보험가입)	○	○	○	○	○	○	◉	◉

	자동차 안전	자동차 사고의 원인 · 피해	○	◎	◎	○	○	○	◎	◉
		자동차 사고 예방 (안전띠 매기, 무면허 운전, 음주 운전, 스쿨존 등)	◎	◉	◉	◉	◉	◉	◉	◉
	대중교통안전	대중교통 이용 안전수칙(버스, 지하철, 기차 등)	◎	◉	◉	◉	◉	◉	◉	◉
폭력 및 신변 안전	언어 및 신체폭력	언어폭력 예방 및 대처방법	○	◉	◉	◉	◉	◉	◉	◉
		신체폭력 예방 및 대처방법	◎	◉	◉	◉	◉	◉	◉	◉
		분노와 갈등 조절	◎	◉	◉	◉	◉	◉	◉	◉
	자살 및 집단 따돌림	자살 예방 및 대처방법	○	○	◎	○	○	◉	◉	◉
		집단 따돌림 예방 및 대처방법	◎	◎	◉	◉	◉	◉	◉	◉
폭력 및 신변 안전	성폭력	성폭력 예방 및 대처방법	◎	◎	◉	◉	◉	◉	◉	◉
		성매매 예방	○	○	○	○	○	◎	◉	◉
	사이버 폭력	사이버 폭력 예방 및 대처방법	○	○	◎	○	◉	◉	◉	◉
	유괴 및 미아사고	유괴 · 미아사고 예방 및 대처방법	◉	◉	◉	◉	◉	○	○	○
약 유해물안전 및 인터넷 중독	흡연 · 음주	흡연의 폐해 및 예방	◎	◎	◎	◎	◉	◉	◉	◉
		음주의 폐해 및 예방	◎	◎	◎	◎	◉	◉	◉	◉
	의약품	약의 쓰임과 부작용	○	◎	◎	◎	◉	◉	◉	◉
		의약품 관리와 사용법(오·남용 등)	◎	◎	◎	○	○	◉	◉	◉
	유해물 안전	유해물질안전(염소계표백제, 석면, 유기용제 등)	○	◎	◎	○	○	◉	◉	◉
	인터넷 중독 (게임 및 인터넷)	인터넷 중독의 원인과 피해사례	○	○	◎	◉	◉	◉	◉	◉
		인터넷 중독의 예방	○	◎	◎	◉	◉	◉	◉	◉
		개인 정보 보호	○	○	◎	○	◎	◉	◉	◉
재난 안전	화재	화재 발생 원인과 피해사례	◎	◉	◉	◉	◉	◎	○	○
		화재 시 안전수칙	◉	◉	◉	◉	◉	◉	◎	○
		소화기 사용 및 대처방법	◎	◎	◉	◉	◉	◉	◉	◉
	폭발 · 붕괴	폭발 · 붕괴 발생 원인과 피해	○	○	◎	○	○	◎	◉	◉
		폭발 · 붕괴 시 안전수칙	◎	◎	◎	◉	◉	◉	◎	◎
	화학적 오염	생화학 테러 및 방사능, 광화학 스모그의 원인 · 피해사례 · 대처방법	○	◎	◎	◎	◉	◉	◉	◉
	자연 재난	풍수해, 대설의 원인 피해사례 · 대처방법	◎	◎	◎	◎	◉	◉	◉	◎
		풍랑, 해일의 원인 · 피해사례 · 대처방법	◎	◎	◎	◎	◉	◉	◉	◎
		지진, 지진해의 원인 · 피해사례 · 대처방법	◎	◉	◉	◉	◉	◉	◉	◎
		황사, 폭염, 한파, 낙뢰의 원인 · 피해사례 · 대처방법	◎	◎	◉	◉	◉	◉	◉	◎

직업 안전	직업 안전	직업안전사고 원인, 유형 및 피해사례	○	○	◎	○	○	◎	◉	◉
		직업안전사고 예방	○	○	◎	○	○	○	◉	◉
응급 처치	기본 응급 처치	응급처치의 의미와 일반 원칙	◎	◎	◎	○	◉	◉	◉	◉
		응급상황 시 행동요령	◎	◉	◉	◉	◉	◉	◉	◉
		기본 응급처치(찰과상, 코피, 벌레 물린 때, 눈에 이물질이 들어간 때, 치아손상 등)	◎	◎	◎	○	○	◎	◉	◉
	유형별 응급 처치	기도폐쇄(하임리히법) 응급처치	○	○	◎	◎	◉	◉	◉	◉
		심폐소생술	○	○	◎	○	○	◉	◉	◉
		지혈법	○	○	◎	○	◎	◉	◉	◉
		염좌 및 골절 응급처치	○	○	◎	○	○	◉	◉	◉
		화상 응급처치	◎	◎	◎	◉	◉	◉	◉	◉

자료원 : 학교안전공제회(2013)

4. 물리적 환경 개선

1) 학교 시설 설비 관리

학교 안전사고로 인한 보상액도 2009년 196억원(건당 375천원)에서 2013년 358억원(건당 475천원)으로 162억원이 증가하여 82% 증가율을 보였다. 특히 고등학교의 경우 학교안전사고 건수는 39.7% 증가하였으나 보상액은 101.5% 증가했다. 사고 건당 보상액이 2009년 521천원에서 2013년 751천원으로 증가한 것으로 나타났다.(교육부, 학교안전사고 보상통계2014)

안전기준을 위반한 시설과 건물설비 등으로 교내 안전사고가 매년 증가하면서 이에 대한 대책 마련이 시급한 것으로 지적됐다. 2010년 법원은 보수와 안전점검을 게을리하여 학교 측이 사고원인을 제공했다면서 60%에 해당하는 엄격한 배상책임을 묻고 있다. 한국소비자원에 따르면 2007년 355건에 불과하던 교육시설 관련 안전사고 건수는 2008년 879건, 2009년 9057건으로 급증했다. 이 중 사고의 원인이 되는 시설이나 물품으로는 계단이나 출입문, 가구류, 운동 및 놀이기구 등에 의한 사고가 많았다. 이는 학교시설이 안전기준에 따라 관리되고 있는지에 대한 파악이 이루어져야 하며, 안전시설에 대한 관리 감독과 안전교육 강화, 안전규제조항의 신설 등이 요구됨을 알 수 있다(한국소비자원, 2010).

2013년 교육부에서 제출한 학교시설 자료에 의하면 전국 1만 2천357곳의 초 · 중 · 고등학교 건물들 중 123동(E등급 2동, D등급 121동)이 재난 위험시설로 분류된 것으로 확인됐다.

'시설물의 안전관리에 관한 특별법 시행령'에 따르면 건축물의 안전등급 기준 중 C등급은 '주요 부재에 경미한 결함 또는 보조부재에 광범위한 결함이 발생하였으나 전체적인 시설물의 안전에는 지장이 없으며, 주요부재에 내구성, 기능성 저하 방지를 위한 보수가 필요하거나 보조부재에 간단한 보강이 필요한 상태'이며 D등급은 '주요부재에 결함이 발생하여 긴급한 보수·보강이 필요하며 사용제한 여부를 결정하여야 하는 상태'다.

전국적으로는 지역별로 서울이 35동(E등급 0, D등급 35동)으로 전체의 28.4%로 가장 많았고, 전남 25동(E등급2,D등급23) 20.3%, 경북 18동(D등급18) 14.6%, 부산 13동(D등급 13동) 10.5% 순으로 나타났다. 또한 중점관리대상시설 C등급은 서울 785동으로 60% 가장 많았고, 부산 92동 7%, 대전 71동 5.4%, 전북 58동 4.4%, 경남 57동 4.3% 순으로 조사됐다. 학교시설 중 재난위험시설 D, E등급 건물에 대해 시설물안전 관리 대책을 마련하고, 철거 및 개축사업 예산을 확보하여 재난의 위험으로부터 보호하는 것이 시급히 요구된다.

학교안전사고 예방 및 보상에 관한 법률 시행령의 [별표1] 학교시설안전관리기준의 건축물 분야 주요내용은 다음 표와 같다.

표 2-8 학교시설안전관리기준의 건축물분야 주요내용

구분	물리적 요소	위험요소 관리기준
건축물 주변	- 보도 및 차도	- 보도와 차도 구분 및 경계턱, 보호난간(guardrail)설치
교실바닥	- 환기구, 시스템박스 등	- 바닥에 튀어나오는 부분이 생기지 않도록 주변 바닥높이와 같게 설치
교실벽	- 칠판 등 부착물 - 벽 · 기둥 모서리 - 경계벽	- 떨어지거나 엎어지지 않는 구조로 설치 - 안전사고 최소화하는 형태로 - 내화구조로 하고 바닥에서 상부까지 밀폐
교실문	- 미닫이문 - 여닫이문	- 교실문은 될 수 있으면 미닫이문으로 - 유효 폭은 90cm 이상으로 - 손이 끼는 것을 방지하고 바닥문틀이 튀어 나오지 아니하도록

		- 여닫이 구조로 할 경우 피난 방향으로 열어드려야 하며 피난에 장애를 주지 않도록 - 반대편이 보일 수 있도록 하며 도어체크를 설치하는 경우 닫히는 시간 여유 있게
교실창호	- 창호틀, 유리강도 - 외부창호	- 창호 틀은 벽면보다 돌출되지 않게 하고 유리는 강도가 충분한 것으로 - 낙하방지 등 안전시설 설치
특별교실	- 화학약품, 인화물질 사용 특별 교실	- 내화학성 제품 및 난연재료 이상으로 마감 - 위험성이 있는 실험재료 준비실 교사관리 공간 설치
복도	- 교실과 복도 - 복도벽 · 바닥	- 바닥의 높이 차이 두지 말며 부득한 경우 경사로 설치 - 각종 노출되는 모서리 등 안전사고 최소화 하는 형태로 - 바닥은 튀어나온 부분이 생기지 않도록
계단	- 회전방식 - 단 높이 및 너비 - 계단난간	- 충돌방지를 위해 왼쪽 회전 형태로 - 챌판설치 및 높이 일정하게, 디딤판은 충분히 확보, 계단참 너비는 150cm 이상으로 - 높이 1m를 넘는 계단과 너비가 3m를 넘는 계단에는 난간을 설치 - 계단이 끝나는 수평 부분에서의 손잡이는 바깥쪽으로 나오도록 설치하고 높이는 계단으로부터의 높이에 85cm이상이 되도록 - 계단 난간의 난간살은 난간이 수직재인 경우에는 디딤판 한 단에 2개 이상으로 하고, 수평재인 경우에는 15cm이하로 설치 - 손잡이는 벽으로부터 5cm이상 떨어져 설치
화장실	- 화장실 바닥 - 난방기기	- 바닥표면은 미끄러지지 아니하는 재질로 - 배수는 항상 잘되고 건조한 상태유지 - 통행에 방해되지 아니하게 설치
그 밖의 사항	- 현관 출입문 - 천장	- 손낌방지시설 및 강화유리 사용 - 천장은 누수되지 아니하고 단열기능이 있고 파손이 어려운 제품으로 사용

자료원 : 학교안전사고 예방 및 보상에 관한 법률 시행령

학교시설물 안전점검은 개별 법령에 따라 소방, 전기점검, 수도 및 정화조, 어린이놀이시설 등 수행주체의 분산으로 안전관리의 어려움과 그로 인한 학교장의 행정 부담이 가중 되고 있다. 학교시설을 분석해 보면 시공 전 위험, 시공 중 위험, 시공 후 위험 등이 순차적으로 존재한다. 이 중 가장 긴 시간 동안 위험이 상존하는 것은 유지관리 분야에 대한 부분이다. 즉, 장기간 학생들의 안전과 직결된 유지관리 분야에 있어 안전시스템은 매우 시급한 과제라 할 것이다

2) 학교 환경

학교 주변지역은 어린이보호구역, 어린이식품안전보호구역, 학교환경위생정화구역, 아동보호구역 지정에 의해 교통, 식품, 환경, 범죄안전이 관리되고 있으며 다양한 학생보호사업이 추진되고 있으나 여러 중앙부처, 지자체,경찰로 분산되어 권한과 책임이 모호하고 종합적이고 효율적인 운영 · 관리가 이루어지지 않고 있다. 그러나 학교 현장에서는 지속적으로 아동범죄, 학교폭력, 유해환경 노출 등 학생안전 사고가 발생하고 있으나 근원적 처방 없이 상황관리에만 치중되고 있다(한국교육개발원 2014).

어린이보호구역은 매년 지정 확대되어 2012년 기준으로 15,136개교가 지정되었으며 특히 초등학교는 6,247교(2012년 기준, 분교장 포함) 중 5,946교가 지정되어 약 95%의 지정율을 보이고 있다. 어린이보호구역내 어린이 교통사고는 2009년 535건, 2010년 733건, 2011년 751건, 2012년에 511건으로 지속적으로 발생하고 있다.

표 2-9 어린이 보호구역지정 및 어린이 교통사고 발생현황

구분	구분	2007	2008	2009	2010	2011	2012
어린이 보호구역	지정학교수	8,429	8,999	9,584	13,207	14,921	15,136
	초	5,365	5,526	5,654	5,850	5,917	5,946
	유	2,369	2,602	2,781	5,476	6,766	6,735
	특	76	93	107	123	131	131
	보육	619	778	1,042	1,755	2,107	2,313
	학원	–	–	–	–	–	11
	전년대비 증감율 %	–	6.8	6.5	37.8	13.0	1.4
어린이 보호구역내 어린이 교통사고	발생건수	345	517	535	733	751	511
	전년대비 증감율 %	–	49.9	3.5	37.0	2.5	-32.0%

출처 : 도로교통공단 통계자료

표 2-10 학교폭력(폭행, 갈취, 협약 왕따 등) 피해 장소 (중고등학생 대상, 2012년 기준)

구분	사례(명)	학교 교실안 (%)	학교 교실박 (%)	학교 주변 공터/골목 (%)	동네 주변 공터/골목 (%)	상가 또는 지하도 안(%)	시내 유흥가/번화가 (%)	인적 드문 공원/야산등 (%)	기타(%)	계 (%)
내용	597	51.5	12.7	9.9	10.6	2.8	3	2.3	7.2	100

출처 : 국가통계포털, 여성가족부 청소년유해 환경접촉중 합실태조사

안전구역 운영 측면에서 보호대상(학생) 및 지역(학교 내 및 학교주변)이 동일함에도 학생안전구역 관련 제도를 여러 개별법에서 기능 및 대상별로 정하고 있어 학생안전 보호 목적을 극대화하기 어렵다는 점이다. 특히, 구역 설정 기준 및 구역범위, 관리대상 및 규제내용이 모두 상이하며 실제 통학로가 안전구역에서 벗어나있는 경우가 많아 실효성이 부족하다.

그러므로 안전구역 관련 법령을 통합하여 주체, 운영, 관리를 일원화하고 주요 통학로를 고려하여 학생안전지역을 설정, 거리에 따라 관리대상 및 규제내용을 차별화해야 할 필요성이 있다. 이외 학생보호인력, 물리적 환경측면에서의 안전시설물과 안전설계, 관계기관의 협조와 지역사회 참여측면에서의 많은 개선의 필요성이 제기되었다.

이에 교육부에서는 학교 주변을 학생안전 위험제로 환경으로 구축하기 위해 현행 부처별 운영되는 안전구역 중 학교 경계선 200미터 범위의 지역을 '학생안전지역'으로 통합 · 운영하는 「학생 안전 및 보호에 관한 법률」 제정안을 마련하고 2014년 9월 24부터 입법예고했다. 주요 내용으로는 현재 각 개별법에서 지정하고 있는 학교(유치원, 초 · 중등학교) 경계선 200미터 이내의 안전구역을 학생 안전지역으로 통합 · 지정하고, 운영하는 것 등이 포함되어 있다. 학교주변이 '학생안전지역'으로 통합될 경우 국민들의 혼선을 최소화하고, 그동안 담당부서별로 각각 운영하던 것을 국가 및 지방자치단체 차원의 협의체를 구성 · 운영함으로써 그 효율성이 높아질 것이다.

표 2-11 학생안전지역 통합지정안

개별법	규율내용 (규제지역)	학생안전지역		
		유치원	초등(특수)학교	중 · 고등학교
학교보건법	유해시설금지	학교환경위생정화구역	학교환경위생정화구역	학교환경위생정화구역
도로교통법	차량속도제한	어린이보호구역	어린이보호구역	
아동복지법	CCTV 설치	아동보호구역	아동보호구역	
어린이식생활안전 관리특별법	어린이기호 식품업소 관리		어린이식품안전보호구역	어린이식품안전보호구역

각 개별의 학교(유, 초등학교) 경계선 200m 이내의 각종 안전구역을 학생안전지역으로 통합 · 지정

5. 사회적 환경 조성

1) 학교 안전문화

안전교육의 효과를 극대화하기 위해서는 학교에서의 안전교육만으로는 한계가 있다. 안전은 학교뿐만이 아니라 실생활에서도 매우 필요하다. 학생들의 안전의식 함양과 안전한 생활을 위해서는 가정과 지역사회가 연계하여 안전교육을 실시하는 것이 절실하다.

안전과 손상예방의 근본원리는 타인에 대한 배려하는 윤리의식과 일회의 올바른 의사결정과 행동에 기반을 두고 있다는 사실에서 지역사회와 국가적인 차원에서 사회 저변에 문화적인 배경을 구축하는 것은 어린이와 청소년들의 올바른 안전의식과 행동형성에 큰 영향을 주어 궁극적으로 사고 예방으로 연결될 수 있다. 지역사회 주민과 시민들의 안전문화 의식이 조성될 수 있는 적극적이고 능동적인 행동과 실천이 뒷받침 되어야 한다. 다양한 캠페인과 안전운동을 활성화 하는 것은 다수 국민의 안전의식을 변화시키는데 큰 몫이 된다. 정책적인 규제와 근본적인 의식을 변화시키는 교육적 방법과 맞물려서 학교는 물론 가정과 지역사회 더 나아가 국가적인 차원에서 안전 문화를 구축할 수 있도록 하는 것이 근본적으로 사고발생을 줄일 수 있는 종합적인 방법이 될 수 있다. 특히 학교안전사고 예방을 위해서는 학부모의 역할이 중요하며 따라서 학부모에 대한 연수도 필요한 것으로 나타났다.

학교안전을 위한 노력은 학교만의 책무가 아닌 지역주민이 안전하고 편안하게 생활할 수 있도록 할 의무가 있는 지방자치단체의 책무이기도 하다. 지방자치단체는 지역주민이 안전하고 편안하게 생활할 수 있도록 최선의 노력을 다하여야 할 의무가 있다. 지방자치단체는 주민의 일부를 구성하는 학생들의 교육환경 여건 조성과 복지 향상을 위해 도서구입비, 학교급식비, 시설비, 체육지원비 등을 예산으로 지원하고 있다. 따라서 가정-학교-지역사회 연계 및 협력강화를 통한 안전 문화 구축이 반드시 수행되어져야 한다.

2) 학교 안전 관련 법령의 강화

표 2-12 안전활동 관련 및 안전시설관리 관련 법령

안전 활동 관련 법령	① 학교안전사고예방 및 보상에 관한 법률 ② 학교폭력예방 및 대책에 관한 법률 ③ 아동복지법 ④ 가정폭력방지 및 피해자 보호 등에 관한 법률 ⑤ 여성발전기본법 (성희롱 방지) ⑥ 성폭력방지 및 피해자보호 등에 관한 법률 ⑦ 아동 · 청소년의 성보호에 관한 법률 ⑧ 성매매 방지 및 피해자보호 등에 관한 법률 (성매매예방교육) ⑨ 교통약자의 이동편의 증진법 ⑩ 장애인등에 대한 특수교육법 ⑪ 학교보건법 ⑫ 개인정보보호법
안전시설관리 관련 법령	① 학교안전사고예방 및 보상에 관한법률 ② 재난및안전관리기본법 ③ 지진재해대책법 ④ 도로교통법(어린이 · 노인 및 장애인 보호구역의 지정 및 관리에 관한 규칙) ⑤ 학교시설사업촉진법 ⑥ 초중등교육법 ⑦ 학교보건법(학교위생정화구역 범위 포함) ⑧ 건축법 ⑨ 승강기 안전관리법 ⑩ 전기사업법 ⑪ 도시가스사업법 ⑫ 고압가스안전관리법 ⑬ 산업안전보건법 ⑭ 석면안전관리법 ⑮ 위험물 안전관리법 ⑯ 어린이 놀이시설 안전관리법 ⑰ 장애인노인임산부등의 편의증진에 관한법률 ⑱ 소방시설설치유지 및 안전관리에관한 법률

3) 학교 안전 정책의 발전

① 안전 교육 정책

안전교육의 목표는 스스로 안전하게 행동하는 것을 배우고 익힘으로써 자신과 타인의 생명을 존중하고 질서를 준수하는 바람직한 사회인이 되는 기본적 소양을 기르는 것이다.

따라서 학생들의 안전을 확보하기 위해서는 누가 어느 과목에서 가르쳐야 하는지의 문제가 아니라 가르쳐야 하는 안전교육 영역과 내용이 무엇이며, 언제 가르쳐야 하는지에 대한 논의가 전제되어야 하며, 이후 기존 내외부 자원을 활용하여 효율적인 교육활동전략을 수립하는 것이 필요하다. 학생들의 성장단계에 따른 지식수준과 인지 행동능력등 학습능력이 상이하다는 점을 고려하여 저학년은 행동중심의 구체적 사례중심 안전교육, 고학년은 이론과 원리를 바탕으로 한 안전교육이 차별적으로 실시되어져야 한다. 학교안전공제중앙회에서 7대 영역에 따른 중분류 영역에 대하여 학교 급별로 해당 중분류가 그 시기에 어느 정도 필요하다고 생각하느냐를 조사해 본 결과, 각 중분류 영역마다도 학교 급별로 차이가 있었음을 알 수 있었다. 그러므로 학교 급별 학생의 발달단계에 따라 학교급간 연계성을 가지는 지속적인 교육내용의 구성으로 개선이 요구된다.

유치원 및 초 · 중 · 고등학교에서의 안전교육은 지식이나 정보의 전달 외에 이를 행동으로 옮기려는 실천이 수반되어야 한다. 따라서 실생활에서의 생활화를 위한 체계적인 교육적 접근이 요구된다. 또한 학생의 성장발달 단계별 안전교육 활성화를 위한 체계적이고 지속적인 국가 안전교육의 기본 틀(National safety education framework)을 보완할 필요성이 있으며 이를 통해 학교 안전교육의 내실을 기하고, 학생들이 자신의 안전은 물론 타인의 안전을 배려하는 성숙한 민주시민으로서의 자질 향상을 도모할 수 있을 것이다.

사고발생시 1차 상황 판단 결정자는 대부분 교사일 수 있다. 따라서 교사를 대상으로 하는 안전관련 체험 교육을 활성화 할 수 있도록 교원양성대학에 사고 예상 유형별 안전문화 체험관을 운영하여 교사 임용예정자의 안전 관련 상황 대처 능력을 확보하고 기존 교원은 의무 연수가 이뤄지도록 할 필요가 있다. 교원 양성에 있어서도 안전은 기본 필수요건이므로 신규교원 양성 및 보수교육과 연계하여 필요시에는 언제든 교육을 받을 수 있는 지원 시스템을 마련하였다.

학교에서는 교외활동의 경우 안전한 시설을 선택해야 하는 기준을 준수하고, 교육과정내 안전교육의 실시를 지원할 수 있는 지역 내 유관기관과의 연계네트워크를 구축하여야 할 것이다.

② 안전시설 설비 관리 정책

교육부에서는 학생들의 위험 예방과 학부모 불안 해소를 위해 학생 모두가 안전한 교실에서 공부할 수 있도록 하는 계획을 수립하였다(2014.8.18.). 학교 건물은 일정 기간이 지나면 자동적으로 안전진단과 함께 보강을 위한 예산을 확보하고, 이러한 진단 · 계약 · 보강 등 행정적 소요기간을 단축하여 조속히 해결하는 방안을 마련하도록 하였다. 재난위험시설 등의 해소를 위한 예산지원, 노후교실이 재난위험시설로 악화되기 전에 미리 예방하는 계획의 수립, 추가적인 정밀점검 및 안전진단을 거쳐 사각지대 없이 학교시설 안전성을 확보하며, 중앙단위의 심의위원회를 구성하여 재난위험시설의 객관성 등을 제고 할 계획을 발표하였다.

이와 함께 학교시설물 안전관리를 위해 교육감, 학교장 등은 국가안전관리기본계획에 따라 연 2회 이상 학교시설에 대한 안전점검을 실시하여야 하는데, 학교시설에는 소방시설 및 화재대피시설, 비상탈출구, 운동장, 놀이시설, 실험실습시설, 체육시설, 교실(출입문 포함) · 복도 · 난간 · 계단 · 현관 · 교문 등이 포함된다. 그리고 학교장은 학교시설안전관리기준에 따른 점검결과를 점검 후 2개월 이내에 연 1회 이상 교육감에게 보고하여야 한다. 이 기준에 따라 학생들이 주로 머무르는 시설을 관리하고 점검하는 것은 안전사고의 발생빈도를 낮추기 위한 환경조성이 될 것이다.

③ 학교 주변 환경 및 지역사회 안전 정책

학교 내 어린이 놀이시설이 설치되어 있는 학교에서는 「어린이놀이시설 안전관리법에 따른 정기시설검사, 안전점검 및 안전진단등 어린이 놀이시설 유지관리업무를 수행해야 한다.

현재 학교 주변 안전구역을 통합하여 학교 반경 200m를 학생안전지역(SSZ : School Safety Zone)으로 설정하고 성격에 따라 범죄안전구역, 식품안전구역, 환경안전구역, 교통안전구역으로 구분한다. 특히, 500m 내 통학로는 통학안전구역으로 설정하여 안전관리가 이루어질 수 있도록 하며, 학생보호인력에 대한 통합관리가 지원될 수 있어야 한다. 또한 학교의 설립초기 도시계획 결정과정에서부터 교육청이 참여하도록 하며, 표지판 통합설계 및 배치, CCTV 통합관제, 범죄예방환경설계(CPTED), 교통정온화기법 적용 등을 통해 안전한 물리적 환경을 조성한다. 학교상주인력 상시점검-관계기관 합동 정기점검-주기적인 학교안전성 평가를 통한 지속적이고 상시적인 학교안전점검을 시행 한다.

5장 교사의 역할

1. 안전한 학교 조성

교사 자신이 먼저 단순히 안전사고라 표현했던 것에서 의도적, 비의도적 문제를 모두 포괄하는 손상 개념의 포괄성에 대한 이해와 손상유발요인 및 예방 요인 파악을 통한 손상의 예방가능성에 대한 충분한 인지가 전제되어져야 한다. 또한 손상예방을 위한 예방대책을 손상 및 안전문제의 파악 - 명확한 방향성 설정 - 효과적인 사업수행 - 사업평가 및 환류라는 일련의 지속적 순환과정으로 이해하는 것이 필요하다.

교사는 안전한 학교를 만들기 위하여 학교 교육활동과 관련하여 발생한 손상자료의 기록, 기록한 자료의 확인 , 확인한 자료의 공유와 의사소통, 효율적인 프로그램의 개발과 수행, 수행한 프로그램의 평가결과와 손상기록 변화의 검토 등의 역할을 수행해야 한다.

구체적으로는 다음과 같다.

- 보건교사의 역할 : 학생 손상기록 시스템 상에서 그달의 손상현황자료를 종합적으로 분석하고 전체 교사에게 공유해야 한다.
- 담임교사의 역할 : 학급 학생들의 손상발행현황을 파악하고, 안전생활지도에 반영한다. 동 학년 교사들끼리 모여 학생 손상기록시스템의 결과를 보면서 학년별 손상원인을 분석하고, 그에 따른 예방활동에 대한 지도 방안을 학급별, 학년별, 학교별로 모색해 본다.
- 전체 교사의 역할 : 취합된 결과를 전체 교사가 공유하며 함께 학교 안전생활지도에 적극적으로 참여한다. 손상분석 결과를 교사들에 의한 교육활동 지도요소(인적요인)와 손상예방을 위한 시설 개선 및 보완(물적 요인), 지역사회 유관기관과의 협력자원을 위한 교육활동 및 체험활동(환경적 요인) 등으로 분류하여 교육과정내 안전교육 및 안전지도계획에 포함되어 있는 여러 가지 방안들을 수정 · 보완하여 추진한다.

안전교육 실시의 주체의 하나로 교사 담당 교과의 교육과정 및 수업과 관련된 안전에 대한 전문적이고 정확한 내용에 대해 숙지하고 있어야 한다. 학교에서 사고발생시 1차적으로 학교장과 교사의 초기 대응에 대한 역할이 중요하므로 위기시 적절하게 대처할 수 있는 역량을 강화해야 한다. 특히 심폐소생술이나 기초 응급처치는 모든 교사에게 필수적인 교육이므로 응급처치나 안전관련 기관의 연수에 적극적으로 참여해야 한다. 또한 교육계 일반직 공무원의 경우도 안전문화 정착을 위한 지원 측면에서 관련 부서와 상호 이해가 필요한 경우, 일정기간마다 연수를 의무화함으로서 총체적 안전관련 공무원 연계 시스템이 정착되도록 해야 한다.

또한 학교 시설설비 안전관리 및 환경관리가 주기적으로 잘 점검되고 있는지 모니터링 해야 한다. 안전문제는 학교라는 장소에서만의 문제가 아니므로 학생들의 주 생활공간인 가정, 가정과 학교를 모두 포함하고 있는 지역사회와 연계한 교육을 반드시 실시해야 한다. 안전점검, 안전교육 및 안전지도를 통한 예방, 평상 및 비상시 근무체계, 유관기관 협조체제 등을 통한 대비, 긴급구조 및 대책반 구성운영과 관련된 수습(대응), 피해 복구 및 정비와 관련된 복구 등의 안전관리업무를 수행할 수 있어야 한다.

학교 안전문제의 원인과 해결전략을 개발하는 과정은 교사 단독으로 수행할 수 있는 일이 아니다. 안전문제가 발생하는 당사자인 학생과 교직원, 생활하고 있는 학교라는 물리적 공간을 책임지는 학교장과 교직원, 학생의 보호자로서 학부모, 학교가 위치해 있는 지역사회가 모두 같이 해결전략을 개발하는 과정과 결과를 공유해야 한다. 안전한 학교 만들기를 위한 사업의 주체는 학교 구성원들이며, 이들의 적극적인 관심과 참여가 사업의 성공과 실패를 좌우하기 때문에 교사는 전문적인 정보를 산출해야 하는 역할과 함께 이들과의 원활한 의사소통을 하여 동의가 확보된 해결전략의 추진을 위해 노력해야 한다.

교사는 학교안전을 위한 교육뿐만 아니라 다양한 프로그램을 기획하고 수행해나가는 주체적인 역할을 해야 한다. 이와 동시에 학생들 및 학부모들이 안전한 학교 만들기에 대한 관심을 가지고 주체적으로 사업에 참여할 수 있도록 이끌고 지원해주는 조력자 역할도 해야 한다. 학교와 학생들이 모든 문제도 가지고 있고 동시에 모든 해결책도 가지고 있다고 한다. 학교 자체의 안전 증진에 대한 목표 의식 뿐 만 아니라 교사로서 학생들의 안전증진에 대한 명확한 목표의식을 갖추어야 한다. 안전한 학교 만들기는 기존 교사로서의 업무에 부가되는 또 하나의 업무가 아니라 교사로서의 책무에 기본적으로 전제되어야 하는 업무로 이해하고, 적극적인 마인드로 학교 내부 및 외부의 자원과의 원활한 연계를 통해 해당 학교와 학급에 맞는 효율적인 프로그램을 수행할 수 있어야 한다.

2. 주제별 안전 확보 활동

등하교시 안전교육을 위한 교사의 구체적인 역할은 우선 안전한 행동을 수행함으로써 아동에게 본보기가 되며, 등하교 시 관찰자와 보호자로서 아동의 행동을 예의 주시하여 위험한 행동을 수정하고 위험에 개입한다. 다음으로 여러 가지 방법을 사용한 등하교 안전교육을 통해 아동의 안전에 대한 지식, 태도와 기술을 증진시키며, 안전을 도모하는 정책과 방침을 세우고 결정하는 의사결정자가 되고, 학교와 학교 근처 등하교 길에 내재한 위험한 요소의 정기적인 점검 및 환경조성의 역할을 한다. 그리고 가정 및 파출소, 소방서, 교통기관 등의 지역사회 기관과의 긴밀한 협조와 유대관계를 가짐으로써 안전지도 및 교육의 효과를 높이는 역할을 하여야 한다.

각 교과시간에는 교과 특성별 다빈도 손상발생에 대한 파악과 함께 수업전, 수업중, 수업후 적합한 안전 감독과 환경관리가 가능하도록 노력해야 한다.

교외 체험학습 관련해서는 다양한 형태의 이동, 활동에서 발생할 수 있는 상황을 대비하여 응급처치 요령, 안전지도 요령, 비상탈출 방법 등을 사전에 숙지해 두고 담당 아동 중 신체허약자나 교육활동 운영상 특별한 보호를 요하는 아동을 사전에 파악하여 특별 관리하는 역할을 수행한다.

학교 폭력 및 자살예방을 위하여 아동과 함께 학급 목표 및 규칙을 정하여 폭력 예방을 위한 계획을 세우고, 역할 분담하기 및 일상생활의 관리를 실시하여야 하며 가정과 연계하여 교육효과를 높이도록 해야 한다. 교사의 역할은 폭력과 자살 위험으로부터 안전한 환경을 구성하고, 예방교육을 계획하고 실시하며, 안전한 생활태도 및 행동 모델을 제시하며 폭력 가해학생, 폭력 피해학생 또는 자살고위험군 학생 발견시 발생하였을 때 적절히 판단하고 대처하는 역할을 수행해야 한다. 교사의 역할에는 교사와 전문상담교사의 역할로 나뉜다.

교사는 학급운영을 통해 폭력과 자살예방으로부터 안전한 환경을 구성한다. 이를 위해 학급목표와 규칙을 만들고, 역할을 분담시키고 일상생활을 점검한다. 공감적으로 소통하도록 하며 예방 프로그램을 운영한다. 전문상담교사는 또래상담 및 또래조정을 통해 예방활동을 하고, 학교폭력 예방 어울림프로그램 운영과 학부모 교육을 통해 아동의 폭력을 예방할 수 있어야 한다.

재난재해 대비와 관련된 교사의 역할은 학생들에게 재난 유형별 위험성을 알리고 안전의식 및 안전수칙 교육하기, 사전 예방활동 및 정기적인 대피훈련을 통해 아동이 대처행동 숙달시키기, 올바른 119 신고요령 지도하기, 대피경로의 안전상태 수시로 확인하고 문제점 발견시 수정하기, 등을 통해 재난재해 관련 안전지식, 실행능력과 안전의식 함양하고, 재난 원인과 상황에 따른 대처방법을 교육해야 한다. 또한 교사 스스로 응급처치능력을 갖추고 피해상황 복구를 위한 역량을 강화해야 한다.

■ 정리

안전한 학교를 만들기 위한 포괄적 예방대책으로 학교내외 협력기반 구축, 안전한 학교와 관련된 교내 정책의 마련, 포괄적이며 장기적으로 지속가능한 실천적 프로그램의 개발, 고위험 환경과 위험대상에 초점을 맞춘 프로그램의 운영, 손상발생현황을 파악할 수 있는 프로그램의 운영, 학교 정책과 수행 프로그램에 대한 지속적인 평가와 경험의 공유가 해당된다.

1. 손상감시체계는 손상에 관련된 자료를 체계적이고 지속적으로 수집하여 분석, 평가함으로써 손상의 분포와 발생을 파악하고 손상의 원인과 의료서비스 이용 등에 관한 신뢰성 있는 지표를 산출하는 체계이다. 손상감시를 통해 수집된 자료와 산출된 지표를 이용하여 손상현황을 모니터링 함으로써 관련 전문인이나 정책결정자들이 손상 예방 및 안전 증진 계획을 수립하고 정책을 실행할 수 있는 근거를 마련해 주는 손상의 예방과 관리를 위한 필수요소이다

2. 안전문제 파악하기 위한 손상보고체계 구축 단계로는 손상자료를 수집하기 위한 보고체계의 내용과 방법 개발, 수집자료의 분석과 활용방안 개발, 각 단계별 구성원의 역할과 업무 결정, 시범운영후 수정 보완하여 학교 실정에 적합한 손상보고체계의 완성이 있다.

3. 사고나 손상의 원인분석에 있어 어떠한 사고나 손상의 경우이든 단일 원인은 거의 없으며 일반적으로 여러 원인이 복합적으로 작용한다. 해돈 매트릭스는 손상의 역학적 세 인자인 인적요소(Host), 매개체(agent), 물리적 사회적 환경(environment)과 이들 간에 이루어지는 상호작용과 함께 이러한 요인들을 다시 시간적 흐름에 따라 사고 전 단계(Pre-Event Phase), 사고 단계(Event Phase), 사고 후 단계(Post-Event Phase)로 나누어 손상의 원인 분석과 해결전략의 개발을 가능하게 하는 효과적인 모형이다.

4. 안전한 학교 만들기를 위한 사업의 주체는 학교 구성원들이며, 이들의 적극적인 관심과 참여가 사업의 성공과 실패를 좌우하기 때문에 교사는 손상예방과 관련된 전문적인 정보를 산출해야 하는 역할과 함께 원활한 의사소통을 통해 구성원들의 동의가 확보된 해결전략의 추진을 위해 노력해야 한다.

5. 손상문제의 해결전략으로는 개인의 안전행태에 대한 자발적인 변화를 유도하기 위한 교육적 개입이나 지원과 함께 다양한 차원에서의 사회적 경제적 조직적 정책적 접근등의 환경적 접근전략을 같이 시도해야 하며, 필요에 따라 강제성을 띠는 법적 · 규제적 접근을 포함하는 복합적 중 해결전략을 개발하는 것이 효율적이다. 개인 수준에서는 개인의 손상위험요인 및 행태의 개선을 목표로 하며, 조직 및 기관수준에서는 안전증진을 위한 프로그램 시설, 자원 및 정책 형성을 목표로 하는 전략을 수립하여야 한다. 지역사회 수준에서는 구성원의 안전증진에 대한 중요성을 인지하고 이에 대한 규범적 합의를 도출하며 협력적 조직, 시설, 자원, 활동을 개발하고 수행해야 한다.

제3절 안전한 학교 정책

1장 주요 선진국 초중등학교의 안전교육정책[1)]

1. 핀란드

1) 안전교육 정책 및 제도

핀란드 초 · 중등학교의 안전교육 목표와 내용은 핀란드 국가교육위원회의 「기초교육기본법」을 바탕으로 한다. 「기초교육기본법」은 모든 학교와 교육 시설이 필수 교과와 함께 일반적인 규칙을 가르쳐야 한다는 내용을 담고 있으며, 이에 기초하여 안전을 위한 많은 규칙을 가르치도록 명시하고 있다. 이 법령에 따르면 기초교육 단계에서 가르쳐야 할 안전교육의 내용은 다음과 같다.

- 학생이 사는 지역의 사고, 약물, 범죄로부터 스스로 보호
- 작업의 안전 및 환경의 안전
- 건강의 안전, 비폭력적 행동과 평화를 증진하기 위한 방법
- 중요한 교통 규칙과 교통 환경의 차이
- 지역 사회의 안전 위협 요소
- 국민 안전을 위한 국가 기관 및 공무원 역할
- 안전을 증진하기 위한 학교와 가정의 협력

1) http://www.edpolicy.net/EpnicGlobal/Epnic/EpnicGlobal01Lst.php?Ac_Group=4&Ac_Code=D0060100).
교육정책네트워크 정보센터의 해외교육동향 – 안전교육정책 기획기사 자료중 일부 발췌하여 정리하였음.

유아교육과 기초교육(1~9학년), 고등학교 교육의 규정 또한 신체적, 사회적, 정신적으로 안전한 학습 환경에 대한 권리를 보장하고 있다. 교육 관련 기구는 학교 및 교육시설과 함께 활동을 계획하고 조직하여 교수-학습이 안전한 환경에서 일어날 수 있도록 해야 하며, 폭력과 왕따, 괴롭힘을 예방하기 위한 계획을 세우고 실천하여야 한다는 내용도 명시되어 있다. 핀란드 국가교육위원회는 이러한 계획의 기초를 제공하며, 계획의 시행 여부는 교육 관계 기구에 의해 감독된다. 이러한 법과 규정은 안전교육의 전반적 토대가 되며, 학교에서 안전한 문화를 만들기 위한 중요한 요소이다.

학교와 교육시설은 안전과 관련된 모든 안전 계획을 시행해야 할 의무가 있다. 이러한 계획들은 모든 교직원에게 알려지고 잘 숙지되어야 한다. 긴급 사태가 발생할 경우에는 새로운 계획이 수립되어야 하며, 이러한 안전 계획은 정기적으로 점검되어야 한다. 학교는 다음 학기의 계획을 세울 때 각 교과에서 안전과 관련된 어떤 내용을 다룰 것인지에 대해 논의하여야 한다. 이러한 계획은 가정과 학교의 협력, 교직원의 훈련과 각종 행사를 모두 포함하여야 한다. 철저히 계획을 세우는 것은 안전이라는 주제를 여러 과목을 통해 교육하는 데에 도움이 된다.

2) 학교 안전교육 현황

핀란드 초 · 중등학교에서 안전교육은 교육과정에 시수가 배정되어 있지는 않다. 일반적으로 안전교육은 주요 과목과 함께 가르쳐야 할 통합적인 주제이며, 학교는 학생이 안전에 관한 기술을 학습할 수 있도록 다양한 활동을 조직한다. 기초교육 기간에 아이들은 다양한 환경과 상황에서 안전하게 행동할 수 있는 방법을 연령에 맞게 배우게 된다. 안전에 관한 기술을 가르치는 것은 오랜 기간이 소요되며, 계획을 세울 때 학생들의 나이와 생활 방식에 맞는 적절한 방법을 이용하여야 한다.

학생을 위한 안전교육의 목표는 다양한 안전 및 건강의 위험을 인식하게 하고, 폭력적인 행동을 금지하고 학교 폭력이 일어났을 때 어떠한 행동이 바른 것인지 가르치며, 사고가 일어났을 때 어떻게 행동해야 하는지, 교통안전과 안전한 환경이란 무엇인지 깨닫게 하는 것이다. 그리고 경찰서와 소방서, 그 밖의 공공 서비스에서 어떠한 일을 하는지 가르치는 것도 안전교육에 포함된다.

교직원은 안전교육과 안전한 문화를 만드는 데에서 매우 중요한 주체이다. 모든 교직원은 학생의 본보기로서 안전한 문화를 만들어가는 중요한 역할을 한다. 학교의 교장은 교직원의 안전 훈련을 위한 책임이 있으며, 특히 새로운 교직원이 학교의 안전 규칙들에 대해 익숙해질 수 있도록 도와야 한다. 양호 교사와 복지사 역시 학생의 신체와 관련된 안전의 위협에 대해 숙지하고 있어야 한다.

핀란드 학교에서는 안전한 문화를 만들기 위해 학교와 학부모의 협력도 중시된다. 학교는 학부모의 날과 같은 행사나 학부모 면담 등을 통해 학생의 안전에 대한 문제를 논의한다. 학생에게 학교 통학 시 이용할 수 있는 안전한 길을 안내하고, 학생 주변에서 일어날 수 있는 위협 요소를 감지하는 것은 학교와 학부모의 협력을 통해 다루어야할 중요한 과제이다.

3) 교육과정에 포함된 안전교육

핀란드에서 안전교육은 기본적으로 주요 교과목과 통합되어 이루어지며, 특별수업이나 테마의 날을 통해 안전교육과 관련된 주제가 다루어지기도 한다. 또한, 학교는 일반적인 수업 이외에도 특수 상황에 대처하는 방법을 연습시키기도 한다. 특히 화재 대피 훈련은 교사와 교직원들의 지도하에 실시된다. 대부분의 핀란드 학교에서 안전교육은 다른 교과와 통합되어 가르쳐지지만, 일부 학교에서는 안전 관련 기술을 증진시키기 위한 선택 과목을 제공하기도 한다.

핀란드의 초 · 중등학교의 안전교육은 기본적으로 일반 수업과 통합되어 이루어진다. 하지만 이는 법에 기초하여 반드시 시행되어야 하는 의무사항이며 교통, 소방, 약물, 범죄, 건강 등과 관련된 다양한 안전교육이 철저하게 시행되고 있다. 응급처치, 수상구조 등 생명을 구하기 위한 안전교육도 중시되고 있다. 특히 주목할만한 점은 안전교육이 학생을 엄격히 제한하고 금지하는 것에만 그치지 않는다는 것이다. 핀란드의 안전교육은 아이들이 삶의 모든 영역에서 생명을 지키고 사고를 예방하는 데 도움이 되는 건전한 태도와 지식을 배우도록 한다.

4) 학교폭력 대처방안

핀란드교장협회는 2012년 초 알라하르마학교에서 벌어진 사상자가 발생한 칼부림 사건 직후, 학교 학생들의 안전을 강화해야 한다는 성명을 냈다. 최근 몇 년간 핀란드에서 심각한 학교폭력 사건이 많이 벌어진 것에 대해 모든 교육계 종사자는 아동, 청소년과 1대 1로 대화할 때라고 말한다.

핀란드에서 학교폭력은 비상시적이고 우연히 벌어지는 현상이 아니라 상시로 일어나는 지속적 현상이 됐으며 이제는 모두가 숨기지만 말고 서로 다 터놓고 솔직하게 학교폭력에 대해 논할 때라고 주장한다. 이들은 상처를 숨기지 않고 드러낼 때 회복될 수 있으며 바른 해결점도 나올 수 있다고 한다. 학교폭력 사건이 자주 벌어지면서 핀란드 각 학교에서는 이에 대비하는 교사와 학생 행동 강령을 마련하였다.

핀란드 국회에서도 학교 총기 사건이 일어난 직후 학교 총기 사건 및 기타 학교폭력을 방지하는 방안을 발표했었고 현재 그 대부분이 법으로 제정돼 실천되고 있다. : 총기 소지와 총기 소지 면허 관련, 인터넷 감시 강화, 학교 분위기 쇄신을 통한 폭력 예방.

학교폭력은 현재 핀란드에서 새로운 사회 현상으로 떠오르고 있으며 그 방지법도 초기라서 아직 학교폭력의 뿌리까지는 흔들지 못하고 있다.

핀란드에서는 학교폭력을 예방하기 위해 금속감지기를 설치한다든지 경비를 강화하는 등 학교 안전을 강화하면서 학교문화나 분위기 자체를 쇄신하는 데에 더 신경을 많이 쓰고 있으며, 이러한 방안이 바람직하며 경제적인 방법이라고 제시되고 있다. 학교폭력 및 왕따 현상 또한 학생과 교사 사이에 신뢰감이 형성되고 이해심이 깊을 때 줄어들며 단순히 폭력 가해자 피해자 그리고 학교가 함께 대화를 시도하는 것으로 해결되지는 않는다. 학생과 교사 사이가 친밀할수록 왕따 및 학교폭력이 줄어들고, 그 사이가 멀수록 왕따와 학교폭력이 더 많이 생기는 것으로 생각하고 학교폭력 방지를 위해 교사의 역할에 대해 앞으로 더 큰 기대를 하고 있다.

2. 프랑스

1) 안전교육 정책 및 제도

일선 학교에서의 안전교육은 시민교육의 맥락에서 교육부의 의무 사항 중 하나이다. 2006년 1월 11일 발표된 시행령, 2006년 5월 24일 공문, 교육법 312-40조, 312-42조에서 명시하고 있다. 이 법령에는 안전교육의 실시, 위험 예방에 대한 강조, 구조에 대한 정보, 응급처치 교육, 일반적인 안전 수칙에 대한 교육 내용 등이 있다. 이에 따라 교육부는 유치원에서부터 고등학교까지 안전교육 내용을 학교생활은 물론 교육과정 전반에 걸쳐 포함시키고 있다. 특히, 기초공통과목에도 시민과 사회적 능력, 주도적이며 자율적인 역량을 강조하고 있다.

2) 학교 안전교육 현황

학교에서의 안전교육은 일반적으로 학생을 대상으로 하고 있다. 앞서 언급한 바와 같이 안전교육은 전체 교육과정 전반에 걸쳐 진행된다. 구체적으로 학생들의 위험에 대한 인지, 구조 인력에 대한 인지, 개인 및 집단적 책임 인지를 기본에서부터 실질적인 응급처치 방법, 도로교통수칙에 대한 교육으로 이루어진다.

안전교육은 일반적으로 교사에 의해 이루어지는데, 때로는 구조대의 교육 담당관과 같은 전문 인력의 협조로 함께 진행되기도 한다. 교사가 안전교육을 진행할 수 있는 것은 교원 임용 시, 응급처치 자격증 소지가 필수 조건이기 때문에 가능한 것이다.

학교는 학군과 지역 사회 내에 안전과 관련하여 형성된 네트워크를 통해 의사 및 간호사 등의 기술적인 부분, 그리고 정기적으로 업데이트되는 교육 자료를 교육에 이용할 수 있다. 또, 교육부는 내무부, 보건부, 지역 사회의 방재청, 구조청 등과의 협조를 통해 교육을 진행하도록 한다. 이에 따라 지역 사회의 구조 전문 인력 등은 학교 안전교육 수업을 할 때 협조해 준다.

3) 교육과정에 포함된 안전교육

초등학교부터 고등학교 과정까지 전 과정에서 매학년 모든 학생은 응급처치 교육과 도로교통안전 교육을 의무로 받게 되며 시험을 통해 교육 수료증을 발급받는다. 이 안전교육 과정의 수료 여부는 중학교 졸업자격 시험, 바깔로레아 시험 결과에 반영된다.

프랑스 교육부는 교사 임용 시 필수 조건으로 응급처치 자격증과 수영 자격증을 요구한다. 이는 학생의 안전교육을 진행하기 위한 것은 물론, 실제 위험 상황 발생 시를 대비한 정책이라고 할 수 있다. 또한, 도로교통 안전, 응급처치 능력을 각급 진학 시, 단계별로 졸업자격시험에 포함하여 의무교육으로 진행한다는 점은 일상에서의 안전에 대한 인지뿐만 아니라 실제 사고 발생 시 대처할 실무적인 능력을 갖추도록 한다는 특징이 있다.

4) 학교폭력 대처방안

교육부가 2006년 내무부와 법무부가 함께 학교폭력에 대한 예방을 정부의 우선적 과제로 선정하고 이에 대해 교육적인 조치와 예방의 원칙을 강조하였다. 특히, 피해자(학생, 교사, 교직원 포함)에 대한 도움을 우선적인 목적으로 하며 이를 위한 방법으로 피해자에 대한 법적인 보호 피해자에 대한 법적, 의료적, 심리적, 사회적, 행정적 지원을 하도록 하며, 피해자가 다시 학교에 적응할 수 있도록 하는 교육적 지원도 강조함. 또한, 이러한 피해자에 대한 보호 조치가 일선 학교와 학군 단위에서 모두 이루어질 수 있도록 한다.

교내에서 발생하는 모든 폭력에 대한 예방책을 간구하기 위해 프랑스는 2010년 4월 국가 공청회를 개최하여 5개의 원칙을 시행하기로 결정하였다.

(1) SIVIS 조사를 통한 학교폭력에 대해 실태 및 피해학생 조사 실시

(2) 교사 및 교직원 교육: DVD, 영화, 증언, 전문 교사들의 코멘트 등을 이용, 교생 실습 교사들을 위한 학급 내 갈등 사항 해결을 위한 특별 교육

(3) 학교 안전 계획 강화

- 학교 안전 진단 실시
- 학교에 안전 교육을 받은 요원 배치(갈등 상황 예방, 폭력 상황 발생 시 즉시 개입)
- 학교 임원들 교육: 학교폭력이 심한 184개 학교의 임원과 학군장에 대한 교육
- 학교 안전 담당 경찰 배치: 해당 학교에 대한 정보 공유, 학교 안전 진단, 학생들에 대한 학교 안전 강의

(4) 처벌의 교육적 측면에 대한 강조를 통해 인지 강화

(5) Eclair프로그램 실시 학교를 위한 특정 프로그램 개발

이 외에도 재교육학교(Des etablissements de reinsertion scolaire, ERS)를 통해 2010년도부터 특히 문제가 많은 학생들을 선도하고 있다. 이 재교육학교를 통해 학생들은 최소 1년간 일반 학교로 재통합되는 교육을 받게 된다.

3. 일본

1) 안전교육 정책 및 제도

2009년에 개정된「학교보건안전법」은 이전의「학교보건법」에 학교안전과 관련하여 각 학교에서 공통으로 실시해야 하는 사항을 추가한 것이다.

학교보건안전법」의 3장은 학교안전에 관한 것으로 제26조에 '학교 설치자(지자체, 학교법인 등)는 학생의 안전확보를 위해 학교에서 사고, 가해행위, 재해 등에 의해 발생하는 위험을 방지하고, 학생 등에게 위험 또는 위해가 발생했을 경우에는 적절하게 대처할 수 있도록 해당 학교의 시설 및 설비와 관리운영체제의 정비 충실, 그 외 필요한 조치를 강구하도록 노력해야 한다' 고 하고 있다.

제27조에 '학교안전계획'의 책정과 실시를 의무화하고 있어서 각 학교는 학교보건안전법의 취지를 살려 방재의 관점에서 시설 및 설비의 안전점검을 실시하고, 통학을 포함한 학생의 학교생활과 일상생활 안전에 관한 지도나 교직원의 연수 등 학교안전계획을 세우고 실시해야 한다. 2012년 3월 기준으로 95.7%의 학교가 학교안전계획을 수립하였으며, 초 · 중학교의 85.1%가 통학로 안전맵을 작성하고 있다.

제28조에는 교장에게 학교환경의 안전확보를 위한 조치를 취할 것을 명시하고 있으며, 제29조에는 실제 위험 등이 발생했을 때를 대비하여 대처요령을 작성할 것을 규정하고 있어서 교직원은 사고 발생 시 취해야 할 구체적인 내용과 순서를 정한 대처요령(매뉴얼)을 작성해야 한다. 제30조에는 관계기관 등과의 연대도모에 노력할 것을 규정하고 있다.

2) 학교 안전교육 현황

초등학교와 중학교에서 이루어지고 있는 교내 안전교육은 교과, 도덕 시간, 종합적인 학습의 시간, 학생회, 학급활동 등의 시간에 이루어지고 있으며, 초 · 중학교의 95.2%가 학교안전계획에 안전지도 내용이 포함되어 있다.

예를 들어 초등학교 고학년의 경우는 지역의 특성과 방재체제를 이해하고, 재해 발생 시 초래되는 위험을 예측하여 스스로 위험을 피할 방법을 배우고, 가족과 친구, 주위 사람들의 안전을 배려하며 도움이 되는 구체적인 행동에 대해 배우는 것을 목표로 하는데 가정과에서는 의복에 대해, 사회과에서는 사회적 역할과 책임, 지역의 자연재해, 안전을 위한 활동, 응급처치에 대해 배운다. 과학 시간에는 기상과 화산, 지진 등에 대해 배우고, 학교행사 시간에는 지진, 해일, 화재 등을 상정한 피난훈련을 실시한다.

교직원이 학생이나 학부형과 함께 실시하는 합동연수가 있다. 구체적으로는 학생의 인계, 피난소 개설, 방재 지도 작성, 재해 역사를 배울 수 있는 시설 견학, 재해 경험자의 체험담 청취, 소방서 등 지역의 안전을 지키는 직종의 업무내용 소개 등이 있다. 또한, 학교는 각 지자체가 작성한 지역방재계획을 이해하고. 행정기관의 방재담당부국이나 교육위원회와 연대하여 평상시에도 관리체제를 정비하고 있다. 그뿐만 아니라 경찰서, 소방서, 보건소 등과 연대하여 피난 경로와 응급 구조와 같이 연락을 취해야 하는 사항, 협력할 사항에 대해 미리 정리하고 긴밀한 관계를 유지하고 있다.

일본의 학교안전교육은 첫째, 지식, 사고, 판단을 기르고, 위험예측과 주체적인 행동이 가능하게 하며, 사회공헌과 지원자로서의 기반을 갖추도록 하는 것에 초점을 맞추면서 발달단계에 따라 체계적이고 구체적인 목표를 설정하고 있다는 것이다. 학습지도요령에는 이러한 학교단계별 목표와 내용을 기술하고 있다. 둘째, 재해 시에 필요한 기기와 물품을 예상하여 구비하고, 체크리스트를 활용하여 평상시에 시설과 설비 등의 안전성을 점검하고, 사전에 조치를 취하며, 피난경로와 방법, 재해발생 시의 대처(매뉴얼) 등에 대해 미리 작성하고 정보를 공유하고 있다. 셋째, 학부형이나 지역주민, 관련 기관과의 연대 추진과 구체적인 방재훈련을 특징으로 들 수 있다.

무엇보다도 일반 시민의 위기의식과 행정기관의 평상시 안전확보를 위한 노력, 그리고 비상시를 대비한 체계적인 시스템이 중요한데 화산과 지진 등의 재해의 위험이 항시 존재하고, 실제 재해를 자주 경험한 일본이기에 두드러지는 특성이기도 하다. 특히 재해와 관련하여 교육기관이 매우 중요한 역할을 감당하고 있다.

3) 학교폭력 대처방안

일본은 '이지메'와 '교내폭력'이 일찍부터 문제화되어 대책이 논의되고 있다. 학생의 문제행동에 관한 전수조사를 1983년부터 중고등학생을 대상으로 실시해 오고 있으며, 1997년부터는 초등학교를 포함하여 전수조사를 실시하고 있다.

2010년에는 '폭력행위가 없는 학교 만들기 연구회'가 결성되어 2011년 8월 15일에 보고서를 냈는데14), 폭력행위 증가의 요인으로 '학생의 성장, 생활환경의 변화, 학생의 스트레스 증대, 또한 감정을 억누르지 못하며 생각과 마음을 말로 잘 전달하거나 다른 사람의 이야기를 듣는 능력의 저하' 제시하였다. 폭력행위 증가 배경으로는 규범의식과 윤리관의 저하, 인간관계의 희박성, 가정교육의 문제, 영상 등을 통한 폭력장면을 접하는 기회의 증가, 인터넷과 휴대폰의 급속한 보급에 따른 문제 등 가정과 학교, 그리고 사회환경의 변화를 지적하고 있다. 또한 이 연구회에서는 교육현장에서 일어나는 폭력행위에 효과적으로 대응하기 위해 먼저 그 분석이 필요하다는 입장에서 학습환경의 개선이 실효적인 대응책이라고 언급하고, 초등학교 단계에서부터 일관성 있는 지도를 중시하고 있다.

먼저, 안정된 학습환경을 조성하기 위해, 학생에 대한 이해와 교육적 배려를 바탕으로 지도할 것과 개개인에게 맞는 지도, 교직원과 학생의 인간관계 중시, 가정과 지역 관계기관과의 연대에 의한 대응 등을 강조하였다. 교내 지도 체제에 대해서는 PDCA(Plan, Do, Check, Action)사이클을 이용한 조직적인 학생지도를 추진하며, 열린 학교를 통해 학부모, 지역 등과 연계하며, 교육상담체제를 재고하는 것 등이 있다. 학생지도주임과 학급담임의 역할이 강조되고 있으며, 발달장애, 수험 스트레스, 애착에 문제를 가진 학생 등 유형별로 다른 지도와 대응이 필요하다는 것을 주 내용으로 하고 있다.

다음으로, 조기 발견과 지도, 대응이 중요한데, 미연에 방지하기 위한 지도체제를 정비해야 하며, 조기 발견을 위해 학생들이 보내는 사인을 알아차려 안정된 분위기 속에서 스트레스를 줄일 수 있는 상담을 진행하는 것이 중요하다고 한다. 사태가 심각화 되는 것을 막기 위해 가해학생의 출석정지와 같은 조치는 물론 피해 학생과 학부모에 대한 지도의 필요를 언급하고 있다. 폭력행위가 발생한 학교가 다시금 안정된 학습환경을 조성하기 위한 지도와 집단지도, 규범의식 양성 지도도 중요한 과제로 들고 있다.

마지막으로, 지금까지 계속해서 강조되어 온 가정, 지역, 관계기관 등과의 연대와 학교종별 간의 연대가 언급되고 있는데, 초등학교에서는 언어활동의 충실, 도덕교육의 추진 등이, 중학교에서는 규범의식에 기초한 행동양식의 정착, 고등학교에서는 규범의식과 교내규율 유지 등을 언급하고 있다. 구체적인 교육 프로그램으로는 스트레스 매니지먼트, 소셜 스킬 트레이닝, 라이프 스킬 트레이닝, 앵거 매니지먼트 등이 있다.

1980년대부터 현재까지 일본에서는 학교폭력에 대응하기 위하여, 많은 노력을 기울여 왔다. 교내 학생 지도와 함께 일관되게 강조되어 오고 있는 것이 바로 '연대'인데, 일본에서는 학교의 노력만으로 학교폭력의 문제가 해결되지 않는다는 이해가 공유되고 있다. 학교와 가정, 지역, 관계기관과의 연대를 위해 교사 이외에 '스쿨 카운셀러'와 '스쿨 소셜 워커'가 개입하여 학교와 관계기관과의 연대를 원활히 하고 있다.

이뿐 아니라 학교와 학교의 연대도 최근 중요한 대응책의 하나로 등장하고 있는데, 특히 '초중일관교육'은 중학생의 문제행동이 급증하는 원인인 '중1 갭(中1ギャップ)' 문제를 해소하기 위한 대응책의 하나로, 전국 학교의 절반 정도가 초중일관 교육을 시행하거나 검토 중에 있다. 또한 커뮤니케이션 능력 향상을 위해 '언어활동'을 중시하고 있는 것도 최근의 경향이다.

4. 영국

1) 안전교육 정책 및 제도

영국의 학교 보건 및 안전, 그리고 이에 부응하는 관련 교육활동은「근로현장 내 보건 및 안전법」1974(Health and Safety at Work etc Act 1974)에 의거한 법정 의무이다. 이에 따라 지역청 및 학교경영 관계자는 교직원과 학생의 안전 및 보건을 책임질 의무가 있다. 교직원 또한 자신의 안전상황을 판단하여 적절히 행동해야 한다.

교내 보건 및 안전 정책의 일환으로 시행되는 기본적인 프로그램은 교직원 안전교육이다. 학교장은 교직원의 직무 수행상 요구되는 안전교육을 제공할 의무가 있다. 이는 별도의 안전교육과정이 아니더라도 안전 관련 지시사항 및 정보를 충분히 제공받아야 한다는 것이다.

학교 측은 현장학습 및 수학여행 등을 추진하기에 앞서「근로현장 내 보건 및 안전법」을 충분히 숙지해야 한다. 이를 위하여 정부는 보건 및 안전 전담반(HSE, Health and Safety Executive)을 마련하여 각종 교외 교육활동을 준비하는 교사에게 가이드라인을 제공하고 있다. HSE 팀은 그 밖에 사고 발생 시 보고하는 절차 및 보고내용 등에 대한 가이드라인을 마련하고 있다.

보건 및 안전에 대한 책무는 서면상 기록되어야 한다. 서면 절차 중 하나로 학교는 교외 활동을 추진하기에 앞서 학부모의 동의서를 받아야 한다. 특히 안전상의 위험요인이 존재하는 활동의 경우 학부모의 동의서는 의무사항이다. 등산, 트레킹, 스키, 수영 등과 같이 위험요인이 다소 큰 야외활동을 할 경우 학교는 활동 대행 기관의 안전자격 여부를 확인해야 한다. 정부는 야외활동 대행기관의 자격증 소지를 법제화하고 있다(Adventure Activities Licensing Regulations 2004).

2) 학교에서의 안전교육 현황

영국에서는 학교 내 안전한 환경을 조성하는 교육과 더불어 안전에 대한 이해를 고양하고 적절하게 대처하는 안전교육이 동시에 이루어지고 있다. 즉 안전한 교육과 안전교육의 두 관점에서 동시에 진행되고 있다. 안전한 교육의 측면에서 영국은 각종 관련 가이드라인을 개발하여 학교의 안전한 교육을 돕고 있다. 영국에서는 안전사고에 대한 우려로 인하여 일선학교가 현장학습 및 수학여행을 기피하는 현상이 있다. 이를 개선하기 위하여 보건 및 안전 전담반 등 학교 측의 안전한 교육운영에 전문적인 도움을 제공하는 기구를 개발한 것이 특기할 만하다.

학생을 대상으로 한 안전교육은 학령기별 특성을 고려하여 교육내용을 선정하고 있는 점을 주목할 수 있다. 특히 안전교육 사례로 제시한 KBYG는 교육대상 연령에 적합한 안전교육이라고 볼 수 있다. 일반적으로 영국의 청년들은 대학교육에 앞서 1년 정도 견문을 두루 넓히는 시간인 Gap Year를 갖는 편이다. 이 시간 동안 학생들은 운전면허 취득, 국내외 여행 등을 하며 자유로운 시간을 가진다. KBYG는 이러한 대상 연령의 특성을 감안한 안전교육 내용으로 젊은 학생들이 타지에서도 안전에 대한 의식을 갖출 수 있도록 돕고 있다. 종합하여 볼 때, 영국의 안전교육은 법제적 보호 아래, RoSPA 및 HSE 등 적절한 보조기구를 통하여 교육내용 개발 및 교육활동 운영을 지원받고 있는 것으로 사료된다.

3) 학교 폭력 대처방안

영국에서 학교폭력은 매우 다양한 형태로 이루어지며 교육학, 심리학, 범죄학, 보건복지학 등의 분야에서 학교폭력을 다루고 있으나 각 분야마다 학교폭력에 대해 고유한 접근 방식을 택하고 있다. 또한 교육 분야 내부적으로도 학생과 교사, 학부모 및 연구자 간에 학교폭력에 대한 시각이 상이한 것을 확인할 수 있다.

학교폭력을 "신체적 또는 감정적으로 학교에 있는 사람 및 학교의 기물에 위해를 가하는 행동"이라고 규정한 바를 따르고 있다. 이 정의에서는 학교폭력에 다음의 행동을 포함시키고 있다 - 1) 신체적 폭력(밀기, 차기, 주먹질하기, 때리기 등), 2) 절도와 소유물 파손, 3) 흉기의 이용(흉기휴대, 흉기를 이용한 협박, 흉기의 사용), 4) 성희롱, 5) 언어 및 사회적 폭력(욕설, 모욕, 왕따*, 위협, 강탈). Bulliying(괴롭힘 당하는 것), 여기에는 전화나 전화문자, 이메일이나 SNS(Cyberbullying)과 같이 비대면적으로 이루어지는 학교폭력도 포함되어 있다.

학교폭력은 그 당사자의 연령, 성별, 인종에 따라 다른 양태를 보인다. 대규모로 실시한 조사결과에 다르면 50%의 초등학생과 25%의 중등학생이 학교에서 괴롭힘을 당한 경험이 있다. 특히 소외계층 및 취약 계층의 학생들이 또래집단으로부터 괴롭힘을 당할 확률이 높다. 그리고 학교에서 괴롭힘을 당한 결과로 매년 약 16명의 학생들이 자살을 하는 것으로 나타났다.

학생들이 폭력적인 성향을 보이는 원인은 복합적인데 그 중 특히 중요한 원인으로는 가정환경과 또래집단을 들 수 있다. 그러나 학교의 제도적인 분위기가 학생들의 폭력적 성향을 조장하기도 하고 억제하기도 하는 것으로 나타났다. 예를 들어 학생들의 의견에 귀 기울이는 학교일수록 학교폭력에 효과적으로 대처하고 있는 것으로 나타났다. 특히 교사와 학생간의 관계의 깊이가 학교폭력 예방에 매우 중요한 역할을 하는 것으로 나타났다.

대부분의 학교들은 긍정적인 행동을 조장하고 폭력적이고 방해가 되는 행동을 억제하기 위하여 멘토제도를 운영하거나 친구들의 지지를 조성하는 등 다양한 방법을 사용하고 있다. 또한 경찰관이 학교에 주기적으로 순찰을 하고 그 존재를 학생들에게 각인시키는 방법이 반사회적 행동의 억제에 효과적인 것으로 보고되고 있다. 그러나 이러한 방법들은 새로운 시도이기 때문에 그 효과에 대해서는 장기적인 조사가 필요하다. 또한 학생을 퇴학 조치하는 것은 결과적으로 학교폭력 근절에 부정적인 영향을 끼치는 것으로 나타났으며 영국 학교들은 문제 학생들을 학교에 재적응시키는 것을 목표로 하고 있다. 이를 위하여 해당 학생들이 학교 안과 밖에서 사회성을 개발하고 긍정적인 관계를 유지할 수 있도록 노력하고 있다.

5. 독일

1) 안전교육 정책 및 제도

학교 안전교육과 관련하여 KMK(연방주 교육부 장관회)가 독일 전역에 적용할 학교에서의 이동성과 교통교육에 관한 기본 지침을 제시하고 있고 각 주 또한 안전교육과 관련한 다양한 규정을 두고 있다. 바이에른주의 경우 '자전거 교육', '교통과 이동성교육', '통학', '수학여행', '관리 · 감독', '응급조치', '체육수업', '안전교육', '소방대책', '미디어교육', '학생사고보험' 등 학교 안전교육과 관련한 다수의 상세규정을 두고 있다.

이 가운데 바이에른주의 학교안전과 법적 학생사고보험에 관한 지침에 따르면 학교의 안전은 전체 학교교육 참여자의 과제이며 모두가 협력하여 학생이 안전의식을 가지고 행동하도록 교육하고 학교를 안전하게 조직하도록 명시하고 있다. 사고예방과 안전교육은 학교의 교육과 훈육 과제의 하나이며 안전교육은 건강교육, 사회성 교육, 환경교육과 밀접한 관련이 있고 안전교육은 교통교육, 체육교육, 소방대책 교육을 포괄한다. 교내 안전, 학생과 교육인력의 안전, 안전교육에 관한 전반적인 책임은 학교장에 있으며 교사 가운데 학교 안전 관리자를 두고 학교장을 지원하고 동료교사들에게 안전교육 관련 정보를 제공하도록 한다. 모든 교사는 학생들이 위험을 인지하고, 예측하여 이를 방지하거나 해결할 수 있도록 교육할 과제가 있으며 사고가 발생할 경우 응급조치를 할 수 있도록 이에 관한 연수를 지속적으로 받는다.

2) 학교에서의 안전교육 현황

이동성과 교통교육을 학교가 반드시 수행해야 할 교육과제로 보고 1972년 최초로 학교 교통교육 지침을 마련한 이래 1994년과 2012년에 이를 개정하여 독일의 전체 주가 교통과 안전교육을 위한 교과과정과 교사교육의 기본지침으로 활용하도록 하고 있다. 교통과 안전교육이 교과과정에 확립되어 있어 교사교육과정에도 이를 고려하고 있으며 안전교육이 시의적절하게 이루어질 수 있도록 교사연수도 지속적으로 실시되고 있다.

KMK는 교통교육이 안전교육, 사회성교육, 환경교육, 건강교육의 과제를 동시에 수행한다고 보고, 학생들이 현시대의 교통수단이 인간과 환경에 주는 영향에 대해 알고 미래 지속개발을 고려하여 교통수단을 올바로 활용할 수 있도록 이에 필요한 능력을 함양하도록 교육하는 것에 목표를 두고 있다. KMK는 학교에서 교통과 안전교육을 실시할 때 교육단계별로 아래의 내용을 교육하도록 지침으로 제시하고 있다.

교육단계별 교통, 안전교육 내용		
1~4학년(초등단계)	5~10학년(중등 1단계)	11~13학년(중등 2단계)
- 등하교훈련 : 안전한 통학 - 학교와 거주지 주변의 교통 - 도보의 유익 - 운동능력과 지각연습 - 자전거 교육 - 교통규칙과 교통수단 이용 시 사회적 태도 - 근거리 대중교통 - 자동차 함께 타기 - 버스, 기차 동승 - 친환경적인 교통수단	- 안전한 통학 - 자전거와 환경, 자전거와 교통 - 자립적 근거리 대중교통 이용 - 장거리 교통수단 학습 - 동력화된 교통수단: 오토바이, 동력 자전거 - 이동성과 사회적 태도 - 교통과 법 - 도로교통에 있어 술, 마약 - 교통, 환경, 기후 - 대안적인 동력기술과 자동차 - 이동수단의 형태 - 환경을 고려한 수학여행	- 이동성과 사회적 태도 - 동력화된 개인 교통수단, 동행자와 함께하는 운전 - 도로교통에서의 술과 마약 - 경제적, 생태적 관점의 이동수단 - 미래지향적 이동수단을 위한 교통조성과 개발 - 관광, 교통, 경제 - 이동수단의 기회와 한계 - 대안적인 동력기술과 자동차, 자동차 기술

출처: KMK, 2012

바이에른주 교육부는 주 교육부 장관회의 지침을 고려하여 1학년과 4학년은 매년 20시간, 2학년과 3학년은 매년 10시간, 5학년과 9학년은 매년 20시간, 6, 7, 8, 10학년은 매년 10시간 교통과 안전교육을 실시하고 있다. 안전교육은 통학, 자전거 교육, 체육과 수영, 자연과학 분야 수업, 교통수단 및 교통체계, 응급조치, 소방대처, 건강예방 등 안전교육 전반의 여러 분야에서 다양하게 이루어지고 있으며 정규 교과수업 및 프로젝트, 수학여행, 각종 대회참여의 형태로 실시되고 있다. 보다 실질적인 교육을 위해 학교뿐 아니라 여러 기관과 협력하여 작업장, 실험실, 법원, 경찰서, 병원, 교통훈련장 등 다양한 현장에서 이루어지고 있다. 초등학교의 경우 안전교육과 관련하여 수영수업과 자전거 교육이 필수적으로 실시되고 있어 독일에서 초등학교에 다닌 사람 모두는 기본적인 수영능력을 갖추고 있으며 자전거를 못 타는 경우가 없다.

독일은 연방주의로 인한 연대체계가 전통적으로 확립되어 있어 모든 분야에서 유관기관 간의 협력이 원활히 이루어지고 있는 편이다. KMK에서는 학교가 교통, 안전교육을 실시할 때 주 교육부, 학교청뿐만 아니라 학부모, 경찰, 교통 관련 기업, 협회, 연구소, 기관 등 다양한 외부기관과 협력하도록 명시하고 있다.

안전교육은 현장에서 체험적으로 이루어질 때 실효성이 높으므로 관련 기관의 협력 없이는 안전교육이 단편적으로 실시될 수밖에 없다. 따라서 독일의 학교는 자전거 교육이나 교통교육을 실시할 때 담당 지역 경찰과 필수적으로 협력하고 있으며 학생사고보장을 책임지고 있는 주 사고보험에서는 학교 안전교육 실시를 위한 지침 및 여러 프로그램을 제공하는 등 지역의 다양한 관련 기관들이 학교를 지원하거나 직접 이를 위한 프로그램을 운영하고 있다.

6. 미국

1) 안전교육 정책 및 예산

미국의 경우 학생의 교육권이 연방헌법이 아닌 주 헌법에서 보장되어 있기 때문에 주에 따라 학교 안전에 관한 법령 및 규정이 다르다. 주에 따라 안전교육을 법령으로 의무화하는 주가 있는가 하면 개별 학교구에 책임과 권한을 위임하는 주도 있다.

연방정부 및 관련 기관에서는 학교 안전을 향상시키고 긍정적인 학교 풍토와 문화를 만들기 위해 다양한 예산안을 국회에 상정하였다. 대표적으로 안전하고 긍정적인 학교를 만들기 위해 연방정부는 2015년에 "School Climate Transformation Grants($50 million)"와 "Successful, Safe, and Healthy Students State and Local Grants($45 million)"을 국회에 제안했으며 자연재해 혹은 학교 폭력 및 안전으로부터 피해를 입은 학생들을 위해 "Project Prevent Grants($25 million)"와 "Project SERV(School Emergency Response to Violence)($5 million)"도 제안한 상태이다.

이 이외에도 소방청과 경찰청에서도 학교 안전을 위한 기금과 프로그램을 운영 중이다.

2) 학교 안전교육 현황

미국의 대다수 학교구는 저학년 학생을 대상으로 교통 및 화재, 학교 폭력, 총기 사고 등이 학교에서 일어났을 때 대응하는 요령을 필수적으로 가르친다. 예를 들어, 학교 비상벨이 울렸을 때 당황하지 않고 대처하는 방법과 사건 사고를 목격했을 때 신고하는 절차 등을 중심으로 실습하고 배운다. 미국은 이렇듯 안전 교육 중 많은 부분을 학생들이 무엇을 해야 하고 어디에 도움을 청해야 하는지를 가르쳐주는 데 할애하고 있다.

소방안전교육의 경우 40년 전부터 화재예방 교육의 중요성을 인지하고 국민들의 화재 예방의 중요성에 대해 교육하기 위해 초등학교를 중심으로 소방교육을 시행해 왔다. 특히 학생들에게 화재의 예방 중요성을 알려주고 적극적으로 화재 발생을 예방하기 위해 'Learn Not To Burn program 과정'을 미국방화협회(National Fire Protection Association : NFPA)에서 운영하고 있다. 학생들은 소방서를 방문해 직접 불의 위험성에 대해 인지하고 소화기를 작동해보는 것은 물론 불의 특성을 이해함으로써 그들 스스로 예방의 주체가 될 수 있도록 하고 있다. 이뿐만 아니라 화재 발생 시 학생들이 911에 신고하는 절차도 소방안전 교육에서 중요하게 다룬다. 대부분 학교가 초등학교 저학년에는 필수적으로 소방교육을 제공하고 있다. 담임교사가 학생에게 화재 관련 교육을 하는 것은 물론 소방관이 학급을 방문해 직접 교육을 하고 학생의 질문에 대답하기도 한다. 이 이외에도 학교 차원의 대피 훈련을 실시해 실제 상황 발생 시 학생이 구체적으로 어떻게 행동해야 하는지 알려준다.

교통안전교육은 공립학교의 경우 유치원과 초등학교 저학년생을 대상으로 집중적으로 시행한다. 교통안전교육은 주로 학생들이 교통법규와 규칙을 이해하고 교통사고 예방을 할 수 있는 능력을 길러주는 데 초점이 맞추어져 있다. 이러한 교통안전교육은 교실 내에서도 이루어지지만 교사와 함께 학교 주위를 같이 다니면서 직접 신호등과 횡단보도를 건너면서 실습하는 것을 중요시한다. 최근 학교에 자전거로 통학하는 학생들이 많아짐에 따라 자전거 이용 시 유의할 점과 안전장비 그리고 손으로 하는 수신호 등에 대해서도 가르쳐 주는 학교가 늘어나고 있다.

이 이외에도 미국 학교에서는 학생의 안전을 위해 학교의 면학 분위기를 흐리고 긍정적인 학교 풍토를 저해하는 마약, 왕따 등과 같은 안전교육에도 집중하고 있다. 특히 최근 학교폭력 중 왕따 문제가 가장 심각한 만큼 학생들을 대상으로 왕따를 당했을 때 도움을 청할 수 있는 방법에 대해 워크숍을 하는 것은 물론 왕따를 가한 학생들의 경우 처벌을 받을 수 있다는 것을 학부모에게 교육하는 학교가 늘고 있다.

미국 안전교육에서 우리나라가 주목할 특징에는 크게 두 가지가 있다. 하나는 바로 획일적인 안전교육보다는 학교와 지역 특색에 맞는 효과적이고 효율적인 안전교육을 지향하고 있다.

7. 캐나다

1) 안전교육 정책 및 제도

앨버타주에서는 학교 구성원의 안전을 법적으로 규정하고 있다. 먼저 「학교법」(School Act, R.S.A. 2000) 45조 8항은 "상위 교육기관은 각 학교에 등록한 학생에게 안전한 학교 환경을 제공할 의무가 있다."고 명시하고 있으며, 이에 따라 학교 내에서 학생의 안전은 언제나 최우선적으로 보장되어야 한다. 또한, 교사와 교직원의 안전 역시 「직업건강 및 안전법」(Occupational Health and Safety Act, R.S.A. 2000)을 제정하여 보장하고 있다.

직업건강 및 안전에 관한 법률(Occupational Health and Safety Code)에 따르면, 모든 학교는 긴급 상황에 대비하여 실제적이고 구체적인 계획(emergency plan)을 세우고 있어야 한다. 이 계획은 학교에서 발생 가능한 다양한 긴급 상황은 물론, 특수학생을 포함한 학교 내 모든 인적 구성원들의 안전을 보장할 수 있도록 작성되어야 하며, 각 학교의 구조적 특징은 물론, 학교 환경이나 잠재적 위험요소 등을 세부적으로 고려하고 있다.

또한, 학교 내 모든 구성원은 수립된 계획에 따라 긴급 상황 발생 시 자신에게 주어진 역할을 반드시 숙지하고 있어야 한다. 이것은 각 개인에게 지워진 법률적 의무일 뿐만 아니라 각 구성원이 잠재적인 위험요인을 인식하고, 이를 예방하는 방법을 이해하는데 도움을 준다. 더 나아가 실제 긴급 상황이 발생할 경우, 개인의 안전을 최대한 보장하는데 실질적인 도움이 된다. 긴급 상황에 대비한 훈련 및 교육은 발생한 상황에 따라 다른 법적 근거를 바탕으로 한다.

2) 학교 안전교육 현황

캐나다 각 주에서는 잠재적인 위험 소지가 있는 상황을 가정하여 이에 대한 구체적인 대처 매뉴얼을 개발하여 학교 내 구성원들이 효과적으로 대처할 수 있도록 돕고 있다. 예를 들어, 노바스코샤주의 '학교 내 긴급 상황 관리 매뉴얼(School emergency management plan, 2008)'에서는 학교에서 발생 가능한 긴급 상황을 아래와 같이 정의하고, 긴급 상황이 발생한 경우를 대비한 정기적인 교육 및 훈련 과정을 제시하고 있다; ① 폭발물 위협, ② 위험인물 출현, ③ 화재 및 폭발, ④ 내부 및 외부의 환경적인 위협, ⑤ 의사소통 수단 상실(전화선 단절 등), ⑥ 난방 공급 중단, ⑦ 식수 공급 중단, ⑧ 전기 공급 중단, ⑨급격한 기상 변화, ⑩ 자살 혹은 자살 시도.

'학교 내 긴급 상황 관리 매뉴얼'에 따르면 각 학교는 실제 긴급 상황에 대비한 훈련 및 교육을 정기적으로 실시해야 한다. 이는 반복 숙달을 통해 각 개인이 긴급 상황 발생 시 자신의 역할을 정확하고 효과적으로 수행할 수 있도록 함으로써 실제 상황에서 개인의 안전을 최대한 보장하도록 돕는다.

건물 밖 대피(evacuation) 훈련, 대피 후 모든 인원이 미리 정해진 안전한 장소로 이동하는 재배치(relocation) 훈련, 외부적인 위협으로 인해 학교 전체 구성원이 건물 혹은 교실 안에서 대기하는 상황에서 건물을 폐쇄하는 고립(isolation)훈련을 기본적으로 실시하며, 발생할 수 있는 다양한 부가적인 상황을 추가하여 실시되기도 한다. 경우에 따라 긴급 상황 훈련은 실내 교육이나 토론 등으로 대체될 수 있지만, 위험이 감지되었거나 발생 가능성이 높다고 판단될 경우에는 실제적인 훈련을 반드시 실시해야 한다. 또한, 학교장의 판단에 따라 각 학교는 지역 긴급 상황 관리기관(local emergency managemnet organization)에서 주관하는 더욱 넓은 단위의 긴급 상황 대비훈련에 참가할 수도 있다.

3) 교육과정에 포함된 안전교육

위에 언급된 내용처럼 초 · 중 · 고등학교에서 의무적으로 실시해야 하는 긴급 상황 계획 이외에도 캐나다는 교육과정에 안전 관련 분야의 과목을 포함시켜 교육하거나, 사설 교육기관의 위탁 서비스를 이용하기도 한다. 예를 들어, 앨버타주의 고교 교육과정 중 건강관리서비스(Health Care Service) 전공의 선택과목으로 '작업장 안전시스템

(workplace safety systems)', 혹은 '작업장 안전관리 실습(workplace safety practice)' 등이 개설되기도 하며, 학교에서는 이 과목을 통해 학교를 포함한 다른 환경에서의 안전과 건강을 보장하는 방법과 법률적 지식, 실제 실습 과정 등을 교육하게 된다.

2장 국내 안전한 학교정책

1. 교육부 학교안전 기본계획

그림 3-1 학교안전사고 예방에 관한 기본계획 (16-18)

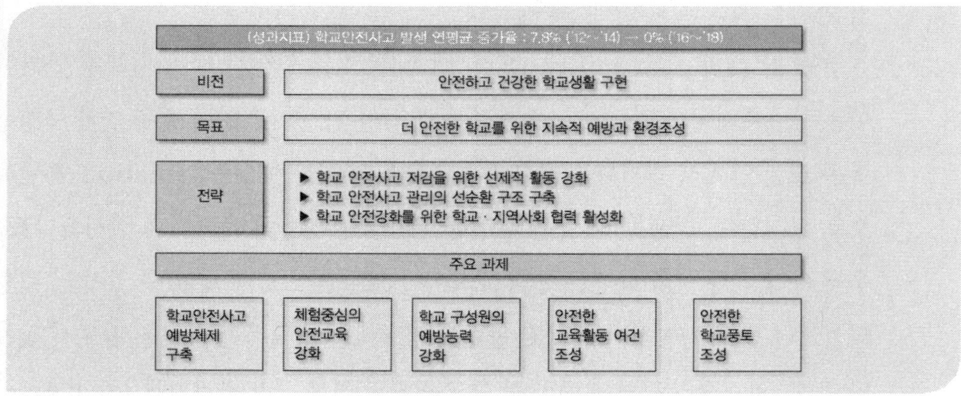

학교는 어린시절부터 반복적인 학습을 통해 안전 대응능력을 체화시킬 수 있는 최적의 공간임에도 안전에 대한 국민불안이 여전하며, 학교안전사고의 잠재적 위험요인의 증가 속도는 빠르나 이에 대응하는 교육환경 개선 및 재난안전 훈련체계 미흡 등 저감능력 부족하다고 판단되어 교육부에서는 2015년 12월 학교 안팎의 안전사고 예방정책의 기본방향 및 목표, 기본방향 등 청사진 제시를 통한 학교안전사고 예방의 토대를 마련하는 정책을 수립하였다.

1) 학교안전사고 예방체제 구축

(1) 학교안전 관련 조직 및 지역사회 네트워크 구축

시 · 도교육청에 안전사고 예방 및 대책을 위해 신설된 안전 전담부서에 안전업무 총괄 · 조정기능 부여 및 집중 추진 할 수 있는 여건을 마련하고, 학교에 안전사고 예방 및 대책 관련 조직 일원화하도록 하여 안전교육 및 안전사고 예방 등을 총괄하고 학교장을 지원할 수 있도록 교감급 이상을 학교안전책임관(Chief Safety Officer)으로 지정하고, 교감이 없는 소규모 학교(5학급 이내의 학교 중 교원 최소배치기준 이하 학교)의 경우 교장이 학교안전책임관을 겸직하도록 하였다. 학교에 따라 부서별로 분산하여 분장하고 있는 안전교육 및 안전사고 예방기능을 일원화하고 이를 전담하는 안전부장을 신설하도록 하였다.

교육청은 지자체 재난안전 부서, 소방 · 경찰관서 등 유관기관과 민간전문가 등이 참여하는 '(가칭)학교안전관리위원회' 구성 · 운영 하여 학교안전사고 예방에 관한 계획, 학교안전 관련 주요정책, 유관기관 협업과제 발굴 등에 대한 자문기능을 수행하도록 하고, 향후, 시 · 도 교육규칙 제정을 통해 심의기구로 운영을 권장한다.

또한 교육청과 지역사회 관련기관 간 안전협력 체계 구축하여 소속 단위학교의 안전관리 지원을 위해 유관기관과 상호 협력체계(양해각서 등)를 구축하여 각 기관이 보유하고 있는 학교안전 관련 자원(강사, 시설, 도구 등) 공유 및 관련 내용를 학교에 제공하도록 하고, 소속 학교는 교육청의 지역사회 협력체계를 바탕으로 학교의 교육환경과 여건을 고려하여 협력기관의 전문성을 최대한 활용하고자 한다.

(2) 학교 및 학교주변 안전시스템 구축

학교는 안팎에 존재하는 학교안전사고에 대한 예방, 대비, 대응, 복구활동 등 안전관리를 종합하는 '학교안전계획'을 매년 수립(2월)해야 한다. 교육청은 학교안전계획과 실적을 평가하여 각종 인센티브 정책에 반영하고, 모든 교직원에게 '학교안전계획'에 대한 교육을 의무적으로 실시하도록 하였다.

또한 학교 내 · 외부에 잠재하는 재난 및 학교안전사고 발생 가능성과 피해 심각성을 분석하는 '안전 위험성 진단'을 실시하도록 한다. 매년 10~12월 중에 실시하고 다음연도(2월) '학교안전계획'에 반영하고, 위험성 진단에 따라 재난 및 안전사고 대처에 대한 우선순위 결정하도록 하였다.

또한 시 · 도교육청은 학교주변의 일정구역(200m 이내 등)을 '학생안전지역'으로 지정하여 지자체 등 관련기관 협업 등으로 체계적으로 안전관리를 수행하고, '학생안전지역'의 교통, 범죄, 식품 및 환경위생 등에 대한 위험수준과 안전 인프라 등을 정기적으로 확인 · 평가한 지수를 개발 활용한 후 관련 교육감, 지자체의 장 등에 통보하여 필요한 조치를 요구하도록 하였다.

2) 체험중심의 안전교육 강화

(1) 안전교육의 현장 적용 강화

체험중심의 안전교육 교수 · 학습자료 및 교과서 개발 · 보급하고자 한다. 초등학교 1~2학년은 '안전한 생활'과 '일반교과'를 통해 체계적인 안전교육이 실시될 수 있도록 주제 · 체험중심의 내용으로 구성하였다. 초등학교 3학년부터는 과학, 기술 · 가정, 체육 등 관련 교과에서 실생활 맥락의 실천 중심 안전교육이 가능한 내용으로 구성하고, 안전을 몸으로 체득할 수 있는 체험과 실습 중심의 교과서가 개발 되도록 검 · 인정도서 개발 관련 각종 편찬 준거 마련 및 적용하고자 한다.

또한 모든 교과에서 안전교육이 실질적으로 실시 될 수 있도록 교과 및 창의적 체험활동과 연계한 안전교육 모델을 제공하고, 현장 교원 중심으로 안전교육 7대 표준안의 교사용 지도서 및 워크북 수정본 개발 · 보급 및 내실 있는 학교 안전교육을 위해 산발적으로 존재하는 각 정부 부처, 시도 교육청의 안전교육 자료 및 교재, 전문가 인력풀에 대한 정보를 공유하고자 한다.

세부적으로는 먼저 생존수영 등 수영 실기교육과 함께 수학여행 등 현장 체험학습시 학생 사전교육, 인솔지도교사의 돌방상황 대응능력을 갖추도록 하였다. 교내외 실습교육 및 현장실습시 안전한 학습이 이루어지도록 관련 기준을 준수하도록 하고, 안전생활 습관화를 위해 '5분 안전교육'을 실시하도록 하였다. 이외 학교의 등 · 하교 교통 상황을 반영한 체험과 실습 중심의 다양한 교통안전 교육을 실시하고, 황사, 미세먼지, 폭염 등 재난발생시 적절한 대처를 위한 발령 단계별로 행동요령 관련 교육을 신속하게 실시하고자 한다.

(2) 체험위주 안전교육 강화

학교는 위험성 진단결과의 취약 우선순위에 따라 맞춤형「재난대응 훈련계획」을 수립하여 정기적으로 훈련하도록 한다. 재난대응 훈련계획은 교육청, 경찰관서, 소방관서 등과 공유를 통해 재난발생시 신속한 연계 · 대응체계 유지하도록 한다. 맞춤형 대응훈련을 2회 이상 실제훈련, 기숙사 · 합숙소의 소방대피 훈련을 신학기에 실시 등 위기대응 훈련 정례화하도록 하였다.

체험시설 관련해서는 '안전교육 7대표준안'과 연계된 종합체험시설의 표준모형을 개발하고, 저학년이 손쉽게 안전체험 훈련을 할 수 있도록 이동식 안전 체험교실("가칭" 안전행복버스)을 설치 · 확대하고자 하며, 안전교육 체험시설 설치 · 운영 시 '전문가 컨설팅단'을 구성하여 안전교육 체험시설 설치 진행시 시설공간 배치, 활용 프로그램 선택 등에 대한 지속적 지원을 제공하고자 한다.

공공 · 민간이 운영하는 안전종합체험시설을 '안전체험 시범센터'로 지정하고 관련 시 · 도교육청과 연계하여 학생의 체험형 교육을 시행하도록 하고, 시범운영 결과를 바탕으로 안전교육 7대 영역과 연계된 '안전체험센터 운영모형'을 개발, 단계적으로 확대하고자 한다.

또한 단위학교에서 학교 내 빈 교실 등에 안전교육 체험시설 설치 등 환경 개선으로 체험형 안전교육을 지원하는 '안전체험교실 운영모형' 개발 적용하여 학교 내 교실 등을 체험형 안전교육 공간으로 최대한 확대하고자 한다.

3) 학교 구성원의 예방능력 강화

학교 구성원에게 필요한 대상별 안전교육 관련 프로그램을 개발하여 보급하고, 국민안전처 등 유관기관 협업을 통한 실제훈련 과정을 운영하도록 한여 경험 · 참여식 교육위주로 구성하여 학생위기시 현장에서 효율적으로 대처할 수 있는 능력을 배양하도록 한다. 또한 모든 교직원 대상 사례, 실습 중심의 안전교육 직무연수를 실시하고 교직원의 심폐소생술 등 응급처치교육 강화하였다. 또한 교직원의 안전역량 지원체제를 구축하기 위해 학교안전관리사 자격 신설 및 운영, 체육교사의 수상안전 사고 예방능력 강화, 교원양성과정에 안전관련 전공과목 개설 · 운영, 교원양성기관 재학 중 "응급처치와 심폐소생술" 의무적 이수 등을 실시하고자 한다. 실습과정의 내실있는 운영을 유도하기 위해 교원양성기관 평가지표에 관련 내용을 반영할 계획이다.

4) 안전한 교육활동 여건 조성

(1) 교육시설의 안전성 강화

재난 취약시기별* 교육기관 시설에 대한 전수 안전점검을 실시하고, 교육시설 신개축 · 학교주변 개발사업 시 안전성 평가 실시, 학교 시설 건립 시 설계 및 공사단계 감리 · 감독 강화, 재난위험시설의 조속한 보강 · 개축 및 정밀관리, 학교구성원들이 함께 하는 '학교 안전점검의 날(매월 4일)' 운영, 각 분야의 전문가를 통한 '학교 원스톱(one-stop) 점검' 추진 및 교육환경개선비의 안전예산을 우선 확보하고자 노력할 것이다.

(2) 교육활동 안전성 강화 및 지원여건 마련

안전한 수학여행의 제도적 정착을 위해 교육과정과 연계한 소규모 · 테마형 수학여행을 추진하고, 진로체험(자유학기제 등) 활동, 야외 수련활동 안전관리,어린이 교통 안전사고 예방, 학교 안전관리, 저녁돌봄교실 안전관리 및 장애학생 안전보호 등을 강화하고자 한다.

또한 위기관리 매뉴얼의 정기적 수정 · 보완하고, 비상차량의 교내 접근성 개선, 비상배낭(트렁크) 비치를 통한 안전사고 대비, 자동제세동기 등 비상장비의 확충, 안전사고예방 관련 심리적 치료체계 강화, 안전관리에 대한 연구 전문성 강화 및 학교안전 관련 조례 · 규칙의 발굴 및 정비를 추진하고자 한다.

5) 안전한 학교풍토 조성

(1) 학교안전 문화의 확산

안전한 학교풍토의 진단 및 개선을 통해 안전하고, 배려하고, 질서있는 학교풍토에 관한 비전과 틀을 제시하고, 각종 행사 시 안전분야 참여 및 우수사례 공유 · 확산, 학교안전 중요성 홍보 및 안전문화 확산, '주간 안전의 날' 운영으로 안전 생활화를 유도하고,

학교 안전주간 운영으로 안전문화 조성에 힘쓰고자 한다.

(2) 안전사고 평가와 환류 체계 구축

각종 평가 시 안전관리 요소를 강화하고, 감사 시 안전관리 분야 강화, 안전사고 처리 후 평가활동 강화, 안전사고 처리기록의 체계적 집적과 공유의 중요성을 인식하고 추진하고자 한다.

6) 추진체계

그림 3-2 학교안전사고 예방 기본계획 · 시행계획 추진 체계도

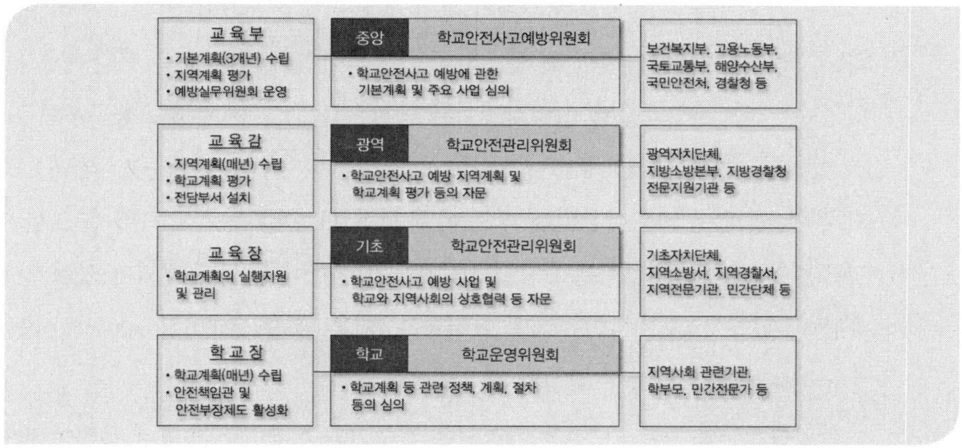

안전관리의 추동력 확보를 위하여 다음과 같은 단계적 추진계획을 수립하였다. 기본계획(3년 주기)에 따라 연도별로 시행계획(교육감은 지역계획, 단위학교는 학교계획)을 수립 · 추진하고, 교육감은 단위학교의 학교계획을 매년 평가하여 교육부장관에게 제출하고, 교육부장관은 학교안전사고예방위원회에 보고해야 한다.

2. 교육과정에서의 안전교육

1) 안전교육 표준안

(1) 학교안전교육 7대 표준안 개발 배경

교육부는 학생의 안전의식을 높이고 위기상황 대처역량을 강화하기 위해 한국교육개발원에 위탁한 연구결과를 토대로 유 · 초 · 중 · 고등학교의 발달단계별 안전교육표준안을 2015년에 개발하였다.

기존의 안전교육은 통일된 체계가 없이 초중등 교육과정내 "안전교육"의 비중이 미미하고, 학교급-교과-단원별 연계성 없이 구성되어 있어 안전교육 사각지대가 발생되고 있었다. 또한 교육 내용은 시청각 · 이론 중심으로 구성, 체험형 교육 · 훈련은 연간 5시간 이하가 대부분(2013년 10월 안행부, 교육부, 복지부 공동설문조사결과), 교육 교재의 부족 및 외부 자원이용의 한계 등이 문제점으로 제기되기도 하였다. 또한 현행 안전교육은 「학교안전법」,「아동복지법」,「학교보건법」등에 분산 규정되어 있어 일원화된 교육관리 체계가 부재하여 국가 안전교육 기본 틀(National safety education framework)의 개발이 절실히 요구되었다.

학교안전교육 7대 표준안은 안전교육 전문가와 현장 교사들을 위촉하여 학생의 발달단계(유아~고교)를 고려한 체험 중심으로 개발되었으며, 각 학교는 올해부터 교과 및 창의적 체험활동 시간에 이 표준안을 활용해 안전교육을 실시하게 된다. 초등학생은 생활안전, 폭력 · 신변안전 영역을, 고등학생은 실습 시 직업안전을 각각 강화하는 등 안전교육 분야 전반에 걸쳐 표준안이 마련되었다.

(2) 학교안전교육 7대 표준안 개발

학교 안전교육 7대 영역은 대 안전교육이란 생활/교통/폭력/약물/재난/직업/응급처치 등 안전한 학교와 환경을 만드는데 필요한 7개의 요소로 하위 25개의 중분류, 52개의 소분류로 구성되었다.

선행연구 및 관련 문헌고찰, 전문가 협의회와 델파이조사결과를 바탕으로 안전교육

영역에 대한 개념을 7대 영역으로 확립하고, 선행 연구에서 이루어진 학교급별 적합도와 중요도 검토결과에 이어 각 영역별 적절한 시간과 내용의 배분을 포함하는 표준안을 제시하였다. 또한 현장적용을 위한 적합성 검증과증을 거쳤으며, 교사대상 연수에서 제시된 의견을 수렴하여 실질적으로 활용할 수 있는 안전교육 내용체계를 개발하였다.

표 3-1 학교안전교육 7대 안전교육 표준안 주요 내용

영역	중분류 (소분류)
생활안전	시설 및 제품이용안전(시설안전, 제품안전, 실험실습안전, 식품안전) 신체활동안전(체육 및 여가활동안전), 유괴 및 미아사고예방
교통안전	보행자 · 자전거 · 오토바이 · 자동차 · 대중교통(선박□항공□철도 등)
폭력 · 신변안전	학교폭력 (언어/사이버폭력, 물리적 폭력, 집단 따돌림), 성폭력, 자살, 가정폭력
약물 · 사이버중독	약물중독(마약류, 흡연, 음주, 고카페인식품) 사이버중독(인터넷게임중독, 스마트폰중독)
재난안전	화재(화재, 소화기), 사회재난(폭발 · 붕괴, 각종 테러), 자연재난(태풍, 홍수, 지진 대설, 한파 낙뢰 등)
직업안전	직업안전의식, 직업병, 직업안전 (산업재해, 정리정돈, 보호구착용)
응급처치	응급처치 이해(행동요령, 유의사항 등), 심폐소생술 (자동제세동기), 상황별 응급처치 (기도폐쇄, 지혈, 염좌, 골절, 화상 등), 갑작스러운 상황에서의 응급처치

표 3-2 학교급별 7대 안전교육 표준안 영역별 수업 비중

영역	학교급별 수업비중(%,중위수)					
	유치원	초등1-2	초등3-4	초등5-6	중학교	고등학교
생활안전	29	25	20	20	15	10
교통안전	25	25	20	20	15	10
폭력 및 신변안전	15	20	20	20	20	20
약물 및 사이버중독	10	10	15	20	20	20
재난안전	10	10	10	10	10	10
직업안전	3	5	5	5	5	10
응급처치	10	10	10	10	15	15

(3) 학교 안전교육 7대 표준안의 활용

교육부에서는 각급 학교에서 7대 안전교육 표준안을 학교 교육계획에 반영하고, 교과 및 창의적 체험활동 시간과 연계된 체계화된 안전교육을 실시할 수 있도록 하였다. 학교급(유 · 초 · 중 · 고)에 따른 표준안 내용 체계도 및 교사의 수업 활용을 돕기 위해 수업 참고자료는 학교안전정보센터 홈페이지에서 내려받을 수 있도록 지원하고 있다(http://www.schoolsafe.kr)

교육부에서는 시 · 도 교육청 강사요원을 대상으로 하는 교육부 전달 연수를 실시했으며 '안전교육 7대 표준안'의 세부 내용 및 교사용 수업참고자료는 매년 실시하는 실태조사를 바탕으로 수정 · 보완해 나갈 예정이다. 학교 교육속에 안전교육이 뿌리내려 학교에서 시작되는 안전교육으로 국가안전의 기초를 마련할 수 있도록 지속적으로 추진해 나갈 것이다.

2) 안전교육 표준시수

교육부는 2016년 3월 학생의 발달단계에 맞는 체계적인 학교 안전교육 실시를 위하여 「학교 안전교육 실시 기준 등에 대한 고시」를 확정 · 발표하였다. 학교 안전교육 실시 기준은「학교안전사고 예방 및 보상에 관한 법률 시행규칙」제2조제1항에서 교육부장관에게 위임한 사항으로, 「교육분야 안전 종합대책」에 따라 학교에서 시행 중인 안전교육 7대 표준안을 보다 구체적이고 효율적으로 실시하도록 교육 시간, 횟수, 내용 및 방법 등을 고시에 담고 있다.

특히 이번 학교 안전교육 고시안은 학생들의 발달단계를 고려한 현장 중심의 안전교육이 실시되도록 하기 위하여, 작년 51개 안전교육 연구학교의 추진성과를 바탕으로, 전국 68명의 유 · 초 · 중 · 고 교원모니터링단의 구체적인 검토와 정책연구를 종합적으로 거쳐서 기준안을 마련하였다.

이번 안전교육 실시 기준은 이론 및 강의 중심의 안전교육에서 벗어나 학생들에게 안전 7개 영역*에 걸쳐 체험 중심의 안전교육을 학년 당 51차시 이상 실시할 수 있도록 하였으며, 학교별 운영 성격 및 지역적 특성에 따라 맞춤형 안전교육을 실시할 수 있도록 현장 중심의 기준을 제시하였다.

또한, 개별 법령(아동복지법, 학교폭력예방법, 성폭력방지법 등)에서 규정하고 있는 학교 안전 교육 시간을 하나로 통합·운영할 수 있도록 하여, 학교의 부담을 최소화하였다.

표 3-3 학년별 학생 안전교육 시간 및 횟수

구분		생활안전	교통안전	폭력예방 및 신변보호	약물 및 사이버 중독 예방	재난안전	직업안전	응급처치	총계(차시)
교육시간	유치원	13	10	8	10	6	2	2	51
	초등학교	12	11	8	10	6	2	2	51
	중학교	10	10	10	10	6	3	2	51
	고등학교	10	10	10	10	6	3	2	51
횟수		학기당 2회 이상	학기당 3회 이상	학기당 2회 이상	학기당 2회 이상	학기당 2회 이상	학기당 1회 이상	학기당 1회 이상	

참고: 1. 학력이 인정되는 평생교육시설 및 「재외국민의 교육지원 등에 관한 법률」 제2조제3호에 따른 재외 한국학교와 「초·중등교육법」 제2조제4호에 따른 특수학교의 경우는 인정되는 학력에 해당하는 학교급에 맞추어 실시한다.
2. 학교안전교육 실시 시간의 단위는 유치원은 교육과정 고시에 따른 단위활동이며, 초·중등학교는 교육과정 고시에 따른 차시이다.
3. 학교급별 제시하는 안전교육 시간은 학년별(유치원은 연령별) 실시해야 할 시간을 말하며, 횟수는 영역별 안전교육 시간을 학기당 제시된 횟수 이상으로 분산·실시해야 함을 말한다.
4. 학교(유치원 포함) 운영 성격 및 지역적 특성에 따라 총 이수시간의 범위 내에서 안전영역별 이수 시간을 자율적으로 조정·운영(20% 범위 내, 소수점은 올림처리)할 수 있다.
5. 1단위활동 및 1시간(차시)의 수업 시간은 교육과정을 따르되, 기후 및 계절, 학생의 발달정도, 학습 내용의 성격, 학교 실정 등을 고려하여 탄력적으로 편성·운영할 수 있다.

교육부는 현장과 소통하는 안전교육 정책을 추진하기 위해 교사 중심의 안전교육 모니터링단을 지속적으로 운영할 계획이며, 교육부는 안전교육 실시 기준 마련을 통해 학교 안전교육이 안정적으로 정착되고, 내실화 될 수 있도록 지속적으로 지원하고자 한다.

표 3-4 학생 안전교육 내용 및 방법

구분		생활안전교육	교통안전교육	폭력예방 및 신변보호교육	약물 및 사이버 중독 예방 교육	재난안전교육	직업안전교육	응급처치교육
교육내용	유치원	1. 교실, 가정, 등하굣길에서 안전하게 생활하기 2. 안전한 장소를 알고 안전하게 놀이하기 3. 놀이기구나 놀잇감, 도구의 바른 사용법을 알고 안전하게 사용하기	1. 표지판 및 신호등의 의미 등 교통안전 규칙 알고 지키기 2. 안전한 도로 횡단법 알기 3. 어른과 손 잡고 걷기	1. 내몸의 소중함과 정확한 명칭 알기 2. 좋은 느낌과 싫은 느낌 알기 3. 성폭력 예방 및 대처 방법 알기	1. 올바른 약물 사용법 알기 2. 생활주변의 해로운 약물·화약제품 만지거나 먹지 않기 3. T.V, 인터넷, 통신기기(스마트폰 등) 등의 중독 위해성을 알고 바르게 사용하기	1. 화재의 원인과 예방법 알기 2. 화재 발생 시 유의사항 및 대처법 알기 3. 각종 자연재난 및 사고 적절하게 대처하는 방법 알기	1. 일터 안전의 중요성 및 안전을 위해 지켜야 할 일 알기 2. 일터 안전 시설 현장 체험하기	1. 응급상황 알기 및 도움 요청하기 2. 119신고와 주변에 알리기 3. 손씻기와 소독하기 등 청결유지 하기

교육내용	유치원	4. 실종, 유괴, 미아 상황 알고 도움 요청하기 5. 몸에 좋은 음식, 나쁜 음식 알기	4. 교통수단(자전거, 통학버스 등) 안전하게 이용하기	4. 나와 내 주변사람(가족, 친구 등)의 소중함을 알고 사이좋게 지내기 5. 아동학대 신고 및 대처방법 알기				4. 상황별 응급처치 방법 알기
	초등학교	1. 안전하게 교실, 가정, 공공시설 이용하기 2. 학용품·놀이용품의 안전한 사용 및 식품 안전 알기 3. 실험·실습 시 안전에 유의하기 4. 안전한 놀이활동 및 야외 활동 5. 유괴예방, 미아사고 예방과 대처	1. 안전한 통학로 알기 2. 교통수단(자전거, 대중교통 등)의 안전한 이용법 알기 3. 교통 표지판 등 도로 교통 법규 알기	1. 학교폭력의 예방 및 대처법 알기 2. 학교폭력의 종류를 알고, 종류별 예방법 알기 3. 성폭력 예방 및 대처방안 알기 4. 내 몸의 소중함을 알기 5. 아동학대의 유형 및 대처방안 알기 6. 가족폭력의 개념과 대처방안 알기	1. 약물 오남용의 위험성 및 올바른 약물 복용법 알기 2. 중독성물질을 알고 안전한 활용방법 3. 건전한 사이버 통제 능력 배양 및 사용습관 형성하기	1. 화재의 원인 및 대피요령, 신고, 전파요령 알기 2. 화상 대처요령 알기 3. 각종 자연재난과 안전한 행동 알기 4. 폭발 및 붕괴, 테러 위협 유형별 대처 요령 알기	1. 일터에서 발생하는 산업재해를 알기 2. 일터 안전시설 현장 체험하기	1. 응급처치의 상황, 의미, 중요성, 신고·조치 방법 알기 2. 심폐소생술 및 자동제세동기의 사용법 알기 3. 상처의 종류와 응급처치 하기 4. 일상생활 속 응급처치 알기
	중학교	1. 공공시설 이용 시 안전과 에티켓 알기 2. 식품의 종류에 따른 안전한 보관방법 알기 3. 실험·실습실 및 체육·여가활동의 안전규칙을 이해하고 바른 사용법 알기 4. 실종, 유괴, 미아 상황 알고 예방하기	1. 이륜차의 안전한 이용과 점검방법 알기 2. 자동사 사고의 원인과 예방방법 알기 3. 대중교통 이용 안전수칙 알기	1. 학교폭력의 유형과 현황 및 위험성 인식하기 2. 학교 폭력 유형별 신고·대처방법 알기 3. 자살예방 및 스트레스 점검과 해소방법 알기 4. 가족과 올바른 의사소통방법과 가정폭력 피해자 지원 제도 알기(아동학대 포함)	1. 향정신성 물질에 대한 위험성·피해 알기 2. 중독성 물질에 대한 위험성·피해 알기 3. 인터넷 게임 사용 규칙 만들기 및 실천 4. 스마트폰의 건전한 사용방법	1. 화재의 원인 및 대피·대응요령, 신고, 전파요령 알기 2. 화상 대처요령 알기 3. 각종 자연재난과 안전한 행동 알기 4. 폭발 및 붕괴, 테러 위협 유형별 대처 요령 알기	1. 직업 안전 문화의 필요성 2. 산업 재해의 의미·유형과 사례별 발생 현황 이해하기 3. 안전장비의 올바른 사용 방법 알기	1. 응급처치의 상황, 의미, 중요성, 신고·조치 방법 알기 2. 심폐소생술 및 자동제세동기의 사용법 알기 3. 상처의 종류와 응급처치 하기 4. 일상생활 속 응급처치 알기

교육 내용				5. 성폭력 대처예방 및 대처법 알기 6. 성매매의 위험성 인식하기				
교육 내용	고등학교	1. 기호식품의 특성·유해성 및 전기·전자제품의 안전한 사용방법 알기 2. 실험·실습 안전 수칙 이해 및 보호장구의 바른 사용법 알기 3. 체육 및 여가활동의 안전한 활동 상해 시 대처방법 알기 4.. 실종, 유괴, 미아 상황 알고 예방하기	1. 이륜차의 안전한 이용과 점검방법 알기 2. 자동사 사고의 원인과 예방방법 알기 3. 대중교통 이용 안전수칙 알기	1. 학교폭력의 유형과 현황 및 위험성 인식하기 2. 학교 폭력 유형별 신고·대처방법 알기 3. 성폭력 예방과 대처방법 알기 4. 성매매의 위험성과 구조 및 신고방법 알기 5. 자신과 타인(가족 포함)의 소중함 인식하기 6. 가정폭력 예방 지침을 알고, 보호하기(아동학대 포함)	1 향정신성 물질에 대한 위험성·피해 알기 2. 중독성 물질에 대한 위험성·피해 알기 3. 인터넷 게임 사용 규칙 만들기 및 실천 4. 스마트폰의 건전한 사용방법	1. 화재의 원인 및 대피·대응요령, 신고, 전파요령 알기 2. 화상 대처 요령 알기 3. 각종 자연재난과 안전한 행동 알기 4. 폭발 및 붕괴, 테러 위협 유형별 대처 요령 알기	1. 직업병의 진단, 예방 및 대처방안 알기 2. 작업장의 안전수칙 및 보호장비 알기 3. 산업 재해의 의미·유형과 사례별 발생 현황 이해하기	1. 응급처치의 상황, 의미, 중요성, 신고·조치 방법 알기 2. 심폐소생술 및 자동제세동기의 사용법 알기 3. 상처의 종류와 응급처치 하기 4. 일생생활 속 응급처치 알기
교육 방법		1. 전문가 또는 담당자 강의 2. 시청각 교육 3. 실습교육 또는 현장학습 4. 일상생활을 통한 반복지도 및 부모 교육	1. 전문가 또는 담당자 강의 2. 시청각 교육 3. 실습교육 또는 현장학습 4. 일상생활을 통한 반복지도 및 부모 교육	1. 전문가 또는 담당자 강의 2. 장소·상황별 역할극 실시 3. 시청각 교육 4. 사례 분석	1. 전문가 또는 담당자 강의 2. 시청각 교육 3. 사례 분석	1. 전문가 또는 담당자 강의 2. 시청각 교육 3. 실습교육 또는 현장학습 4. 사례 분석	1. 전문가 또는 담당자 강의 2. 시청각 교육 3. 실습교육 또는 현장학습(직장견학 또는 직업체험) 4. 사례 분석	1. 전문가 또는 담당자 강의 2. 시청각 교육 3. 실습교육 또는 현장학습 4. 사례 분석

제2부

주제별 안전 확보 전략

「학교안전사고 예방 및 보상에 관한 법률」에 의하면, "학교 안전사고"는 '교육활동 중에 발생하는 사고로서 학생·교직원 또는 교육활동참여자의 생명 또는 신체에 피해를 주는 모든 사고 및 학교 급식 등 학교장의 관리·감독에 속하는 업무가 직접 원인이 되어 학생 교직원 또는 교육활동 참여자에게 발생하는 질병'으로 규정하고 있다. 또한 「학교폭력예방 및 대책에 관한 법률」에 의하면 "학교폭력"이란 학교 내외에서 학생을 대상으로 발생한 상해, 폭행, 감금, 협박, 약취·유인, 명예훼손·모욕, 공갈, 강요·강제적인 심부름 및 성폭력, 따돌림, 사이버 따돌림, 정보통신망을 이용한 음란·폭력 정보 등에 의하여 신체·정신 또는 재산상의 피해를 수반하는 행위를 말한다. 단. 2부에서는 관련 법률상 포함되어 있는 식중독 및 일사병, 피부염 등과 같은 일부 질병은 손상의 국제분류기준 범주에 포함되지 않기 때문에 2부에서는 제외하였다.

학교에서의 안전 확보 전략을 실행해야 할 주제는 폭력 및 자살예방을 포함한 학교 안전사고 전반을 포괄한 우선순위 문제를 대상으로 해야 하며, 이러한 문제가 발생하는 "교육활동"으로는 학교의 교육과정 또는 학교의 장이 정하는 교육계획 및 교육방침에 따라 학교의 안팎에서 학교장의 관리、감독 하에 행하여지는 수업·특별활동·재량활동·과외활동·수련활동·수학여행 등 현장체험활동 또는 체육대회 등의 활동이 해당되며, 등·하교 및 학교장이 인정하는 각종 행사 또는 대회 등에 참가하여 행하는 활동 등을 포함하여야 한다.

2부에서는 대부분의 학생들이 많은 시간을 보내고 있는 학교생활을 토대로 등하교안전, 교내교육활동안전, 체험학습, 폭력예방 및 자살예방, 재난재해안전, 응급처치 등의 세부 주제별 안전 확보 전략을 제시하고자 한다.
주제별 안전 확보 전략의 학습 내용 구성은 다음과 같다.

1. 안전사고 발생현황
2. 위험요인의 이해
3. 예방대책과 위험상황 대처행동

제1절 | 등하교 안전

제2절 | 교내 교육활동 안전

제3절 | 체험학습 안전

제4절 | 폭력예방 및 자살예방

제5절 | 재난재해안전

제6절 | 응급처치

제1절 등하교 안전

1장 등하교시 교통수단 이용 안전

1. 등하교시 교통수단 이용 안전사고

2014년도 사고 시간별 안전사고 발생 현황(학교안전공제회, 2014년)을 보면 등하교시의 안전사고도 일정 비율 발생하고 있음을 알 수 있다.

표 1-1 2014년도 사고 시간별 안전사고 발생 현황

학교급별	수업시간	체육수업	점심시간	석식시간	휴식시간 및 청소시간	특별활동	학교행사	등하교	기숙사 생활	합계
유	4,579	644	716	3	530	67	397	666	0	7,602
초	6,358	9,390	8,907	2	6,486	1,293	1,699	2,939	1	37,075
중	3,852	14,907	6,850	6	6,435	2,882	2,984	1,180	5	39,101
고	2,956	10,791	5,146	617	4,692	2,519	3,573	1,428	219	31,941
특수	185	69	58	0	76	17	41	61	7	514
기타	59	78	28	0	51	23	30	23	2	294
계	17,989	35,879	21,705	628	18,270	6,801	8,724	6,297	234	116,527

어린이 보호구역으로 제한되는 스쿨존 내 어린이 교통사고 발생 건수는 감소하다가 2014년부터 증가하고 있으며, 사망자수도 감소하다 2015년 증가, 부상자수는 2014년에 이허 2015년 역시 증가한 것을 알 수 있다(도로교통공단, 2016).

표 1-2 스쿨존 내 어린이 (만13세미만) 교통사고 발생현황

년도	발생건수(건)	사망자수(명)	부상자수(명)
2011	753	10	783
2012	511	6	528
2013	427	6	438
2014	524	4	553
2015	541	8	558

출처: 도로교통공단(2016)

구분	전체 어린이 교통사고			어린이통학버스 교통사고		
	발생건수(건)	사망자(명)	부상자(명)	발생건수(건)	사망자(명)	부상자(명)
계	66,623	507	81,793	343	13	690
2009	14,980	136	18,370	94	3	174
2010	14,095	126	17,178	72	2	142
2011	13,323	80	16,323	81	2	181
2012	12,497	83	15,485	64	2	129
2013	11,728	82	14,437	32	4	64

출처 : 교육부, 학교안전공제중앙회(2014)

그리고 교육부와 학교안전공제중앙회(2014)의 어린이 통학차량 2차 전수조사 통계 결과에 따르면, 다음의 표에서와 같이 어린이 통학버스 관련 사상자는 감소추세이나, 2013년 어린이통학버스로 인한 사망사고가 4건 발생하였음을 알 수 있다.

표 1-3 OECD 국가와 한국의 어린이 사고사망 원인 구성비(2005~2007)

(단위:%)

구분	연도	어린이사고 사망원인								
		사고사망 계(%)	운수사고	추락	익사	화재	중독	자살	타살	기타
OECD	2005년	100.0	39.6	3.2	14.9	5.5	1.9	5.1	9.7	20.1
한국	2005년	100.0	42.7	7.9	20.0	2.4	0.5	5.3	8.7	12.4
	2007년	100.0	44.6	9.8	13.7	1.2	0.7	9.4	8.7	11.8

출처: 도로교통공단, 2010.

OECD 국가와 한국의 어린이 사고사망 원인 구성비를 보여 주는 다음 표에서 우리나라 아동의 사고사망 3대 사인은 운수사고(44.6%), 익사, 타살 순으로 교통사고 사망률이 매우 높음을 알 수 있다. 특히 아동이 성인에 비해 도로 이용률이 현저히 낮음에도

불구하고 사고율은 성인의 4배에 이른다(채혜선 외, 2014).

2. 등하교시 교통수단 이용 안전사고 발생 원인

등하교시 교통사고는 아동이나 성인 운전자 요인, 차량적 요인 및 도로 환경적 요인들의 복합적인 상호작용에 의해 발생한다. 특히 인적 요인에서 아동은 호기심이 많으나 위험에 대한 인지나 대처능력이 미숙하고, 안전수칙을 무시하거나 상황 판단이 미숙함으로 인하여 사고 발생률이 높게 나타난다. 모든 연령층의 도로 교통사고를 증가시키는 요인들이 아동들에게도 비슷하게 나타나는데, 구체적으로 운전자의 과속과 음주운전, 안전도구 착용 여부, 그리고 차량 안전 상태와 도로환경 등에 따라 영향을 받는다. 특히 도로 환경은 어른들을 고려해서 만들어져 아동을 고려하지 않았기 때문에 아동에게 더 큰 위험이 있다(WHO, 2008).

교육부와 학교안전공제중앙회(2014)의 어린이 통학차량 2차 전수조사 통계자료에 따르면, 통학버스 사고 원인 중 62.5%가 안전운전의무 불이행, 12.5%는 보행자 보호 의무위반과 교차로 통행위반으로 나타났다. 특히 사망사고의 75%는 보행자 미발견, 승하차 어린이 안전미확인 등 안전운전의무 불이행으로 인해 발생하였으며, 운영자 및 운전자의 안전 의식결여로 인한 사고 원인이 가장 많았다.

안전하게 도로를 이용할 수 있는 나이를 명확하게 정하기는 어렵다. 아동은 복잡한 교통상황을 어른과는 다른 방법으로 이해하고 행동한다. 나이어린 아동들은 보다 나이 든 아동과 다른 정보처리, 정신운동능력을 보인다. 청소년들은 충동성과 호기심 그리고 실험정신으로 무장되어 있다. 이러한 발달특성이 등하교시 교통사고에 영향을 미친다(WHO, 2008).

한편 자전거 운전자들의 주요 위험요인은 노출과 관련되어 있다. 대부분의 아동들이 즐거움을 위해 자전거를 타고 있고, 일부 중고등학교 학생들은 등하교시에 자전거를 이용하기도 한다. WHO(2008)는 자전거로 인한 위험요인으로, 안전모를 올바로 쓰지 않은 경우, 교통이 혼잡할 때 자전거를 타는 경우, 인도에서 타는 경우, 운전자의 가시성을 들고 있다. 우리나라를 포함하여 선진국에서도 자전거를 타는 아동이 안전모를 쓰는 경우는 많지 않으므로 이로 인한 사고의 위험성은 증가한다.

등하교시 교통사고의 또 다른 원인으로 환경요인을 들 수 있다(WHO, 2008). 아동이 도로에서 자전거 타기, 걷기, 달리기, 놀기, 그룹 활동 등의 행위를 하는 것은 흔한 일이다. 또한, 건강한 발육을 위해서라면 어릴 때부터 그러한 활동에 참가하는 것이 중요하다. 그러나 빠른 이동만을 위한 도로 환경이나 자동차의 증가 등이 아동의 안전을 위협하며, 과속을 부추기는 직선으로 된 긴 도로, 차도와 보행자를 분리하는 분리대의 부족, 안전하고 효율적인 대중교통수단의 부족, 잦은 교통량과 자동차의 지나친 과속 등이 등하교시 교통사고의 환경요인이 될 수 있다. 해

3. 등하교시 교통수단 이용 안전사고 예방대책

1) 안전교육

교통사고의 예방은 인간의 태도와 행동과 깊은 관계가 있으며, 안전에 관련된 지식과 태도를 형성하여 인간의 행동을 직접, 간접으로 보완함으로써 교통사고의 예방에 효과를 가져 올 수 있다. 이처럼 교통사고를 포함한 각종 안전사고는 사람과 관계되는 것이므로 예방에 대한 최선책은 교육이라고 할 수 있다. 따라서 어릴 때부터 교통안전이 생활화 될 수 있도록 효과적인 교육을 실시해 나가는 것이 장기적으로 볼 때 교통안전의 기본 대책이 된다. 교통안전교육은 교통사고를 미연에 방지하기 위하여 교통안전에 관한 지식, 태도, 예방 능력을 형성하려는 의도적이고 체계적인 노력이다(이윤경 외, 2013).

교통안전에 관한 지식과 가치관 형성을 중심으로 하는 교통안전교육은 어렸을 때부터 시작되어 교통안전습관이 형성되도록 하고, 생명존중 사상이나 교통안전문화가 자리 잡도록 해야 한다. 즉 교통안전교육은 단지 미성년이 교통사고의 피해자가 되지 않도록 하는 것에서 끝나는 것이 아니라 성인이 되었을 때 교통안전의 사회적 책임을 다하는 운전자가 되는 기초를 형성해 주므로 매우 중요하다(정미라 외, 2003).

교통안전 교육은 지식에만 편중된 교육내용이 아닌 실제생활에서 지식을 사용해서 대처할 수 있는 기술과 태도를 형성하면서 반복적이고 구체적이며 실제로 체험하는 교육으로 이루어질 때 효과를 발휘할 수 있다(이윤경 외, 2013).

등하교시 교통수단 이용에 대한 안전교육의 내용은 승 · 하차 안전, 하차 후 안전한 보행 및 도로횡단, 교통수단의 안전한 이용, 교통신호화 교통안전 표지의 이해, 교통사고가 났을 때의 대피 방법 등을 포함한다. 교통사고가 났을 때의 행동요령은 다음과 같다(정정옥, 임미혜, 2013).

· 교통사고가 났을 때는 112에 신고한다.
- 사고현장을 설명한다.
- 신고자의 전화번호를 알려준다.

· 사고 부상자가 있을 때는 119에 신고한다.
- 부상자의 상태를 말하고 현장의 위치를 알려준다.
- 신고자의 전화번호를 알려준다.
- 119 구급차량이 도착할 때까지 부상자의 상태를 안전하게 유지하도록 한다.

출처 : 양천구 어린이 교통공원 교육프로그램(http://www.ycs.or.kr).

2) 환경 조성

관련법규의 제정은 안전을 담보하는 환경조성에 포함된다. 도로에서 일어나는 교통상의 모든 위험과 장해를 방지하고 제거하여 안전하고 원활한 교통을 확보함을 목적으로 하는 도로교통법 중 어린이 통학 관련 내용은 다음과 같다(채혜선 외, 2014).

표 1-4 도로교통법중 어린이 통학 관련 조항

구분	조항	주요내용
도로교통법(경찰청)	제2조 23항	어린이 통학버스의 정의
	제11조 어린이 등에 대한 보호	어린이를 보호하기 위해 시설 주변 일정 구간을 어린이 보호구역으로 지정해 통행속도를 30km 이내로 제한
	제51조 어린이 통학버스의 특별보호	어린이 통학버스 정차 시 앞지르기 금지, 일시정지 등
	제53조 어린이 통학버스의 신고 등	어린이 통학버스 신고 시 도색, 표지, 보험가입, 소유관계 등에 대한 요건
	제53조 어린이 통학버스 운전자 및 운영자의 의무	운행시 확인사항, 보호자 동승
	제53조의 3 어린이 통학버스 및 어린이 통학용 자동차 운영자등에 대한 안전교육	어린이 통학버스 및 어린이 통학용 자동차를 운영하는 사람과 운전하는 사람은 어린이통학버스 등에 관한 안전교육 실시

출처 : 채혜선 외(2014)

등하교 안전을 위한 또 다른 환경조성으로 교통공원의 설치를 들 수 있다. 아동 교통사고를 예방하기 위해 2002년부터 전국적으로 어린이 교통공원을 설치하여 교통안전교육을 실시할 수 있는 체험장을 운영하고 있다. 그리고 어린이 교통안전지킴이인 워킹 스쿨버스(walking school bus)'를 확산해 자원봉사자들이 어린이를 데리고 등/하굣길 동행하는 프로그램을 진행하고 있으며, 어린이 보호석, 펜스 등 분리시설 설치를 통해 보도와 차도를 명확히 구분하도록 개선하여 보행자의 교통사고 위험성을 감소시키는 노력 역시 환경조성의 일환이다. '어린이보호구역의 지정 및 관리에 관한 규칙'에서 정한 도로 부속물인 도로안내판, 방호 울타리, 과속방지턱, 미끄럼 방지시설을 지속적으로 설치함으로써 스쿨존 내에서의 어린이 교통사고의 감소에 기여하고 있다. 마지막으로 어린이 보호 장구 개발 지원 및 표준화 사업을 통해 저소득층에게 어린이 보호 장구를 무상으로 대여하여 보호 장구 착용률을 증진시켜 사고 위험을 감소시키도록 노력하여야 한다(채혜선 외, 2014).

3) 안전수칙 및 대처행동

교통수단을 이용한 등하교 시 지켜야 할 안전수칙은 다음과 같다(박남수 외, 2014; 정혜선 외, 2012; 채혜선 외, 2014).

(1) 자동차 탑승 등하교 시 안전수칙

- 미성년은 운전자 옆 보조석에 앉히지 않는다.
- 승차 시 안전벨트를 착용하고 차창 밖으로 팔이나 얼굴을 내밀지 않는다.
- 자동차가 움직이는 동안 뾰족한 물체를 가지고 놀지 않는다.
- 승하차 시 옷자락, 신발 끈, 가방 등이 문이나 손잡이에 걸리지 않도록 주의한다.
- 오토바이나 자전거가 옆으로 지나가는지 확인 후 문을 열고 오른쪽으로 내린다.
- 주차된 차 뒤에서 놀지 않고, 차량 밑으로 들어간 장난감은 어른의 도움을 구한다.

(2) 버스 탑승 등하교 시 안전수칙

- 버스를 기다릴 때는 인도에서 기다리고, 버스가 완전히 정차한 다음 차례로 승차한다.
- 버스 출발 전 안전벨트를 착용하고 이상이 없는지 확인한다.
- 선반 위의 물건이 떨어지지 않도록 주의하며, 버스 안에서는 정해진 좌석에 앉는다.
- 버스 안에서는 자리를 이동하거나 장난을 치지 말고, 창문 밖으로 손이나 머리를 내밀지 않는다.
- 버스에서 내릴 때 자전거나 오토바이가 지나가는지 먼저 확인한다.
- 버스를 타고 내릴 때에는 긴 치마나 끈 달린 옷, 가방 등이 차 문에 끼여 끌려갈 수 있으므로 주의한다.
- 버스가 완전히 지나간 다음 다른 차의 움직임을 확인하고 길을 건넌다.
- 사고 발생 시 선생님이나 주변 어른들에게 즉시 도움을 요청하고, 성인의 안내에 따라 차량 밖으로 나온 뒤 안전한 곳으로 이동한다.

(3) 자전거 이용 등하교 시 안전수칙

- 자전거는 반드시 자신의 몸에 맞는 것을 선택하고 자전거를 탈 때는 안전모자와 무릎 및 팔꿈치 보호대를 착용한다.
- 자전거의 상태를 주기적으로 점검하며, 타기 전에 핸들, 경음기, 브레이크, 바퀴, 체인, 라이트와 안장 등 모든 장치가 고장 난 곳은 없는지 확인한다.
- 입은 옷에 끈이나 줄이 있는지 확인하여 10센티미터 이하로 매듭을 지으며, 벗겨지기 쉬운 슬리퍼나 끈이 늘어진 신발을 신고 타지 않는다.
- 양손을 놓거나 한 손만으로 핸들을 잡고 타서는 안 된다.
- 자전거 도로로 통행하며 횡단보도를 건널 때에는 자전거에서 내려서 자전거를 끌고 건넌다.
- 자전거와 관련된 안전표지판 및 수신호를 이해하고, 자전거를 타고 갈 경우에는 차량 신호에 따라 우측으로 주행하며, 끌고 갈 경우에는 보행자 신호를 따른다.
- 인도와 차도의 구분이 없는 도로에서 자전거를 탈 경우, 트럭이나 버스와 같은 대형차가 옆으로 지나갈 때에는 바람에 의해 자전거가 넘어질 우려가 있으므로 천천히 지나가거나 차가 지나가기를 기다린다.
- 밤에 자전거를 탈 때에는 앞뒤의 라이트를 켜고 안전하게 운전한다.
- 사고 발생 시에는 날이 어두워지기 전이라도 자전거 앞뒤의 라이트를 켜서 본인의 위치를 알려야 한다.
- 사람과 부딪혔을 경우 즉시 자전거에서 내려 도와주고, 사고 발생 시 목격자를 알아두고 즉시 112(경찰서)나 119(소방서)로 신고한다. 이 때 사고가 일어난 곳, 다친 사람 수와 부상정도, 망가뜨린 물건, 그 밖의 사항 등을 알린다.
- 자전거 전용도로(자전거 길)에서 타도록 하며, 구멍이 파인 곳이나 울퉁불퉁한 길은 피한다.

2장 등하교시 보행 안전

1. 등하교시 보행 안전사고 발생 현황

우리나라에 자동차 보유대수와 운전면허 소지자는 계속해서 증가하였지만, 차량 이용 증가에 따른 교통사고 역시 증가하고 있어서 인지적, 신체적으로 대처능력이 미숙한 아동의 보행안전을 위협하고 있다.

2. 등하교시 보행 안전사고 발생원인

전 세계의 아동이 길에서 다치거나 죽는 경우는 대부분 보행 시에 발생하는데, 이는 어린 아동의 신체크기와 인지적인 한계로 인하여 도로교통사고 손상을 당할 위험이 높으며, 앞만 보고 달려드는 이 시기 아동의 행동특성 역시 사고의 원인이 된다. 십대 청소년의 경우 위험을 감수하는 행동이나 또래집단의 압력에 의해 더 과장되고 위험한 행동을 하게 되고 결과적으로 보행 중 사고 위험을 극도로 증가시키는 원인이 된다(WHO, 2008).

다음을 통해 등하교시 보행 안전사고의 원인을 파악할 수 있다(채혜선 외, 2014).

첫째, 횡단보도에서 뛰지 말고 걸어야 하는 기본원칙이 지켜지지 않아 달리는 중에 사고가 발생한다. 즉 횡단보도에 갑자기 뛰어들거나 보행 신호가 바뀜과 동시에 달리는 행동 특성은 사고를 유발하게 하는 요인이다.

둘째, 사고 아동 중 71%의 경우, 그들의 시선이 사고 차량을 응시하지 않고 자신이 건너는 전면 방향이나 타 지점을 응시함으로써 교통사고 상황에 부주의한 것으로 나타났다.

셋째, 어린이 사고의 75%는 무단횡단, 신호위반, 신호무시, 대각선횡단, 차량 앞뒤 횡단 등과 같은 보행자 법규 위반과 관련된 것으로 성인의 41%가 법규 위반인 것에 비해 높은 비율이다.

이상의 아동 특성과 함께 좁은 도로 여건과 대도시 인구 밀집 등의 사회적 여건으로 인해 아동들이 놀이할 공간이 확보되지 않고 운전자들의 교통의식 수준이 낮은 것 역시 등하교 시 보행 안전사고의 원인이라고 할 수 있다.

3. 등하교시 보행 안전사고 예방대책

1) 안전교육

교통사고는 생명을 잃거나 장애를 갖게 되고 재산 피해 등 심각한 영향을 미치게 되므로 교통안전교육을 예방적 차원에서 체계적으로 실시하여 교통사고 피해를 최소화하는데 노력을 기울여야 한다. 또한 아동은 잠재적인 운전자로 성장하게 되므로 어린 시기부터 교통안전 규칙을 이해하고 준수하는 실제적인 교육을 통해 나 자신은 물론 다른 사람의 생명을 보호하고 올바른 교통 사회인으로서 생활할 수 있도록 지도해야 한다. 즉 아동이 교통사고 위험을 찾아내고 그것에 대처할 수 있는 능력을 키우도록 교육하며, 교통관련 지식, 기술, 태도를 반복적으로 익힘으로써 장래 모범적인 교통 사회인으로 성장하도록 지속적이고 체계적인 교육이 필요하다(채혜선, 2014).

아동 교통사고 사망자의 경우 보행 중 사고가 승차 중 사고보다 높은 비율을 보이는데, 아동의 경우 놀이 공간이나 활동반경이 주로 집과 교육기관 부근에 한정되기 때문에 차량의 이용보다 보행이 주된 교통수단이 되므로 보행 중 사고가 빈번하다. 보행 중 일어나는 교통사고 유형은 다음과 같으므로 각 유형에 따른 적절한 안전교육이 필요하다(경찰청, 2003; 이윤경 외, 2013).

* 무단횡단 사고
* 신호등, 육교 지하도가 없는 횡단보도 사고
* 신호등이 있는 횡단보도 사고
* 주차, 정차된 차량 사이에서의 횡단 사고
* 차량의 바로 앞이나 뒤에서의 횡단 사고
* 차도로 갑자기 뛰어들기 사고
* 도로상에서의 위험한 놀이
* 큰 차가 회전하다 나는 사고
* 승 · 하차 시 사고
* 차내 안전사고
* 차 뒤, 밑에서 놀다 나는 사고
* 자전거, 킥보드 사고

그리고 등하교 보행 안전교육의 내용은 안전한 보행, 안전한 도로횡단, 교통신호와 교통안전 표지의 이해, 교통사고가 났을 때의 대피 방법 등에 관한 내용을 포함하며, 구체적으로 다음의 내용을 통한 안전교육이 이루어져야 한다(정정옥, 임미혜, 2013; 채혜선, 2014).

첫째, 아동의 보행 중 사고를 예방하기 위해 횡단보도 건너기 5원칙(멈춘다 - 차가 오는지 살펴본다 - 운전자와 눈을 맞추며 손을 든다 - 차가 멈추는지 확인한다 - 건너는 동안 차를 계속 보며 건넌다)의 체험학습을 가정과 연계하여 반복적으로 교육한다.

둘째, 교통법규를 지키도록 교통안전과 관련된 지식 (신호등 읽기, 표지판 인식하기, 안전한 보행방법 등)과 기술(멈추기, 살펴보기, 손 들고 건너기, 안전띠 매기 등) 및 태도(차량에 대해 경계하고 조심하기)를 습관화하도록 교육한다.

셋째, 아동의 거주지 근처 생활도로 주변 지역에 대한 안전한 교통습관을 지니도록 반복적인 교육이 필요하다.

넷째, 등교 시간에 비해 하교 시간대에 사고 빈도가 두 배 이상 높게 나타나므로 하교 지도 활동을 위한 안전교육이 강화되어야 한다.

특히 신입생들에게는 환경변화에 따른 대처방법과 통학로에서 지켜야할 사항을 구체적으로 지도해야 하며, 이를 대비하기 위해서는 현장에서의 모의지도가 적극 필요하다.

2) 환경 조성

어린이 교통 환경 조성을 위한 정책으로 첫째, 어린이 교통안전지킴이 자원봉사자가 등하굣길에 동행하는 '워킹 스쿨버스(walking school bus)'의 확산, 둘째, 어린이 보호석, 펜스 등 분리시설을 설치하여 보도와 차도를 명확히 구분하는 노력, 셋째, '어린이 보호구역의 지정 및 관리에 관한 규칙'에서 정한 도로 부속물(도로안내판, 방호 울타리, 과속방지턱, 미끄럼 방지시설)의 설치 등이 지속적으로 실천되는 것이 바람직하다.

등하교 보행안전을 위한 환경조성의 일환으로 학교 통학로에 대한 정비가 필요하다. 학교통학로는 가정과 학교를 연결해 주는 보행 공간으로 교통사고의 위험에 노출되는 빈도가 높은 장소이며, 대부분 주거지역에 위치해 있으므로 아동의 생활공간으로 이용되어 사고 발생 위험이 높은 지역이다(채혜선, 2014).

법률의 시행을 통해 교육기관에서의 안전교육을 규정하거나 권장하는 것과 스쿨존 및 녹색어머니들의 교통지도, 체험위주의 안전교육을 위한 교통공원의 조성 등도 등하교 보행안전을 위한 환경조성의 일부이다.

한편 운송수단과 관련하여 아동은 키가 작으므로, 적절하게 디자인 되지 않은 교통수단은 아동 도로 교통사고를 유발하는 하나의 위험 요인이 되며, 자동차의 일반적인 디자인이 보행 아동의 도로교통사고 위험과 손상의 경중을 좌우한다. 예를 들어 아동의 머리가 단단한 전면 유리와 부딪힐 경우 매우 위험하므로 자동차의 범퍼 보닛을 좀 더 부드럽게 만들어 충격을 흡수함으로써 보행자의 머리가 앞 유리에 부딪히지 않도록 하기 위한 자동차 디자이너들의 노력이 요구된다. 그리고 주차장이나 도로에서 자동차가 작은 아동을 향해 후진할 때 발생하는 "후진 사고"의 손상을 경감시키기 위하여 후진 감지장치를 자동차에 장착시키는 노력 역시 등하교 보행안전을 위한 환경조성에 포함된다(WHO, 2008).

3) 안전수칙 및 대처행동

아동의 교통사고는 성인의 사고 유형과는 달리 횡단보도에서 걷지 않고 달리고 통행량이 많은 낮 시간에 주로 발생한다. 또한 보행자 사고가 대부분이고 성인에 비해 치사율이 높은 특성을 보이므로 어린 시기부터 체험 위주의 교통안전교육을 지속적으로 실시하여 자신은 물론 타인의 소중한 인명을 존중하는 사회인으로 성장할 수 있도록 해야 할 것이다(채혜선 외, 2014).

도보로 이동할 때 지켜야 하는 안전수칙은 다음과 같다(박남수 외, 2014).

· 초록불이 깜박일 때나, 신호등의 시간이 얼마 남지 않았을 때에는 무리해서 건너지 말고 다음 신호를 기다린다.
· 횡단보도에서 신호등이 초록불로 바뀌더라도 주변의 차가 멈추었는지 먼저 확인한다.
· 신호등이 없는 횡단보도에서는 차량이 완전히 멈추었거나 운전자의 손 신호가 있을 때 건넌다.
· 횡단보도가 아닌 곳을 무단으로 건너면 안 된다.
· 횡단보도 안의 오른쪽으로 걷고, 장난을 하지 않는다.
· 걸어서 이동할 때는 휴대전화를 사용하지 않으며, 이어폰을 착용하지 않는다.
· 인도와 차도의 구분이 되어 있지 않은 도로에서는 길 가장자리로 다닌다.
· 운전자가 있거나 시동이 걸려있는 차량 주변에서는 더욱 조심해서 걷는다.
· 단체로 이동시 무리를 벗어나지 않으며, 교통법규와 공중도덕을 잘 지킨다.
· 응급상황이 발생하면 선생님이나 주변 사람들에게 즉시 도움을 요청하고 가능한 수단을 이용하여 119에 신고한다.
· 교통사고 등 위급상황이 발생했을 때는 사고 장소에서 안전한 곳으로 이동하는 것이 중요하며, 또 다른 사고 예방을 위해 신속히 도로 밖으로 대피한다.
· 사소한 부상을 당한 경우라도 병원진료 및 상담을 통해 건강 상태를 확인한다.
· 횡단보도 안의 오른쪽으로 걷기
· 걸으면서 장난하지 않기
· 차도에 가까이 다가가지 않기
· 뛰거나 갑자기 방향 바꾸지 않기

한편 도로교통공단에서 제공한 보행자 보호의 원칙은 다음과 같다.

① 언제나 보행자가 최우선
∨ 모든 보행자를 나의 부모, 형제, 자녀라는 생각으로 보호하는 마음을 가진다.
∨ 운전자에 비해 보행자는 교통 약자이므로 운전자는 보행자가 스스로 피해갈 것이라는 안이한 생각을 삼간다.
∨ 보행자의 행동은 기대하는 만큼 민첩하지 못하므로 보행자가 나타나면 무조건 속도를 줄인다.
∨ 보행자는 횡단보도를 안심하고 건너가므로 특히, 신호등 없는 횡단보도 전에는 안전을 반드시 확인하고 통행한다.

② 보행자의 행동 특성
∨ 보행자는 도로로 갑자기 뛰어드는 등 급히 서두르는 경향이 있다.
∨ 자동차의 통행량이 적다고 해서 무단 횡단하는 경향이 있다.
∨ 횡단보도를 통행하기보다 현 위치에서 횡단하려 한다.

③ 보행자 보호와 안전운전 방법
∨ 보행자의 행동 특성을 충분히 이해하여 추측 운전을 삼간다.
∨ 모든 운전자는 보행자가 횡단보도를 통행할 때에는 반드시 일시 정지하여 보행자의 안전을 보장한다.
∨ 도로 이외의 곳(주유소, 차고 등)을 출입하기 위하여 보도 또는 길 가장자리 구역으로 √ 운전할 때에는 그 직전에서 일시 정지하여 안전을 확인한 후 횡단한다.
∨ 보행자 옆을 통과할 때에는 안전한 거리를 두고 서행하고, 물이 괸 곳을 통행할 때에도 보행자에게 물이 튀지 않도록 서행 운전한다.

출처: 도로교통공단 홈페이지

■ 정리

1. 등하교시 교통수단 이용에 대한 안전교육의 내용은 승 · 하차 안전, 하차 후 안전한 보행 및 도로횡단, 교통수단의 안전한 이용, 교통신호화 교통안전 표지의 이해, 교통사고가 났을 때의 대피 방법 등을 포함한다. 등하교 보행 안전교육의 내용은 안전한 보행, 안전한 도로횡단, 교통신호와 교통안전 표지의 이해, 교통사고가 났을 때의 대피 방법 등에 관한 내용을 포함한다.

2. 등하교 안전교육을 위한 교사는 교통수단을 이용한 안전한 행동의 본보기가 되며, 아동 행동에 대한 관찰자와 안전교육자가 되며, 유사 시 의사결정자가 되며, 위험한 요소의 정기적인 점검과 환경조성을 힘쓰는 역할을 수행한다.

제2절 교내 교육활동 안전

학교안전공제중앙회에 의하면 공제 급여 대상은 학교의 교육활동 중에 발생한 학교 안전사고를 그 대상으로 한다. 교육활동이란 수업/특별활동/재량활동/과외활동/수련활동 또는 체육대회 등의 활동을 포함한다(학교안전공제중앙회, 2016).라고 명시하고 있다. 이번 시간에는 학교생활 안전 중 체육활동, 실험실습 수업 및 기타 생활시간을 중심으로 한 예체능수업의 안전사고 현황, 원인 및 예방대책에 대하여 살펴보고자 한다.

1장 체육활동 안전

1. 체육활동시 안전사고 발생현황

학교안전공제회에서 발표한 2014년도 사고 시간별 안전사고 발생 현황에서 체육수업에서 안전사고 발생 빈도가 높음을 알 수 있으며, 장소별 학교손상 발생 백분율은 운동장이 가장 높았고, 교실 17.1%, 계단, 복도 16.2% 순으로 나타났다. 체육수업과 관련된 운동장과 체육시설을 합하면 48.5%로 학교생활 중 거의 절반의 안전사고가 체육 실기수업에서 발생함을 알 수 있다.

학교 교육활동시간별 장소별 학교손상발생현황은 다음과 같다.

표 2-1 2014년 시간별 학교손상 발생현황

학교급별	수업시간	체육수업	점심시간	석식시간	휴식시간 및 청소시간	특별활동	학교행사	등하교	기숙사 생활	합계
유	4,579	644	716	3	530	67	397	666	0	7,602
초	6,358	9,390	8,907	2	6,486	1,293	1,699	2,939	1	37,075
중	3,852	14,907	6,850	6	6,435	2,882	2,984	1,180	5	39,101
고	2,956	10,791	5,146	617	4,692	2,519	3,573	1,428	219	31,941
특수	185	69	58	0	76	17	41	61	7	514
기타	59	78	28	0	51	23	30	23	2	294
계	17,989	35,879	21,705	628	18,270	6,801	8,724	6,297	234	116,527

출처 : 학교안전공제중앙회(2015)

표 2-2 2014년 장소별 학교손상 발생현황

학교급별	교실	운동장	통로	교외활동	부속시설	가정기타	합계
유	3,834	1,561	796	406	990	15	7,602
초	6,745	13,677	7,078	1,543	7,993	39	37,075
중	4,767	19,428	5,818	1,776	7,215	97	39,101
고	3,165	16,042	3,846	1,740	7,050	95	31,941
특수	185	70	76	48	134	1	514
기타	49	116	39	21	59	0	294
계	18,748	50,804	17,653	5,534	23,451	247	116,527

출처 : 학교안전공제중앙회(2015)

2. 체육활동시 안전사고 발생원인

체육시간에 일어나는 사고는 기본적인 사전 준비운동이나 안전교육 등의 안전수칙을 준수하지 않아 발생한 사고, 선수들의 지나친 승부욕에 의한 사고, 지도교사의 지시를 위반하여 일어난 사고, 신체 허약자에 대한 특별지도가 미흡하여 일어난 사고, 유명 선수들의 흉내 내기(과시욕 등)로 인한 사고, 시설의 미비에 의한 사고 등의 다양한 원인에 의해 사고가 일어나고 있다(정혜선 외, 2012). 그리고 초등학교 6학년 체육활동에서 예상되는 안전사고는 운동 체력이 부족한 상태에서 과도한 욕심을 내어 당하는 운동 손상과 다양한 방향으로 달리거나 뛰다가 부딪쳐서 일어나는 손상이 발생한다(엄우섭 외, 2012).

3. 체육활동시 안전사고 예방대책

1) 안전교육

학교안전공제중앙회에서 개발한 체육안전사고 예방지침서에 제시된 학교 급별 예방대책 중 초등학교 6학년의 체육수업을 중심으로 안전교육 내용을 소개하면 다음과 같다. 초등학교 6학년의 건강 활동은 운동 체력 증진과 건강 생활과 재해 예방을 다루는 영역으로 순발력, 협응성, 민첩성 등과 관련된 신체 활동 화재 및 자연 재해 등의 예방활동, 대처 행동으로 구성되어져 있다(엄우섭 외, 2012).

∨ 시작 전에 준비운동을 충분히 하고 안전 수칙 준수 ∨ 몸이 아프거나 이상이 있는 어린이를 미리 확인 ∨ 운동 규칙을 지키고 체육활동 중에 아동관리 ∨ 달리기를 할 때 미끄러지거나 넘어지지 않도록 주의 ∨ 식사 후 곧바로 운동을 하지 않도록 지도 ∨ 올바른 운동법을 익힌 후 실시 ∨ 안전사고 발생 시 즉시 교무실이나 양호실에 연락 ∨ 자신의 놀이에만 치우쳐 다른 사람의 놀이를 방해하지 않도록 지도 ∨ 운동 후 정리정돈을 철저히 하기 ∨ 체육기구는 용접 부위 등 결합 유무를 확인한 후 사용 ∨ 운동장 주변의 하수구, 맨홀, 웅덩이에 빠지지 않도록 주의 ∨ 운동장 바닥의 날카로운 쇳조각이나 유리조각이 떨어져 있을 수도 있으므로 맨발로 다니지 않도록 하고 주기적으로 점검 ∨ 운동기구는 조심스럽게 협동하여 운반 ∨ 화재 대피 운동 시 차례차례 안전하게 대피

출처: 엄우섭 외(2012)

2) 환경 조성

담당교사는 적절한 예방조치와 안전점검을 통해 사고 발생 가능성을 최소화할 수 있도록 담당교사는 응급조치에 관한 훈련을 받아야 한다. 위험과 위기를 확인하고 통제하는 위기관리 과정에 관한 사항도 숙지하고 있어야 한다.

교육감, 학교장 등은 국가안전관리기본계획에 따라 연 2회 이상 학교시설에 대한 안전점검을 실시하여야 하고, 학교장은 학교시설안전관리기준에 따른 점검결과를 점검 후 2개월 이내에 연 1회 이상 교육감에게 보고하여야 한다. 학교시설에는 운동장, 놀이시설, 체육시설 등의 체육수업과 관련되는 시설이 포함된다.

다음으로 체육안전사고 예방지침서에 제시된 초등학교 6학년의 체육수업 관련 체육시설 및 설비의 점검을 중심으로 환경조성 내용을 보면 다음과 같다(엄우섭 외, 2012).

학습주제	체육시설 및 설비의 점검
여러 가지 달리기를 통한 민첩성 기르기	• 달리기 중 서로 충돌하지않도록 지역을배정하여 준다.
제자리높이뛰기, 좌우로 콘넘기를 통한 순발력 기르기	• 딱딱한바닥이 아닌 푹신한 바닥에서 한다. • 점프가용이한 운동화를 꼭 착용한다. • 콘은 밟아도 다치지 않은 말랑말랑한 콘을 이용하며, 높이가 낮은 콘을 사용한다.
균형 잡기, 매트 위에서 구르기를 통한 평형성 기르기	• 매트의 안전 상태를 수시로 점검한다. • 딱딱한 바닥에서 하지 않고 푹신한 모래 바닥에서 실시하도록 한다.
공 던지고 받기를 통한 협응성 기르기	• 정식 배구공이나 농구공, 축구공으로 던지기 받기를 하면 손가락 골절 등이 오기 쉽기 때문에 소프트한 공을 이용한다.
화재대처 행동하기	• 훈련로가 안전한지 꼭 확인한다.

출처: 엄우섭 외(2012)

3) 안전수칙 및 대처행동

예체능 실기수업에 지켜야 하는 안전수칙으로 한국산업안전공단에서 발표한 체육시간에 지켜야 하는 안전수칙을 나열하면 다음과 같다(정혜선 외, 2012).

1. 시작 전에 준비운동을 충분히 하고 안전수칙을 준수한다.
2. 몸이 아프거나 이상이 있는 어린이를 미리 알아본다.
3. 운동 규칙을 지키고 체육활동 중에 장난하지 않는다.
4. 운동기구는 조심스럽게 협동하여 운반한다.
5. 매트 운동을 할 때에는 한꺼번에 여러 사람이 사용하지 않도록 한다.
6. 공놀이는 달려오다가 부딪칠 때 다치므로 조심한다.
7. 후프 등을 할 때 서로 부딪칠 때 다치므로 조심한다.
8. 철봉에 매달려 있는 사람을 잡아당기거나 밀지 않는다.
9. 달리기를 할 때 미끄러지거나 넘어지지 않도록 주의한다.
10. 식사 후 곧바로 운동을 하지 않는다.
11. 철봉대, 평행봉 등은 자기 신체를 고려하여 결정하고 용접 부위 등 결합 유무를 확인하고 사용한다.
12. 운동장 주변의 하수구, 맨홀, 웅덩이에 빠지지 않도록 주의한다.
13. 올바른 운동법을 익힌 후 실시한다.
14. 운동기구에 이상이 있거나 사고 발생 시 즉시 교무실이나 보건실에 연락한다.
15. 운동 후 정리정돈을 철저히 한다.
16. 자신의 놀이에만 치우쳐 다른 친구의 놀이를 방해하지 않는다.
17. 친구들에게 모래나 흙을 뿌리지 않는다.
18. 운동장 바닥에 날카로운 쇳조각이나 유리 조각이 떨어져 있을 수도 있으므로 맨발로 놀지 않도록 하고 주기적으로 점검한다.
19. 저학년과 고학년 학생이 함께 경기를 하지 않는다. 저학년 학생이 고학년 학생을 무리하게 잡으려다 다치는 경우가 많다.
20. 많은 사람들이 이용할 때에는 야구나 축구 같은 놀이는 피한다.

출처 : 우리 아이들 품에 안전한 생활을(한국산업안전공단, 2007)

이와 관련하여 기구를 사용하는 스포츠 안전교육 시 유의점으로 다음을 들 수 있다(채혜선 외, 2014). 첫째, 발달 수준에 맞는 운동종목과 기구를 선택한다. 둘째, 기구가 안전검사를 받은 제품인지 확인한다.(KS 표시나 '검'자 표시). 셋째, 사전에 기구 사용법이나 운동방법에 대해 익다. 넷째, 안전보호장비를 반드시 착용한다.(안전모, 장갑, 무릎보호대, 신발 등). 다섯째, 각종 스포츠를 즐기기 위한 기본 기능을 익힌다.

체육안전사고 예방지침서에 제시된 초등학교 6학년의 체육수업을 중심으로 안전수칙 및 대처행동 내용을 보면 다음과 같다(엄우섭 외, 2012).

학습주제	학생안전수칙	사고대처방안
여러가지 달리기를 통한 민첩성 기르기	• 다른 친구들과 부딪치지 않도록 주의한다.	• 다른 아이들과 충돌하지 않도록 항상 주의 하도록 한다.
제자리높이뛰기, 좌우로 큰넘기를 통한 순발력 기르기	• 점프 후 착지 시에 발목을 다칠 위험이 있기 때문에 정확한 자세로 착지한다.	• 점프 후 학생들이 안전하게 착지 할 수 있도록 지도한다.
균형 잡기, 매트 위에서 구르기를 통한 평형성 기르기	• 준비운동을 충분히 하여 부상을 예방한다. • 짝과 함께 구르기를 할 때에는 팔목, 손목 등에 상해를 입지 않기 위해 서로 호흡을 맞춰야 함을 강조한다.	• 준비운동과 정리 운동을 반드시 실시한다. 특히 아킬레스건의 절단 부상이 많으므로 발목의 준비운동을 철저히 한다.
공 던지고 받기를 통한 협응성 기르기	• 공을 너무 세게 던져 친구가 다치지 않도록 던진다. • 정확하게 받는 방법을 익혀 부상을 당하지 않도록 한다.	• 공에 얼굴이나 치아가 맞지 않도록 주의한다. • 최대한 공간을 많이 두어서 서로의 공에 맞지 않도록 한다.
화재대처 행동하기	• 일상생활에서 일어나는 화재 상황 대비 연습에서 당황하지 않고 침착하게 행동한다.	• 대피훈련시 장애우나 대피가 어려운 친구를 도와가며 침착하게 훈련에 임하도록 한다..

출처: 엄우섭 외(2012)

2장 실험실습 안전

1. 실험실습 수업시간 안전사고 발생 현황

실험실습 시간의 안전사고는 1% 정도로 다른 시간대와 비교할 때 매우 낮음을 알 수 있다. 그러나 이러한 결과는 실험 실습실에서 수업이 이루어지는 시간이 상대적으로 적기 때문인 것으로 판단된다. 그에 비해 실험 실습실에서 일어나는 안전사고는 화학약품, 인화물질을 사용하는 과정에서 발생하는 경우가 많기 때문에 발생빈도와 무관하게 각별한 안전관리와 안전교육이 필요하다.

2. 실험실습 수업시간 안전사고 발생원인

과학실험 안전사고의 원인을 보면, 첫째, 충동과 호기심에서 오는 사고, 둘째, 실험기구 조작 미숙에서 오는 사고, 셋째, 방심과 부주의에서 오는 사고, 넷째, 지식의 부족에서 오는 사고가 있다(인천학교안전공제회, 2012).

첫째, 충동과 호기심에서 오는 사고와 관련하여, 학생들은 하지 말라는 금지사항이나 주의사항을 꼭 해보고 싶은 충동이나 호기심과 모험심을 느낀다. 그러므로 교사는 학생들의 호기심을 충족시킬 수 있는 실험 대안을 적절히 제시하여 안전한 가운데 탐구적인 학습 의욕을 충족시키도록 한다.

둘째, 실험기구 조작 미숙에서 오는 사고와 관련하여, 학생들은 실험기구의 조작 절차나 방법을 무시하고 제멋대로 행동하여 기구를 파손하거나 부상을 입는 사고를 유발할 가능성이 있다. 그러므로 실험기구를 안전하고 능률적으로 조작하는 일정한 절차와 적절한 방법에 대한 안내와 훈련이 필요하다.

셋째, 방심과 부주의에서 오는 사고와 관련하여, 실험에 익숙하지 못한 학생들은 제시된 실험방법을 무시하고 그 정도는 괜찮겠지 하는 안이한 생각으로 시약의 양이나 농도를 마음대로 초과하여 사용함으로써 불의의 안전사고를 일으키는 경우가 허다하다. 그러므로 과학실에서 행하는 실험에는 그 실험내용을 정확히 파악하고 실험기구의 조작방법과 실험절차를 잘 지켜야 한다.

넷째, 지식의 부족에서 오는 사고와 관련하여, 학생들이 모르고 저지르기 쉬운 위험요인을 사전에 파악하여 학생들에게 주의를 환기시키고 실험의 각 단계마다 실험진행에 필요한 지식과 기구 조작 상 유의점을 잘 지도하고 순회 지도를 통하여 사고예방에 노력하여야 한다.

한편 중학교 화학 실험에서의 안전사고는 연소 · 가열 실험에서 가장 많이 일어나고 있어 화기사용에 대한 특별한 주의가 필요하며(나경환, 2000), 초등학교 교사들은 공구를 다루어볼 기회가 없어 공구에 대하여 자신감이 없으며, 공구사용법에 관한 안전교육 없이 학생들에게 실습을 시키는 경우가 있어서(양화선, 2004) 안전사고의 위험이 있다.

3. 실험실습 수업시간 안전사고 예방대책

1) 안전교육

실험실습 수업시간에 일어나는 안전사고 역시 안전사고 발생률을 줄이기 위한 대책으로서 안전교육이 중요하다. 과학시간과 관련한 안전교육은 첫째, 화학 약품을 이용한 실험에서 약품 다루는 방법, 둘째, 위험 물질 사용에 대한 안전수칙, 셋째, 알코올램프 등 가열기구 이용 시 주의 사항 등의 내용을 포함하며, 실습시간과 관련한 안전교육은 첫째, 가열기구나 전열기구 사용 시 안전수칙, 둘째, 칼이나 날카로운 기구 사용 시 안전수칙을 중심으로 하는 내용이 포함된다(김상곤, 2013).

각종 실험과 실험실 및 준비실이 학생과 교사에게 안전한지를 점검하는 일은 과학교과 교사들의 책임이라 할 수 있다. 안전사고에 대비하고 안전한 수업 활동을 전개하기 위해서 다음과 같은 안전지침을 숙지하고, 수업시간에 위험을 유발할 가능성이 있는 화학약품, 유독가스, 인화성 물질 등을 다루는 활동을 확인하고 유의한다. 날카롭거나 예리한 도구를 이용하는 경우, 사전에 사용법과 취급방법을 자세히 설명하고, 화기를 다루는 실험일 경우, 학생에게 부주의나 장난에 의해 화상을 입거나 화재가 발생할 수 있음을 유의시키고 인화성 물질 취급 시 열원을 멀리하도록 조심한다. 유독성 가스가 휘발되는 약품은 반드시 환기장치가 된 후드 내에서 취급하도록 하며 유독성 시료를 태우거나 연소 실험 시에는 방독 마스크를 착용하도록 한다. 약품을 사용할 때 그 특성을 미리 설명하고, 위험성의 실례를 들어 경각심을 갖게 한다.

2) 환경 조성

학교안전사고 예방 및 보상에 관한 법률 시행령의 [별표1] 학교시설안전관리기준의 건축물분야 주요내용 중 실험실습과 관련되는 특별교실의 위험요소 관리기준은 다음과 같다.

구분	물리적 요소	위험요소 관리기준
특별교실	–화학약품, 인화물질 사용 특별교실	–내화학성 제품 및 난연재료 이상으로 마감 –위험성이 있는 실험재료 준비실 교사관리 공간 설치

출처: 김상곤(2013).

한편 실험실에는 위험한 약품이나 실험기구가 있으므로 실험 도구별 안전수칙을 사전에 숙지하여야 하며, 실험의 종류에 따라 먼저 실험복, 마스크, 보안경, 고무장갑 등을 착용하도록 준비해야 한다. 또 구급약품이나 소화기를 배치하여 관리하고, 위치와 사용법을 숙지하며, 실험이 끝나면 시약 기구 등을 원래의 위치에 정리정돈하고 수도꼭지와 가스밸브가 잠겨 있는지와 전열기의 플러그가 뽑혔는지를 확인하는 등 안전점검을 철저히 해야 한다(송숙경 외, 2014).

3) 안전수칙 및 대처행동

경기도교육청에서 발간한 행복을 지키는 안전교육 길라잡이(김상곤, 2013)에 제시하고 있는 안전수칙을 과학시간과 실습으로 구분하여 각각 제시하면 다음과 같다.

먼저, 과학시간에 지켜야 할 안전수칙은 다음의 내용을 포함한다.

시약류 취급시	• 실험실 기기의 작업 및 조작은 지정된 순서를 정확히 따라서 한다. • 취급할 약품의 사용법과 예방책을 교사가 설명할 때까지 약품에 손대지 않는다. • 약품을 사용한 후에는 제자리에 보관하고 남은 것을 다시 시약병에 넣지 않는다. (단, 많은 양을 사용하는 아세톤, 에탄올, 황산, 염산, 수산화나트륨용액, 과산화수소 용액 등은 회수하여 재사용 할 수 있다.) • 가연성 물질을 다룰 때는 화기를 주변에 놓지 않는다. • 눈금이 새겨진 유리 기구(눈금 실린더, 뷰렛, 피펫 등)는 절대로 불로 가열해서는 안 된다. • 시험관에 화학물질을 가열할 때는 마개를 열고 입구가 다른 사람의 얼굴이나 몸을 향하지 않도록 한다. • 시약을 덜어낼 때는 시약의 이름을 확인한 후 깨끗한 용기에 필요한 양 만큼 덜어낸다.

	• 지시가 없는 한, 약품의 맛을 보아서는 안 된다. • 냄새를 알고자 할 때는 얼굴을 향하여 손으로 부채질하면서 냄새를 맡아야 한다. • 강산이나 강염기를 희석시킬 때는 반드시 물을 먼저 붓고 산이나 염기를 조금씩 부어가며 희석시킨다. • 시약병을 실험실내에서 들고 다니지 않고 시약병이 비치된 실험대에 가서 적당량을 받아 써야 한다. • 유독휘발성 액체시약은 스포이트로 옮긴다.
가열기구 실험시	• 입으로 불어서 끄지 않고, 뚜껑을 옆에서 살며시 덮어 끈다. 잠시 후 뚜껑을 살짝 열었다가 다시 잘 덮는다. • 램프안의 알코올의 양을 30~80% 정도로 담아 쓴다. • 알코올램프 불을 기울여 알코올램프에 불을 붙이는 일이 없도록 한다. • 물질이 휘발성일 때는 마개를 단단히 하여 통풍이 잘되는 곳에 놓아둔다. 인화성이 큰 물질은 불 가까이에 두지 않는다.

출처 : 김상곤(2013)

다음으로 실습시간에 지켜야 할 안전수칙은 다음과 같다.

가열기구 다루기	• 불을 켜는 순간 불이 붙었는지 확인한다. • 조리 시에는 국물이 넘쳐 불이 꺼지지 않았는지 지켜본다. • 가스를 다 쓴 후에는 점화 스위치는 물론 중간밸브도 잠근다. • 가스기구 주위에는 인화물질을 가까이에 놓지 않는다. • 냄비를 가열 할 때, 냄비 뚜껑 및 손잡이에 화상을 입지 않도록 주의한다.
부엌칼, 과일칼 다루기	• 재료를 썰 때는 재료를 잡고 있는 손을 칼의 뒤쪽에 놓아 베이지 않도록 주의하고 칼날은 아래쪽을 향하게 한다. • 칼을 바닥에 떨어뜨리지 않도록 주의하고 절대 칼을 들고 장난하지 않는다.

인천 학교안전공제회 홈페이지에 탑재된 실습시 주의 사항은 다음과 같다.

◎ 과학 실습 시 주의할 사항
- 실험복, 마스크, 보안경, 안전장갑, 보호의 등을 착용하고 실험한다.
- 교사의 지시에 따르고 무리한 실험을 하지 않는다.
- 시약병에서 시약을 덜어낼 때는 라벨을 확인한 후 깨끗한 용기에 덜어낸다.
- 유독한 물질이나 부식성 물질을 다룰 때에는 입으로 피펫을 빨지 않도록 한다.
- 시험관을 가열할 때는 그 주둥이가 다른 사람을 향하게 해서는 안 된다.
- 어떤 물질이든지 완전히 밀폐된 용기 안에 넣고 가열해서는 안 된다.
- 실험이후 시약 기구, 수도, 전원, 가스등 안전점검을 적절히 처리하여야 한다.
- 구급약품이나 소화기, 세면대 등의 위치와 사용법을 기억해 두어야 한다.
- 실험실에서 문제가 발생되었을 때, 응급대처요령 및 신고절차를 명시하여 부착한다.

◎ 컴퓨터 실습 시 주의사항
- 여러 대의 컴퓨터전원을 동시에 켤 때 과부하로 인한 컴퓨터 파손을 주의한다.
- 모니터 충격으로 인한 파손 시 파편으로 인한 사고를 주의한다.
- 매인 전원 ON/OFF시 감전 사고를 주의한다.
- 장시간 모니터를 사용 시 전자파로 인한 시력 저하를 주의한다.
- 음료수, 물 등에 의한 전자제품의 파손 및 감전 사고를 주의한다.
- 자동전압 조정기 취급 시 감전 사고를 주의한다.
- 컴퓨터 모니터와 가급적 많은 거리를 유지한다.
- 컴퓨터 모니터에 보안 스크린을 설치한다.

◎ 전기 실습 시 주의사항
- 실습용 계측기의 사용 시 전원코드나 잭은 용량과 규격에 맞는 것을 사용한다.
- 중량의 계측기는 정확한 자세로 교사의 지시에 따라 이동시킨다.
- 감전사고 예방을 위해 교사의 지시를 따르고 전기스위치는 함부로 조작하지 않는다.
- 감전사고 예방을 위해 교사의 지시에 따르고 전기스위치는 함부로 조작하지 않는다.
- 젖은 손으로 계측기나 장비를 만지지 않는다.
- 사용하지 않는 콘센트는 덮어두고 학생들이 플러그, 코드, 콘센트를 만지지 않게 한다.
- 누전 감전쇼크를 줄이기 위해 전기 기기를 접지한다.
- 누전 차단기를 설치하고 한 달에 1번 정도 시험 작동한다.

◎ 화단 만들기 실습 시 주의사항
- 삽으로 묘목에 흙을 덮을 때 눈에 흙이 들어가지 않도록 한다.
- 물통을 함부로 휘둘러 다른 학생이 부상을 당하지 않도록 한다.
- 부삽이나 꽃삽을 가지고 장난하지 않는다.
- 흙덩어리나 돌을 아무렇게나 던지지 않는다.
- 도구를 난폭하게 다루지 않는다.
- 정해진 작업 순서대로 한다.
- 사용하고 난 뒤의 도구는 안전한 곳에 둔다.
- 자기 마음대로 행동하지 않는다.

출처: 인천학교안전공제회 홈페이지

서울시교육청의 학생안전매뉴얼(2014)에 제시된 실험실습 수업에서 사고가 발생하였을 때 대처 행동은 다음과 같다.

구분	대처 행동
불이 붙었을 경우	• 당황하지 말고 "불이야"라고 외쳐 선생님과 주변 학생들에게 상황을 알린다. • 주변의 실험기구나 시약병을 치우고 우선 젖은 걸레나 실험복, 모래 등으로 덮어서 끈다. • 불이 번지기 전에 소화기로 불을 끄며, 복도에 있는 화재경보기를 울리고 119에 화재 신고를 한다. • 몸을 낮춘 상태에서 수건 등으로 코와 입을 막고 비상 대피로를 통해 밖으로 나간다. • 화상을 입은 즉시 화상부위를 얼음물이나 찬물 등으로 차갑게 한다. • 물이나 자극성이 적은 비누로 깨끗이 씻고 잘 건조시켜 화상 부위를 깨끗하게 한다. • 보건실이나 병원에 가서 치료를 받는다.
전기기구 안전사고	• 전기기구의 고장을 발견하거나 위험을 느꼈을 때에는 즉시 선생님과 주변 학생들에게 알린다. • 전기기구를 만지지 말고 전원을 내린다. • 다른 학생이 감전되었을 경우 119에 신고하고, 선생님의 지시에 따라서 행동한다. (막대기 등 전기가 통하지 않는 물건을 이용하여 전원을 내리고 감전된 사람을 건드리지 않는다.)
유리기구 안전사고	• 사고 즉시 선생님이나 다른 학생들에게 알린다. • 조그만 유리 파편이 손에 박혔을 때 핀셋 등으로 뽑아내고 소독한 다음 약을 바른다. • 큰 유리 파편이 박혔을 경우 무리하게 빼지 말고 보건실이나 병원에 가서 치료를 받는다.
	• 손을 베었을 때 보건실이나 병원에서 치료를 받는다. • 장갑을 낀 손으로 깨진 유리 기구를 분리 처리한다.
약품사용 안전사고	• 사고 즉시 선생님과 다른 학생들에게 알린다. • 고체·액체 등 시약이 눈 또는 피부에 튀었을 경우 즉시 흐르는 물에 씻는다. • 약품에 의한 화상이 심하지 않을 경우에는 차가운 물로 씻고 열기를 식힌 후 화상연고를 바르고 붕대로 감으며, 상처가 심할 경우 병원에 가서 의사의 진료를 받는다.

	• 강한 산성용액이 피부나 의복에 묻었을 경우 많은 양의 물로 충분히 씻고 탄산수소나트륨수용액으로 헹군 후 물로 충분히 씻는다. • 강한 염기성용액이 피부나 의복에 묻었을 경우 많은 양의 물로 충분히 씻고 묽은 아세트산용액으로 헹군 후 물로 충분히 씻는다. • 유독성 가스를 흡입했을 경우 신선한 공기가 있는 곳으로 옮기고 회복할 때까지 안정시킨다.
인화성물	• 사고 즉시 선생님이나 다른 학생들에게 알린다.
질안전사고	• 눈에 용액이 튀면 눈 세척기를 이용하여 세척하거나 흐르는 수돗물에 충분히 씻어준다. • 진한 수용액 또는 고체 시약이 피부에 닿았을 때는 흐르는 물로 잘 씻는다. • 폭발에 의해 화재가 발생할 경우 '불이야'라고 외쳐 선생님과 다른 학생들에게 상황을 알린다. • 불이 번지기 전에는 걸레나 실험복 등으로 덮거나 소화기로 불을 끈다. • 불이 번질 경우 화재경보기를 울리고 119에 신고한다. • 몸을 낮춘 상태에서 수건 등으로 코와 입을 막고 비상대피로를 통해 밖으로 나간다. • 폭발에 의한 화상을 입었을 경우, 심하지 않을 때에는 차가운 물로 씻고 열기를 식힌 후 화상 연고를 바르고 붕대로 감는다. – 상처가 심할 경우 즉시 보건선생님이나 의사의 진료를 받도록 한다.

출처: 서울시교육청의 학생안전매뉴얼(2014)

미술수업시 안전수칙은 다음과 같다.

① 미술 도구나 용품을 바닥에 떨어뜨리거나 흘리지 않습니다. 흘린 경우는 즉시 닦아 바닥을 깨끗이 합니다.

② 미술 도구나 재료를 입에 넣지 않습니다. 어떤 재료들은 피부에 닿는 것만으로도 해로울 수 있습니다.

③ 모든 도구와 재료는 자기 자리에서 정돈해 가며 사용하고, 자리 주변을 어질러 놓아 지나가는 친구들이 날카로운 것에 찔리거나 걸려 넘어지는 일이 없도록 합니다.

④ 가위, 칼 스템플러, 펀치 등의 도구를 사용할 때에는 무리하게 힘을 주지 말고 조심해서 사용하며 도구를 가지고 장난치지 않아야 합니다.

⑤ 종이에 손이 베지 않도록 주의를 해야 합니다.

3장 기타 생활시간 안전

1. 쉬는 시간, 점심 및 청소시간 안전사고 발생 현황

학교 안전사고 발생시간별 현황은 수업시간이외 쉬는 시간, 점심시간 및 청소시간에 주로 발생하고 있었으며 한편 경기도교육청에서 보고한 2012년 안전사고 발생시간을 보면, 휴식시간에 체육시간과 동일하게 많은 건수의 안전사고가 일어났음을 알 수 있다.

표 2-3 학교생활 안전사고의 발생경위(2012년)

구분	건수	백분율(%)
체육시간	6,061	36
실험실습	116	1
교과수업	1,032	6
청소시간	263	2
휴식시간	6,046	36
과외활동	2,085	12
기타	1,092	7

출처: 김상곤(2013).

점심시간을 포함하여 분석한 학교안전공제중앙회 자료에 의하면 체육수업, 점심시간, 휴식 및 청소시간의 순으로 안전사고가 발생한 것을 알 수 있다. 결국 하루 일과 중 수차례 돌아오는 쉬는 시간과 점심 및 청소시간의 안전사고 발생빈도가 비교적 높음을 알 수 있다.

2. 쉬는 시간, 점심 및 청소시간 안전사고 발생원인

학교 시설물에 의한 안전사고의 유형이나 발생원인, 불안시설 등을 분석하여 교육환경을 개선할 필요가 있다. 충남지역 초등학교 시설의 안전사고 실태 및 개선방안(허경, 2010) 연구에서, 학생들의 사고 발생경험이 가장 높은 시간대는 휴식시간으로 이 시간대는 움직임이 많고 장난이 심한 시간대로 사고 발생을 줄이기 위해 노력하여야 하며, 또한 사고 발생경험이 가장 높은 시설은 일반교실로 초등학생들이 가장 많이 머무는 곳인 일반교실에서의 안전사고와 관련되는 시설의 개선이 우선 필요한 것으로 분석되었다. 이 연구에서 파악된 안전사고 유형을 통하여 쉬는 시간, 점심시간 및 청소시간의 안전사고 원인을 인식할 수 있다.

첫째, 교실 · 다목적강당 · 식당에서 학생의 사고경험은 바닥에서 넘어져 다치거나 책상 · 의자에 부딪혀 다치는 사고가 많았다.

둘째, 복도에서 일어나는 사고는 미끄러져 넘어지면서 다치는 경우와 바닥 요철에 걸려 다치는 사고가 많았다.

셋째, 계단 · 현관에서 사고는 헛디뎌 다치는 것이 가장 많았다.

넷째, 화장실에서 사고는 바닥이 미끄러워 넘어지거나 문턱에 걸려 넘어져 다치는 것이 많았다.

다섯째, 운동장에서 사고는 놀이기구로 인해 다치거나 골대 등의 시설물에 부딪혀 다치는 것이 많았다. 한편 쉬는 시간, 점심 및 청소시간에 빈번하게 발생하는 추락 사고는 학생의 요인과 함께 물리적 환경이나 사회적 환경, 그리고 원인매개체와 같은 다양한 요인들이 추락 안전사고의 요인이 될 수 있음을 알 수 있다.

3. 쉬는 시간, 점심 및 청소시간 안전사고 예방대책

1) 안전교육

쉬는 시간, 점심 및 청소시간을 중심으로 하는 안전사고 역시 안전사고 발생률을 줄이기 위한 대책으로서 안전교육이 중요하다. 쉬는 시간, 점심 및 청소시간에 학생들이 주로 머무르는 교실과 복도 및 화장실 등에서의 안전생활을 포함하여 지속적인 활동이 이루어져야 할 것이다.

2) 환경 조성

교육감, 학교장 등은 국가안전관리기본계획에 따라 연 2회 이상 학교시설에 대한 안전점검을 실시하여야 하는데, 학교시설에는 소방시설 및 화재대피시설, 비상탈출구, 운동장, 놀이시설, 실험실습시설, 체육시설, 교실(출입문 포함) · 복도 · 난간 · 계단 · 현관 · 교문 등이 포함된다. 그리고 학교장은 학교시설안전관리기준에 따른 점검결과를 점검 후 2개월 이내에 연 1회 이상 교육감에게 보고하여야 한다. 이 기준에 따라 학생들이 주로 머무르는 시설을 관리하고 점검하는 것은 안전사고의 발생빈도를 낮추기 위한 환경조성이 된다. 또한 현재 일부 학교에서 실시하고 있는 학부모회와의 협력을 통한 쉬는 시간, 점심시간, 청소 시간 등의 순찰 사업 등을 실시하는 것도 교사 인력으로 통제 및 감독이 부족한 상황을 보완하여 쉬는 시간, 점심 및 청소시간의 안전을 확보하는 방안이 될 수 있다.

3) 안전수칙 및 대처행동

경기도교육청에서 발간한 행복을 지키는 안전교육 길라잡이(김상곤, 2013)에 제시하고 있는 안전수칙을 쉬는 시간과 점심시간 및 청소시간으로 구분하여 각각 제시하면 다음과 같다.

먼저, 쉬는 시간에 지켜야 할 안전수칙은 다음의 내용을 포함한다.

구분	안전수칙
교실, 복도, 계단, 난간	• 교실이나 복도에서 공놀이나 술래잡기 놀이를 하지 않는다. • 두 세 개의 계단을 한꺼번에 오르고 계단 난간을 넘거나 타고 내려오는 등의 위험한 행동은 절대 하지 않도록 한다. • 계단 및 복도에서 넘어지거나 미끄러지는 등의 위험이 없도록 바닥을 안전하고 청결한 상태로 유지한다. • 계단을 오르내릴 때에는 난간을 잡고 이동하는 것이 안전하다. • 여러 사람이 함께 계단을 오르내릴 때에는 앞사람과 닿지 않도록 간격을 두고 움직여야 한다. • 칼, 가위 등 위험한 물건으로 장난치거나 뾰족한 연필 등으로 장난을 치면 다치기 쉬우므로 조심한다. • 끈이나 줄로 목을 잡아당기는 장난은 몹시 위험하므로 삼간다. • 친구의 발을 걸어 넘어뜨리지 않는다.
유리창	• 창문 밖으로 물체를 던지지 않는다. • 창틀에 올라가서 밖을 보거나, 윗몸을 밖으로 내밀거나 또는 창틀에 기대어 앉는 행위를 하면 떨어질 위험이 있다.
책걸상	• 책걸상에 걸터앉지 않는다. • 의자에 앉으려는 친구의 의자를 몰래 빼는 장난을 하지 않는다. • 좁은 통로에서 뛰지 않는다.
세면장, 급수대, 화장실	• 세면장, 급수대, 화장실을 이용할 때는 한 줄로 서서 이용한다. • 화장실 사용 후에 물을 반드시 내린다. • 비누를 사용하여 손을 씻으면 세균, 먼지를 씻어내 주어 전염병의 70%를 예방한다.
승강기	• 승강기는 몸이 불편한 친구들이 이용하도록 한다. • 승강기 안에서 뛰거나 장난치지 않는다. • 승강기 문에 기대거나 강제로 열면 안 된다. • 버튼이나 스위치를 장난으로 난폭하게 다루면 안 된다. • 화재 시에는 절대로 승강기를 타지 않고 비상계단을 이용한다. • 승강기 안에 쓰레기를 버리면 고장의 원인이 될 수 있다. • 사용중지, 고장 또는 점검 중이라는 표시가 붙은 승강기는 절대로 사용하지 않는다. • 승강기에 이상이 생기면 외부에 연락하고 승강기 안에서 조용히 기다린다. • 승강기를 타거나 내릴 때 승강기가 정지하면 즉시 행동하지 않고 잠시 동안 내부나 외부를 살핀 후 행동한다.

출처 : 김상곤(2013)

다음으로 점심시간에 지켜야 할 안전수칙은 다음과 같다.

배식차 운반 시	• 배식차를 운반할 때는 놀이기구처럼 다루지 않는다. • 배식차를 난폭하게 밀지 않으며, 앞의 사람과 부딪히지 않도록 조심해서 운반한다. • 배식차를 열 때 손가락이 틈새에 끼지 않도록 주의한다.
배식 시	• 차례로 줄을 서서 서두르지 않고 배식을 받는다. • 배식할 때는 장난을 치지 말고 차례를 기다린다. • 식판을 옮길 때는 주변에 친구가 있는지 확인하고 안전거리를 유지한다. • 음식물이 바닥에 떨어지거나 흐르게 되면 미끄러워져서 안전사고를 유발할 수 있으므로 조심하며, 만약 음식물을 바닥에 흘렸을 경우 친구들의 안전을 위해 바로 휴지로 닦도록 한다. • 뜨거운 음식을 운반할 때에는 흘리거나 튀지 않도록 조심한다. • 음식은 먹을 만큼만 알맞게 담도록 한다. • 식판을 옮길 때에는 두 손으로 옮기도록 한다.
급식도구 사용 시	• 급식도구의 사용법대로 바르게 사용한다. • 젓가락으로 친구를 찌르는 행동을 하지 않는다. • 숟가락과 젓가락을 구부리는 장난을 하지 않는다.
음식을 먹을 때	• 음식물은 천천히 꼭꼭 씹어서 삼킨다. • 입에 음식물을 넣고 말하지 않는다.

출처 : 김상곤(2013)

청소시간에 지켜야 하는 안전수칙은 첫째, 청소 시간에 비치된 가구나 청소 도구로 장난치지 않는다. 둘째, 청소 후에는 대걸레, 빗자루, 양동이 등 청소도구를 제자리에 정리해서 보관한다. 셋째, 압정이나 본드로 부착되어 있는 게시물의 먼지를 제거할 때 특히 주의한다. 넷째, 청소 순서에 따라 청소한다. 다섯째, 화장실 등의 바닥이 미끄러운 곳에서는 뛰거나 장난치지 않는다 등을 포함한다(김상곤, 2013).

운동장에서의 안전수칙은 다음과 같다(국민안전처 2015).

① 야구나 축구 경기를 할 때 다른 사람에게 피해를 주지 않아야 하며, 서로 부딪혀 다치는 경우를 예방하기 위해 경기 규칙을 잘 지킵니다.

② 저학년과 고학년 학생이 함께 경기를 하지 않습니다. 저학년 학생이 고학년 학생을 무리하게 따라잡으려다 다치는 경우가 많습니다.

③ 공이 담을 넘어가면 공을 찾기 위해 담을 넘거나 차도로 뛰어들지 않습니다.

④ 운동장 바닥에 있는 운동 기구나 공 등에 걸려 넘어지지 않도록 자기 주변을 항상 확인합니다.

⑤ 운동장에 비치된 놀이 기구들의 사용 방법을 바르게 익혀 안전하게 이용하며 놀이

기구 위에서 친구와 장난치지 않습니다.

⑥ 친구들에게 운동자의 모래나 흙을 뿌리지 않습니다.

⑦ 운동장 바닥에는 날카로운 쇳조각이나 유리 조각이 떨어져 있을 수 있으므로 맨발로 놀지 않습니다.

⑧ 여름철에는 놀이기구가 햇볕에 의해 심하게 뜨거워지는 경우가 있으므로 놀이기구를 잡을 때 주의합니다.

⑨ 축구 골대를 친구들끼리만 옮기지 않습니다. 넘어질 경우 골대 아래에 깔려 다칠 수 있으므로 반드시 어른들에게 옮겨달라고 부탁합니다.

■ 정리

1. 학교생활 중 안전사고가 가장 많이 발생하는 시간은 체육시간이지만, 학생들의 움직임과 이동이 빈번하게 일어나는 쉬는 시간과 점심시간 및 청소시간 역시 안전사고가 많이 일어나는 시간이다. 쉬는 시간, 점심 및 청소시간을 중심으로 하는 안전사고 역시 안전사고 발생률을 줄이기 위한 대책으로서 안전교육이 중요하다. 쉬는 시간, 점심 및 청소시간에 학생들이 주로 머무르는 교실과 복도 및 화장실 등에서의 안전생활을 포함하여 다양한 안전교육 내용이 다루어질 수 있다.

2. 체육시간에 일어나는 안전사고의 예방을 위해 사전 준비운동이나 안전수칙을 준수하고, 체육활동의 각 종목에 따른 적절한 안전교육을 실시하고, 체육시설 안전점검을 통한 환경조성을 위해 노력하여야 한다.

3. 과학실험에서의 안전을 위한 교사 역할은 실험용기, 시약 등에 대해 사전에 철저히 파악하며, 실험실습 전 충분히 안전교육을 실시하고 안전조치를 강구해야 한다. 그리고 독성이 있거나 냄새가 좋지 않은 기체가 발생하는 실험은 후드가 있는 곳에서 하도록 한다.

4. 학교시설 건축분야의 건축물 주변, 교실의 바닥 · 벽 · 창호, 특별교실, 복도, 계단, 화장실 및 그 밖의 사항에 대한 안전관리기준에 따른 시설 관리와 정기적인 안전점검을 함으로써 안전사고의 발생빈도를 낮추기 위한 환경조성을 위해 노력하여야 한다.

제3절 체험학습 안전

1장 체험학습 이동 안전

체험학습 등의 단체 활동 학교주도의 조직 활동으로서 교육적 목적을 갖고 학교의 시설범위를 떠나는 활동(캠프, 모험 활동, 운동 경기 등)을 의미한다. 학교가 주관하는 단체 활동을 실시할 때에는 철저한 준비가 필요하고 안전에 관한 지침을 준수해야 한다. 단체 활동 시 발생할 수 있는 긴급사태를 신속하고 원활하게 해결하기 위해 적절한 조직을 구성하고 역할을 분담시키며, 사고나 손상이 발생하였을 때 신속하게 후송할 수 있는 가까운 의료기관을 사전에 파악해두도록 한다. 학생들은 안전수칙을 철저히 지키도록 교육하며 여행 시 차내에서의 질서 유지, 장소 이동 시 무단이탈 금지, 숙박 장소의 안전 확인 등에 특별히 주의를 요하며, 모든 교사들과 학생은 의복과 보호 장비들을 적절히 갖추어야 한다.

현장체험학습은 학교 밖에서 이루어지는 일체의 교육활동으로 수학여행、수련활동 등 숙박형 현장체험학습과 1일형 현장체험학습으로 구분한다. 현장체험학습은 학교 또는 학년 · 학급단위로 이루어지는 교육과정과 연계된 활동으로 다수 학교 연합, 지자체, 사회단체, 청소년단체 등에서 실시하는 경우는 주관기관에서 현장체험학습 매뉴얼에 준하여 자체 계획 수립 후 실시한다. 현장체험학습 운영 시 공통 준수사항으로 허가、등록된 시설 이용, 한국청소년활동진흥원 등의 '인증'프로그램 이용, 사전답사 및 이동경로별 교사, 학생 대상 사전 안전교육 실시 의무화(교통수단별 사전 안전 교육 실시 : 선박 · 항공 · 기차 등 포함), 교원의 현장 입장지도 의무화, 학생、인솔자 보험가입 의무화 및 영업배상보험 가입 여부 확인, 숙소 도착 후 대피로 확인 및 상황발생시 행동요령 교육 실시가 있다(충청남도교육청, 2014). 여기서는 현장체험학습 중 안전과 관련하여 도로, 열차 및 지하철 안전을 살펴보고자 한다.

1. 도로 안전

1) 안전교육

체험 학습과 관련된 교육자료 · 현장정보 등을 아동에게 미리 제공하고, 학부모 홍보를 통해 가정교육과 연계하며, 현장체험학습 실시 전 교과 및 창의적 체험활동 시간을 활용하여 차량이용, 시설이용, 교육 프로그램 안내, 안전사고 예방, 안전사고에 대비해 유해 물품 휴대 금지 등의 교육을 실시한다. 학교장은 인솔 및 지도교사에게 유사시에 대비하여 응급처치 요령, 안전지도 요령, 비상탈출 방법 등에 대한 사전연수를 실시한다. 이동 또는 체험활동 중 상황별로 적합한 생활지도 및 학생 안전교육 매뉴얼을 활용하여 안전교육을 실시한다. 특히 선박、항공 이용 시 구명조끼 착용 및 비상 탈출 방법에 대해 교육하고, 교육업체에서의 안전교육 의무가 있음에도 안전교육을 실시하지 않을 경우에는 인솔자는 이행을 요구하도록 한다(충청남도 교육청, 2014).

국민안전처에서 제시한 안전점검의 날 중점점검 사항을 교육프로그램으로 제시하면 교사와 아동을 대상으로는 등·하교 횡단보도 안전하게 건너기, 어린이 보호구역 교통정리 및 안전캠페인 실시하기, 어린이교통공원 및 안전체험관 체험방문 현장학습 실시, VTR·대형사고 사진전시·어린이안전 관련단체 활용한 실기실습 등 시청각 및 참여교육 실시, 연령에 맞는 교통안전교육 실시하기 등이 교육프로그램 내용에 포함될 수 있다.

지역사회를 대상으로 한 교육프로그램으로는 교통관련 기관 · 단체 안전교육 실시, 운수회사 안전교육 실시, 교통법칙금자에게 안전운전 수칙 리플렛 보내기, 과속 · 난폭운전 금지, 바뀐 도로교통법규 홍보하기 등을 제안해 볼 수 있다.

2) 환경조성

교육부의 대규모 수학여행 안전기준 강화에 따라 100명 초과 실시 학교에 대한 안전기준을 강화하여 교육청 수학여행지원단의 점검 및 컨설팅을 실시하고, 학생 50명당 안전요원 1명 의무배치하며, 차량 이동시 100명 이하로 하며, 안전대책 수립 및 안전교육을 실시하도록 하고 있다. 또한 운전기사 음주 운전 및 졸음운전 방지와 안전운행에 지장이 있는 과다한 운행일정 편성을 금지하고 있다. 뿐만 아니라 보호를 필요로 하는 아동이 활동에 참가할 경우 수련시설 및 위탁업체에 명단과 신체허약 정도 등을 통보하여 안전지도 대책을 수립하고, 인솔 및 지도교사는 담당 아동 중 신체허약자나 교육활동 운영상 특별한 보호를 요하는 아동을 사전에 파악한다.

체험활동시 아동의 도로안전을 확보하기 위한 환경조성으로 먼저 아동의 경우 체험활동에 적합한 신발과 복장을 착용하고, 차량을 이용할 경우 안전벨트를 착용을 의무화한다. 가정에서는 아동의 차림이 체험활동에 적합한지 확인하고, 지켜야할 안전규칙을 확인함으로써 지도감독을 실시하고, 체험활동 안전도우미 자원봉사로 참여한다.

교사는 안전교육자료 상시를 게시하고 광고 · 팸플릿 · 인터넷 등을 활용한 아동과 부모의 안전의식 함양시키고, 체험활동 안전도우미 자원봉사를 활용해 안전을 지도할 수 있는 인원을 확보한다. 단체로 이동함에 따라 체험활동을 위해 아동이 도로를 이용하고 있음을 알리는 피켓이나 깃발 등을 만들어 안전에 만전을 기하며 여러 학교가 함께 체험활동을 할 경우를 대비해 옷 색깔을 통일하거나 모자를 착용해 식별을 쉽게 할 수도 있다. 특히 차량을 이용할 경우 허가받은 업체인지, 차량의 안전 상태는 어떠한지, 자격을 갖춘 운전자인지 등을 확인한다. 또한 차량 탑승 전후에 반드시 아동이 모두 있는지 확인한다.

국가와 지역사회에서는 체험활동 시 교통경찰관을 지원해 주어 안전을 강화하고, 차도와 인도를 정기적으로 안전의 위험요소를 지속적으로 관리하며, 아동의 눈높이에 맞춰 신호등과 도로표지판을 설치해 줌으로써 아동 스스로 교통규칙을 준수할 수 있도록 환경을 조성해 준다. 안전한 도로환경 조성을 위해 교통범칙금 강화하기, 사고다발 구간 도로의 차량속도 낮추기, 주간 주행등 켜기, 스쿨존 설치 확대 및 스쿨존에서의 과속 단속하기, 교문앞 횡단보도 위치 교문과 정면으로 배치하지 않기, 정지선 지키기, 횡단보도 앞 차량 정지선 거리 확대하기, 횡단보도의 청신호 시간을 이용자 수준에 맞춰 설정하기, 재난체험공간 확대하기, 이륜차가 횡단보도를 건널 때 내려서 횡단하기, 안전점검의 날 행사하기 등을 통해 아동이 체험활동을 안전하게 수행할 수 있도록 법령을 강화한다. 또한 아동이 이용하는 차량의 운전자의 음주와 약물복용을 금하고, 자격을 갖춘 사람만 운전할 수 있도록 사전신고제를 도입하는 것도 한 방법이 될 수 있다.

안전점검의 날 도로에 해당하는 교통안전과 관련해 국민안전처에서 제시하고 있는 주요 안전점검 사항을 중심으로 안전점검을 실시한다. 덧붙여 학교안전 점검 사항 가운데 도로와 관련된 내용으로는 어린이교통공원, 소방서, 안전체험관 등 안전관련 기관 · 시설 현장학습, VTR · 대형사고 사진전시 · 어린이안전 관련단체 활용한 실기실습 등 시청각 및 참여교육 실시, 유치원, 초 · 중고생 교통안전 등 안전교육 실시 등이 있다.

3) 안전수칙 및 대처행동

(1) 안전수칙

도보로 도로를 이용해 이동할 때는 신호등과 좌우를 확인하고, 휴대전화와 이어폰을 사용하는 것은 위험신호를 감지하는 데 방해가 되므로 사용 및 착용을 자제하고, 사고 발생시 신속히 도움을 요청하는 것이 필요하다.

현장학습을 위한 이동 방법으로 도로와 관련된 내용을 현장체험학습 안전 길라잡이(박남수 외, 2014)를 통해 살펴보면 도로를 활용할 때 지켜야 할 안전수칙은 크게 9가지로 요약할 수 있다. 첫째, 도로를 횡단할 때는 횡단보도를 이용하는 데 이때 초록불이 깜박일 때나, 신호등의 시간이 얼마 남지 않았을 때에는 무리해서 건너지 말고 다음 신호를 기다린다. 둘째, 횡단보도에서 신호등이 초록불로 바뀌더라도 주변의 차가 멈추었는지 먼저 확인한다. 셋째, 신호등이 없는 횡단보도에서는 차량이 완전히 멈추었거나 운전자의 손 신호가 있을 때 건넌다. 넷째, 횡단보도가 아닌 곳을 무단으로 건너지 않는다. 다섯째, 횡단보도를 이용할 때는 바닥에 표시된 직진방향 화살표 앞에 서서 신호를 준수하고 장난치지 않고 걷는다. 여섯째, 걸어서 이동할 때는 휴대전화를 사용하지 않으며, 이어폰을 착용하지 않는다. 일곱째, 인도와 차도의 구분이 되어 있지 않은 도로에서는 길 가장자리로 다닌다. 여덟째, 운전자가 있거나 시동이 걸려있는 차량 주변에서는 더욱 조심해서 걷는다. 아홉째, 단체로 이동시 무리를 벗어나지 않으며, 교통법규와 공중도덕을 잘 지킨다.

횡단보도를 안전하게 이용하는 팁을 살펴보면 횡단보도 안의 오른쪽으로 걷기, 걸으면서 장난하지 않기, 차도에 가까이 다가가지 않기, 뛰거나 갑자기 방향 바꾸지 않기 등이 있다(박남수 외, 2014).

버스를 이용할 경우 서울시교육청에서 제시한 안전수칙을 살펴보면 첫째, 버스 탑승 시 비상탈출용 망치 설치 여부 및 위치를 확인한다. 둘째, 버스 안에서는 일어서서 돌아다니지 않고, 자기 자리에 앉는다. 셋째, 버스 주행 전 반드시 안전벨트를 착용한다. 넷째, 창밖으로 손이나 고개를 내밀지 않는다. 다섯째, 줄을 서서 차례대로 타고 내린다. 여섯째, 버스 출발 후 완전히 정차하기 전까지 좌석에서 일어나지 않는다. 일곱째, 휴게소에서 하차 시, 버스 위치와 출발 시간을 확인한다. 여덟째, 버스에 타고 내릴 때에는 좌우를 잘 살피고 보행로를 이용하며, 버스와 버스 사이로 지나가지 않는다 등이 있다(송숙경 외, 2014).

(2) 대처행동

도보로 이동할 때 응급상황이 발생하면 신고 → 대피 → 상태확인의 순서로 행동한다. 먼저 응급상황이 발생하면 아동은 선생님이나 주변 사람들에게 즉시 도움을 요청하고 가능한 수단을 이용하여 119에 신고한다. 교통사고가 발생했을 때는 사고 장소에서 안전한 곳으로 이동하는 것이 중요하며, 또 다른 사고 예방을 위해 신속히 도로 밖으로 대피한다. 마지막으로 사소한 부상을 당한 경우라도 병원진료 및 상담을 통해 건강 상태를 확인한다(박남수 외, 2014). 여기에 덧붙여 2차사고 예방을 위하여 차량이 우회할 수 있도록 도움을 요청한다(송숙경 외, 2014).

버스로 이동할 때 응급상황이 발생하면 사고 발생 시 선생님이나 주변 어른들에게 즉시 도움을 요청한다. 차 안에서 화재가 발생하면 큰 소리로 외쳐서 화재 발생 사실을 알린다. 사고가 발생하면 선생님이나 보호자의 안내대로 사고 차량 밖으로 나와 차와 멀리 떨어진 안전한 곳으로 이동한다. 문으로 내리기 어려운 경우 비상탈출용 망치를 이용하여 창문을 깨고 탈출한다. 화재가 발생하였을 때 외에는 부상자를 건드리지 않는다. 사고 신고 시 사고가 발생한 장소, 부상자의 수, 부상자의 상태 등의 내용을 알린다(송숙경 외, 2014).

2. 열차 안전

1) 예방 교육

철도안전교육을 위해 이용할 수 있는 기관은 철도안전체험센터가 있다. 본 센터에서는 연출이 아닌 실제사고 영상, 안전과 관련해 수집한 사진자료를 활용하여 보는 이로 하여금 충격적으로 인지하게 하여 비슷한 환경에만 처해도 몸을 조심하고 안전을 챙길 수 있도록 교육하고 있다. 아동의 철도안전교육을 위해 교실에서의 이론 수업 후 철도안전체험센터를 방문해 체험활동을 경험함으로써 철도이용에 대한 안전의식과 기술 및 태도를 함양할 수 있다. 미디어를 통해서는 안전한 철도이용방법과 철도 이용 시 규칙 등을 정기적으로 홍보함으로써 대국민 철도안전의식을 개선하도록 한다. 교사는 철도안전과 관련된 자료를 게시하고 전문가를 초빙하여 아동과 만남의 시간을 갖게 함으로써 철도안전의식교육을 실시 할 수 있다.

2) 환경조성

철도안전을 위해서 당국에서는 정기적인 시설물과 전산시스템의 안전 점검을 실시하고 있고, 정전에 대비해 비상전력을 가동할 수 있도록 해야 한다. 관계법령을 국제수준으로 강화하고 사고 발생 시 관계자 문책 등을 통해 사고재발을 위해 노력하고 예방책을 강구한다. 역사 내에서 안내방송과 전광판 문자 서비스를 통해 탑승객이 지켜야 할 안전수칙을 알리고, CCTV를 통해 철도승객의 안전에 예의주시하며, 승무원을 배치하여 안전한 승하차 지도를 실시하고 있다. 강화되어야 할 내용으로는 일반인의 철로접근 차단장치, 개찰구에 역무원을 배치시켜 고압전선을 건드릴 만한 위험한 물건의 역내 반입을 차단하도록 한다. 객차간 이동시 추락의 위험요소를 차단한다.

한국철도공사에서 직원과 일반인의 안전교육을 위해 운영하는 철도안전체험센터의 운영시간과 이용자 수의 확대해 나가도록 한다. 미디어를 통해 안전한 철도이용방법과 철도 이용시 규칙 등을 정기적으로 홍보함으로써 대국민 철도안전의식을 개선하도록 한다.

3) 안전수칙 및 대처행동

(1) 안전수칙

철도를 이용할 때 지켜야 할 안전수칙으로는 첫째, 승강장에 열차가 들어올 때에는 안내방송에 따라 행동한다. 둘째, 열차가 들어오는 것도 모르고 친구와 장난하다 사고가 나거나 선로로 떨어질 수 있으므로 승강장에서는 장난을 하지 않는다. 셋째, 승강장에서 열차를 기다릴 때는 추락이나 열차와의 충돌을 예방하기 위해 반드시 노란 안전선에서 한걸음 이상 떨어져 기다렸다가 열차가 완전히 정차한 후 질서 있게 승차한다. 넷째, 승강장에서 알루미늄 풍선을 놓칠 경우 정전으로 열차운행이 정지되는 사고가 발생할 수 있으므로 주의한다(박남수 외, 2014).

서울시교육청에서 제시한 철도이용 안전수칙을 살펴보면 첫째, 승강장에서 밀치거나 뛰지 않는다. 둘째, 열차가 들어오면 열차가 멈출 때까지 안전선 안쪽에서 기다린다. 셋째, 타고 내릴 때 승강장과 열차 사이에 발이 빠지지 않도록 유의한다. 넷째, 역내 에스컬레이터에서는 신발 끈이 발판의 모서리에 끼지 않도록 주의한다. 다섯째, 에스컬레이터에서는 손잡이를 꼭 잡고, 손잡이에는 물건을 올려놓지 않도록 한다. 여섯째, 출입문에 손을 대거나 몸을 기대지 않는다. 일곱째, 열차와 열차 사이의 연결통로에 있는 것은 위험하다. 여덟째, 긴급 상황 발생 시 즉시 주변의 어른에게 도움을 요청한다(송숙경 외, 2014).

(2) 대처행동

철도 이용 중 사고가 발생했을 때 이에 대한 대처행동으로는 첫째, 사고 발생 시 기관사와 승무원의 안내방송에 따라 대피한다. 둘째, 승강문 비상 열림 장치를 이용해 대피하고, 승강문이 열리지 않으면 비상용 망치를 이용하여 창문을 깨고 탈출한다. 셋째, 반대선 선로 쪽으로는 절대로 건너가지 말고, 선로 변에 머무르지 않는다. 넷째, 사고발생으로 대피 후에는 안전한 장소에서 구급차, 대체열차, 버스 등 다른 교통수단을 기다린다(박남수 외, 2014).

비상사태가 발생했을 경우 먼저 열차문을 열어 탈출통로를 확보한다. 이때 비상 망치로 보호 커버를 깨뜨리고, 상단 손잡이를 아래로 하단 손잡이를 앞으로 당긴 다음 승강문을 밖으로 밀어 열거나 옆으로 밀고 나간다.

또한 선로에 떨어졌을 때는 큰소리로 도움을 요청하고, 선로에 떨어졌을 때는 승강장 밑, 벽면 여유 공간에 엎드리도록 한다. 선로에 물건을 떨어뜨렸을 때는 직원에게 도움을 요청하고, 열차 내에서 불이 나면 즉시 주변에 큰 소리로 알린다(송숙경 외, 2014).

3. 지하철 안전

1) 안전사고 현황

2013년도 안전사고 보고에 따르면 지하철사고는 129건으로 나타났다. 지하철 안전사고 발생률이 비교적 낮은 이유는 대구지하철 참사로 인해 지하철 이용객들의 높은 안전의식과 빠른 대처행동, 스크린도어 설치로 위험요소 차단, 비상사태에 대비한 장비준비와 CCTV를 통한 지속적인 관리감독, 비상시 빠른 안내방송 등의 효과라 할 수 있다.

국토교통부가 발표한 도시철도 안전지표를 보면 사고발생건수와 불법행위사고율은 감소하는 반면 사상자는 2010년까지 감소하다 2011년에 다시 증가하였다. 2014년에도 열차탈선, 화재, 비상정지 등 크고 작은 지하철 사고가 끊이지 않아 지하철 안전이 보다 강화되어야 하고, 체험학습을 위한 안전교육이 필요함을 시사하고 있다.

2) 예방교육

지하철 이용 시 아동이 알아야 할 안전수칙과 대처행동을 지도한다. 전문가를 초빙하여 지하철 사고의 위험성을 알리고 안전한 지하철 이용방법을 접하도록 하는 만남의 시간을 마련한다. 이후 이론 교육을 통해 익힌 내용을 안전체험관 방문을 통해 안전사고 발생 시 적용해 봄으로써 지하철 안전에 대한 지식, 기술, 태도를 함양하도록 한다. 또한 지하철은 가정에서 부모와도 이용하므로 안전한 지하철 이용 방법에 대해 가정통신문을 발송하고, 안전체험관의 주소와 개방시간을 알림으로써 부모와 함께하는 연계교육을 모색한다.

3) 환경조성

물리적 환경 개선을 위해서는 관계법령의 강화를 통해 차량 및 전동차 안전운행이 강화되어야 한다. 기관차와 선로, 전기 공급 장치 및 각종 시설 설비에 대한 안전점검 기준을 강화하고 정기점검을 강화한다. 추락사 예방을 위해 스크린 도어를 설치하고, 역내 CCTV 설치를 통한 감독을 강화하며, 지하철 이용객이 몰리는 시간에 전문 안전요원을 추가 배치한다. 지하철 역사 내에 위험을 알리는 경고판을 부착하고, 안내방송 · 스크린 홍보 · 스마트폰 자동 알리미 등 각종 매체를 통해 지하철을 기다리거나 이용 중에 반복적으로 안전수칙과 위기시 적정 대응 방법을 안내한다. 지하철안전 체험을 할 수 있는 체험관의 위치와 시간을 홍보하여 대응능력을 키우도록 한다.

많은 사람이 이용하므로 혼잡하지 않도록 보행 시 우측통행 문화가 정착되도록 안내한다.

4) 안전수칙 및 대처행동

(1)안전수칙

지하철은 저렴한 비용과 빠른 이동으로 많은 사람들이 이용하는 편리한 교통수단이다. 지하철은 체험활동을 위한 교통기관으로 자주 이용되기 때문에 안전하게 지하철을 이용하기 위해서는 기본적인 안전수칙을 알고 준수하는 것이 필요하다. 지하철의 안전수칙으로는 첫째, 지하철을 기다릴 때에는 노란색 안전선 안에서 기다린다. 둘째, 선로에 내려가거나 물건을 떨어뜨리지 않도록 주의하며, 알루미늄 풍선이나 긴 막대 등이 고압선에 닿지 않도록 주의한다. 셋째, 지하철을 탈 때에는 전동차 안의 승객이 먼저 내린 후에 타도록 하며 출입문에 신체, 옷, 휴대물건 등이 깨지 않도록 주의한다. 넷째, 지하철을 타고 내릴 때에는 전동차와 승강장의 간격이 넓은 곳도 있으므로 발이 빠지지 않도록 주의한다(박남수 외, 2014) 등이 있다.

서울시교육청에서 제시한 지하철 안전수칙으로는 첫째, 승강장의 안전선 뒤쪽에서 열차를 기다린다. 둘째, 승강장과 열차 사이에 발빠짐을 주의한다. 셋째, 출입문에 물건이나 신체 부위가 끼이거나 걸리지 않도록 주의한다. 넷째, 승강장에서 밀치거나 뛰지 않는다. 다섯째, 출입문에 손을 대거나 기대지 않는다. 여섯째, 연결통로를 피해 선다. 일곱째, 비상호출장치, 안전 안내문, 소화기, 비상출입문 개폐기 등의 위치를 파악한다(송숙경 외, 2014).

(2) 대처행동

첫째, 화재 발생 시에는 노약자 및 장애인석 옆에 있는 비상용 버저를 눌러 승무원과 연락한다. 둘째, 전동차 안에 비치되어 있는 소화기를 이용하여 불을 끈다. 셋째, 출입문이 열리지 않으면 출입문 비상콕을 열어 레버를 당긴 후 수동으로 문을 연다. 여의치 않으면 비상용 망치를 이용하여 유리창을 깬다. 넷째, 스크린도어 비상문은 빨간색 바를 밀면 문이 열린다. 스크린도어 출입문이 열리지 않을 경우 스크린도어에 설치된 손잡이를 젖힌 후 좌우로 밀면 문이 열린다. 다섯째, 연기가 많이 날 경우 코와 입을 수건, 화장지, 옷소매 등으로 막고 통로 유도등을 따라 신속히 대피한다. 여섯째, 정전 시에는 대피 유도등을 따라 출구로 나가고, 유도등이 보이지 않을 때는 벽을 짚으면서 나가거나 시각장애인 안내용 보도블록을 따라 나간다. 마지막으로 지상으로 대피가 어려울 경우에는 지하철 진행방향이나 바람이 불어오는 반대방향의 터널로 대피한다(박남수 외, 2014).

4. 항공 안전

1) 안전교육

체험활동 전, 이동 또는 체험활동 중 상황별로 적합한 생활지도 및 학생 안전교육 매뉴얼을 활용하여 안전교육을 실시한다. 위기시 승무원의 지시에 잘 따르도록 하며, 특히 구명조끼 착용 및 비상탈출 방법을 교육하도록 한다(충청남도교육청, 2014).

2) 안전수칙 및 대처행동

(1) 안전수칙

항공기를 탑승할 때 지켜야 할 안전수칙은 다음과 같다. 첫째, 항공기 탑승 후 승무원이 산소마스크 사용법 등 안전교육을 하게 되므로 승무원의 안전교육을 집중해 듣는다. 둘째, 비행기 이착륙 시에는 반드시 안전벨트를 착용하고, 벨트 착용 표시등이 꺼진 후에도 비행기가 흔들릴 수 있으므로 안전벨트를 착용하도록 한다. 셋째, 비행기에 탑승하면 승무원의 안내 또는 비디오 안내에 따라 벨트 사용법, 비상구의 위치 및 비상장비의 사용법을 알아둔다. 필요시에는 좌석 앞주머니 속의 안내카드를 꺼내 내용을 한 번 더 확인한다. 넷째, 의자가 뒤로 젖혀진 상태로 사고가 나면 사람들이 많이 다칠 수 있으므로 비행기가 이륙하고 착륙할 때는 테이블을 사용 전 상태로 위치시키고, 등받이는 최대한 세운다. 마지막으로 비행 전 승무원의 안내방송에 귀를 기울이고 비상상황 발생 시 승무원의 안내에 따른다(박남수 외, 2014).

서울시교육청에서 제시한 비행관련 안전수칙을 살펴보면 첫째, 승무원의 안내방송에 귀를 기울이고 지시에 따른다. 둘째, 가장 가까운 비상구 위치를 확인한다. 셋째, 산소마스크 사용법을 숙지한다. 넷째, 구명조끼의 위치 확인 및 착용법을 숙지한다. 다섯째, 승무원의 앉는 위치를 확인하고 비상 시 도움을 요청한다. 여섯째, 옷차림과 소지품을 점검하여 목도리, 스카프 등은 잠시 풀어두고 뾰족한 물건은 따로 보관한다(송숙경 외, 2014) 등이 있다.

(2) 대처행동

첫째, 비행기 좌석의 안전벨트 착용 신호를 확인하고, 비상시에는 두 손을 포개 앞좌석에 대고 팔 사이로 머리를 감싸 안아 몸을 웅크린다. 둘째, 비상상황 발생 시 소지품 및 일행을 찾는다고 탈출시간이 늦어지지 않도록 한다. 셋째, 비상탈출용 슬라이드를 이용하여 탈출해야 하는 경우에는 머뭇거리지 말고 과감하게 뛰어내려야 하며, 굽이 높거나 스파이크가 박힌 신발 등은 벗고, 목도리나 스카프처럼 목을 감고 있는 물건은 풀고 뛰어내린다. 넷째, 비상시를 대비하여 플래시 기능이 있는 휴대전화를 몸에 지닌다. 비상시 착륙하기 전에 안경은 벗어서 양말이나 상의 옆 주머니에 넣는다. 다섯째, 물 위에 비상착륙 후 구명정이 없는 경우에는 서로 팔을 걸어 원을 만들고 구조를 기다린다. 여섯째, 강이나 바다에 비상 착수하는 경우에는 구명복을 착용한다. 구명복은 기내에서 부풀리지 않고 탈출 직전에 손잡이를 당겨 부풀린다. 마지막으로 사고 비행기는 위험이 크므로, 사고 비행기에서 탈출하고 난 뒤에는 신속하게 사고 비행기로부터 먼 곳으로 대피한다(박남수 외, 2014).

또 다른 대처행동으로 서울시교육청의 자료에 따르면 첫째, 비행기 사고 시 모두의 생사를 가르는 골든타임 90초, 승무원의 지시에 잘 따라야한다. 둘째, 충돌 전 좌석등받이를 앞으로 세우고 안전벨트를 착용한 후 부상을 최소화 할 수 있는 자세를 취한다. 셋째, 산소마스크는 어른부터 착용한 후 아이에게 씌워야 한다. 넷째, 비상상황 발생 시 일행은 탈출 후 챙기고, 우선 안내에 따라 탈출한다. 다섯째, 비상탈출용 슬라이드에 오르기 전에 하이힐, 금속안경 등 뾰족한 것은 벗어야 하고, 과감하게 뛰어내린다. 여섯째, 물에 추락했을 때 구명조끼 부풀리기는 비행기 바깥에서 해야 한다. 일곱째, 수상에 비상착륙 후 보트가 없는 경우에는 서로 팔을 걸어 원을 만든다. 여덟째, 사고 비행기에서 벗어나면 최대한 먼 곳으로 대피한다. 아홉째, 자신의 신체와 주변의 상황을 확인하고, 자신의 안전을 확보한 후 가능한 수단을 이용하여 보호자와 선생님에게 연락한다(송숙경 외, 2014).

5. 선박 안전

해상에서 선박사고가 발생했을 경우에는 122로 긴급 구조요청을 하고, 선실 내에 보관된 구명조끼를 착용한 뒤 상무원의 안내에 따라 이동하고, 배가 침몰할 경우 선체가 기우는 반대방향으로 피한다. 선박과 관련된 안전수칙 및 안전하게 행동하기는 다음과 같다(교육부, 2014).

1) 안전교육

선박 · 항공 이용 시 구명조끼 착용 및 비상탈출 방법을 교육한다(충청남도교육청, 2014). 선박과 관련한 안전교육은 재난관련 뉴스나 동영상 등 실제 사고 상황을 통해 교육함으로써 위험상황을 지각하고 판단하고 대처할 수 있도록 하는 이론교육과 사고 시 구조될 때까지 생존하기 위한 실질적인 대처방법과 구조장비사용법, 응급처치방법 등의 체험학습으로 구성할 수 있다. 이론과 관련해서는 국민재난정보센터(www.safekorea.go.kr)에서 제시한 선박 안전교육내용으로는 안전한 승하선 방법, 선박 내 출입금지구역(기관실 · 안전난간 등 위험구역), 인명구조장비사용법, 유사시대처요령 등을 함께 제공하는 동영상 자료를 통해 교육한다. 선박안전과 관련한 체험학습은 전문가를 초빙한 응급처치교육과 '수상과 해상에서 위급 시 생존하기 체험' 프로그램(거창군 운영)이나 안전전문요원이 지도하는 대한적십자사와 대한인명구조협회 등의 인명구조프로그램을 활용한다.

2) 환경조성

사회 문화적으로 미디어의 홍보나 리플릿 등을 통해 유선 및 도선에 승선할 때 안전수칙과 대처행동을 알리고, 122로 긴급구조 요청을 하도록 안내한다.

유선 및 도선에 승선하고자 하는 모든 사람은 승선 전에 일정시간 안전교육을 받게 함으로써 안전 불감증을 개선하도록 한다. 승선자는 인적사항을 정확히 적어 제출한다. 선내에서 장난치거나 출입금지구역에 함부로 들어가지 않도록 한다. 구명조끼 착용방법을 숙지하고 비상시 지시에 따라 올바르게 착용할 수 있도록 착용방법을 알아둔다. 문제 상황이 발생하면 교사나 승무원에게 즉시 알린다. 승무원을 대상으로 정기 안전교육을 의무적으로 실시한다. 체험활동으로 선박을 이용할 경우 안전전문요원을 반드시 동행시키도록 한다. 수영능력을 갖추고 응급처치능력을 기른다. 또한 유관기관 근무자의 성실한 근무태도와 적절한 안전조치 지시 능력도 포함된다.

선박의 안전 불감증을 개선하고 안전을 확보하기 위해서는 법적조치와 물리적 환경개선의 강화가 이어져야 한다. 선박운행 자격을 강화하고, 노후선박의 운행을 자제하도록 한다. 선박안전 검수기관을 2곳 이상 선정하여 유선 및 도선의 상태와 구조장비의 장착 및 안전을 정밀 점검하여 운항여부의 적격성을 판정하도록 한다. 유선과 도선의 구조변경 승인 절차를 법적으로 엄격히 제한하고, 노후화된 유선과 도선의 경우 안전점검을 강화한다. 과적을 엄격히 금하고 적재물을 규정에 맞게 선적했는지 유관기관의 승인을 확인 후 운항하도록 한다. 허가받은 인원을 초과해서 승선하지 않도록 엄격히 관리한다. 유선 및 도선에 승선하는 모든 승객의 인적사항 서류를 확인 및 보관하고 5톤 미만의 경우 반드시 구명동의를 착용하게 하고, 5톤 이상의 경우 승선시 각종 구명장비의 위치와 사용방법을 안내하여 비상시 착용지도를 한 후 운항하게 하고 이를 위반할 시 법적절차에 따라 징계한다. 안전성이 확인된 승인된 항로로만 운항하도록 한다.

비상사태 시 유관기관은 협조요청을 한 선박에 즉각적인 지원을 실시하여 지시에 따라 승객을 안전하게 대피시키도록 한다. 일기나 해상상태가 불안한 경우 무리하게 운항을 결정하지 말고 반드시 해상상태 안전방송에 따라 운항하도록 한다.

10대 해양안전강국실현을 위해 국토부가 제시한 제1차 국가 해상안전 기본계획(2012-2016)에서 제시한 주요안전대책은 선박 종사자의 안전역량제고, 선박안전성 강화, 해사안전관리시스템 고도화, 스마트한 해상교통 환경 구축, 국제협력 및 해사안전문화정착, 비상대응체계의 선진화 등 6개 전략을 구축하는데 세부 내용은 다음과 같다.

표 3-1 국가 해상안전기본계획

전략	세부 내용
선박 종사자의 안전역량제고	인적과실 사고 예방을 위한 종사자 교육 내실화 중소형 선박 해기사 면허취득 요건 및 교육방법 개선 예인선, 위험물 운송선박의 최조승무기준 개선 우수선원 고용여건 개선을 통한 내항선사 안전경영능력 제고 선원 복지 및 근로환경 개선
선박안전성 강화	중소형 유조선 안전제고 내항선, 어선에 안전관련 항해 장비 설치 확대 소형선용 통합 항해장배 개발 · 보급 체계적 해양안전 기술개발 추진 노후 선박(선령 20년 이상)의 안전검사 강화
해사안전관리시스템 고도화	선사의 자체 안전관리 능력 향상 안전관리대행사 대형화 · 전문화 유도 내항여객선 안전운항 관리 강화 선사 안전관리 등급제 도입 및 정착 지자체 등 해사안전관리 조직 확충 및 역량강화 항만국제통제(PSC) 강화 및 국적선 안전관리 우수 국가 유지
스마트한 해상교통 환경 구축	해상교통관제(VTS) 인프라 확대 e-Nav 체계 해양안전정보시스템(GICOMS) 구축 정밀도 높은 해도 제작 · 보급
국제협력 및 해사안전문화정착	국제해가시구(IMO) 회원국 감사 대응능력 제고 해적 퇴치를 위한 국제공조 강화 해양 · 수산 관계자 해사안전 의식 제고
비상대응체계의 선진화	해양사고 수색 · 구난 능력제고

3) 안전수칙 및 대처행동

(1) 안전수칙

선박에서의 안전을 위해서 국가재난정보센터(www.safekorea.go.kr)에서 제시한 유도선 이용객 금지행위로는 첫째, 정원을 초과하여 승선을 요구하는 행위, 음란행위 기타 선량한 풍속을 해하는 행위를 하지 않는다. 둘째, 유 · 도선사업자 · 선원 기타 종사자의 구명동의 착용지시, 기타 안전운항이나 위해방지를 위한 주의사항이나 지시에 위반하는 행위를 하지 않는다. 셋째, 유 · 도선 내에서 술을 마시거나 기타 선내의 질서를 어지럽히는 행위를 하지 않는다. 넷째, 인명구조용장비나 기타 유 · 도선의 설비를 파손하여 장비나 설비의 기능을 손상시키는 행위를 하지 않는다. 다섯째,「위험물 선박 운송 및 저장규칙」에서 규정된 화약 · 폭약 · 탄약 등 폭발물 고압가스와 인화성 액체류 등을 선내에 반입하거나 운송하는 행위를 하지 않는다 등을 제시하였다.

서울시교육청에서 제시한 선박 이용 시 안전수칙은 선박 내 이동, 비상시 대비, 선내 생활로 구분된다. 먼저 선박 내에서 이동할 때 지켜야 할 안전수칙으로는 첫째, 선박이 완전히 부두에 접안한 후 승무원의 안내에 따라 질서 있게 승 · 하선 한다. 둘째, 계단 이용 시 난간을 잡고 이동한다. 셋째, 배에서 위험한 장난(뛰기)을 하지 않는다. 다음으로 비상시 안전수칙으로는 첫째, 비상 출입구 및 대피로를 확인한다. 둘째, 탑승 후 안전교육 안내방송을 숙지한다. 셋째, 구명동의(구명조끼) 위치 및 사용법을 숙지한다. 넷째, 비상상황인 경우에만 소화기, 구명기구, 구명뗏목 등을 조작한다. 다섯째, 비상시를 대비하여 방풍 · 방한복(체온유지), 방수팩(휴대폰 보호) 등을 준비한다. 마지막으로 선내 생활 안전수칙에는 첫째, 선내 수칙을 숙지하고, 승무원의 안내에 따른다. 둘째, 승무원 허락 없이 출입금지 장소에 출입하지 않는다. 셋째, 기상상황 악화 시 갑판에 나가지 않는다. 다섯째, 출입문과 탑승구에서는 손, 발이 끼지 않도록 주의한다. 여섯째, 비상상황에 대비하여 핸드폰 배터리를 최대한 아껴서 사용한다 등이 있다(송숙경 외, 2014).

선박이 위기에 처했을 때 지켜야 할 안전수칙으로는 첫째, 함께 탄 선생님 또는 보호자와 함께 구명보트, 구명조끼, 비상벨, 비상구가 있는 위치를 확인한다. 둘째, 선내에 비치된 구명조끼 착용법을 알아둔다. 셋째, 승객 출입금지 표지 장소에는 출입하지 않는다. 넷째, 비상 상황이 아닌 경우 소화기, 구명 기구 등은 함부로 만지지 않는다. 다섯째, 선박의 구조물은 단단한 철로 되어 있어 넘어지면 크게 다칠 수 있으므로 계단을 오르내릴 때 반드시 난간을 잡고 이동한다. 여섯째, 비나 눈이 오거나 바람이 심하게 부는 경우에는 위험하므로 갑판으로 나가지 않는다. 일곱째, 만일의 사고에 대비하여 휴대전화와 예비 배터리를 사전에 준비해 둔다. 마지막으로 부두에 선박이 완전히 정지한 후 승무원의 안내에 따라 질서 있게 내린다(박남수 외, 2014) 등이 있다.

(2) 대처행동

첫째, 배의 충돌이나 침수시 사고발생을 비상벨이나 큰소리로 알린다. 둘째, 승무원의 안내에 따라 최대한 질서를 유지하면서 구명조끼를 착용하고 구조를 기다린다. 셋째, 배에서 '쿵'소리나 폭발음이 들리고 배에 충격이 가해지는 등 사고 발생 시 가능한 선실에서 벗어나 탈출이 쉬운 갑판으로 피한다. 넷째, 출입문, 비상구가 열리지 않을 때는 가까운 곳에 비치된 도끼를 이용해 창문을 깨고 탈출한다. 다섯째, 선체가 한쪽으로 기울 경우 반대 방향의 높은 쪽으로 대피한다. 여섯째, 배가 침몰시 성급하게 바다로 뛰어들면 거대한 소용돌이가 일어나 주변을 빨아들여 깊은 물속에 잠길 수 있으므로 주의한다. 일곱째, 선박 내 화재발생시 소화기를 이용해 불을 끄고, 창문을 깨서 환기시킵니다. 마지막으로 화재, 침몰 등 탈출이 필요한 위험한 상황이 발생할 경우 바닷물 속은 수온이 낮으므로 옷을 최대한 입은 후 구명조끼를 입고, 신발을 벗은 후 물로 뛰어든다. 그리고 육지 쪽으로 이동할 수 있으면 신속히 이동하고 체온이 떨어지지 않도록 주의한다(박남수 외, 2014).

국가재난정보센터(www.safekorea.go.kr)에서 제시한 선박사고 대처행동에는 선박사고(화재, 좌초, 테러 등)가 발생하면 큰소리로 외치거나 비상벨을 눌러 사고발생 사실을 알린다. 둘째, 화재가 발생 하였을 때에는 우선 소화기를 이용하여 불을 끄고 창문 등을 깨서 환기를 시킨다. 셋째, 위험한 상황이 되었을 때 의자 밑 또는 선실 내에 보관된 구명조끼를 입고, 물속에서 행동이 쉽도록 가능한 한 신발을 벗는다. 구명동의를 착용 할 경우 수영을 못하는 사람도 물에 뜬다. 넷째, 선장 · 인명구조요원의 지시에 따라 질서를 유지하면서 침착하게 출입문을 통하여 외부로 탈출한다. 다섯째, 출입문 또는 비상구 등이 열리지 않을 때 선내에 비치된 도끼를 이용하여 창문을 깨고 탈출한다. 여섯째, 구명조끼를 착용하고 물속에 뛰어든 사람은 신속하게 육지 쪽으로 이동하고 안전한 장소에서 체온이 떨어지지 않도록 보온을 유지한다.

서울시교육청에서 제시한 대처행동으로는 첫째, 사고 발생 시 승무원에게 알린다. 둘째, 승무원의 안내에 따라 침착하게 행동한다. 셋째, 바람막이가 되는 점퍼나 바지 속에 옷을 여러 겹 껴입는다(솜, 면 등의 재질은 피할 것). 넷째, 방수가 되는 비닐 팩에 핸드폰을 넣고, 점퍼 주머니에 빠지지 않게 넣는다. 다섯째, 일정시간 동안 배가 기우는 것이 느껴지면 배가 기우는 반대쪽의 출입구 쪽으로 대피한다. 여섯째, 구명조끼를 착용하고, 구명조끼가 없을 경우 물에 뜨는 물건(페트병, 공, 부력이 있는 물체)을 준비한다. 일곱째, 배가 더 기울어지거나 선실의 집기류가 한쪽으로 쏠려 출입구로 나가기 어려운 상황이 되기 전에 직원 및 인솔교사의 지도 아래 질서 있게 갑판의 대피장소로 이동한다. 여덟째, 배가 심하게 기울 때를 대비해서 벽면이나 난간을 활용해 안전하게 대피한다. 아홉째, 사전 안전교육에 따라 정해진 대피 장소에 친구들과 대기한다. 열째, 물에 뛰어들어야 할 경우 떨어지는 높이를 최대한 줄이고 안전하게 입수할 수 있는 상황인지 확인한다. 열한째, 머리를 보호하고 다리부터 입수하는 자세를 통해 입수 충격에 대비한다. 열두째, 입수 후 최대한 배에서 멀리 떨어져 두 무릎을 가슴으로 모으고 겨드랑이에 손을 넣어 최대한 체온을 보호한다. 열셋째, 다른 사람들과 모여서 체온을 보호하고 서로 의지하며 구조를 기다린다(송숙경 외, 2014).

2장 체험학습 활동 안전

1. 물놀이 안전

물놀이 장소는 일반적으로 수영장, 바다, 계곡, 호수 등으로 대부분 아이들에게 재미, 놀이와 모험을 의미한다. 물놀이와 관련된 사고발생기전은 익수이다.

익수(drowning)란 물에 잠겨 구조된 상태를 지칭하며 익수와 연관되어 많은 용어와 유사 단어가 있었으나 최근에는 일괄적으로 익수(Drowning)라고 통일하여 지칭하고 있다. 이전에는 단순한 욕조에서의 사고나 수영장 주변 익수가 많이 발생하였던 것과는 달리 최근에는 생활환경의 변화와 다양한 수상 레저스포츠가 보급되고, 수영이 미숙한 사람들도 기구를 이용하여 수상 여가활동 참여가 늘어나고 있어 불의의 익수사고가 발생할 가능성이 항상 잠재해 있다(질병관리본부, 2014).

발생장소 기준으로의 물놀이 안전사고는 해당 지방자치단체의 장 등이 물놀이 안전사고의 위험이 있어 관리가 필요하다고 인정하는 해수욕장, 하천, 계곡 및 갯벌 체험장 등의 행락지에서 물놀이중 사상자 또는 경제적 손실이 발생한 사고로 정의되고 있다(소방방재청, 2008).

각 급 학교에서 체험학습으로 가장 많이 수행되고 있는 물놀이 관련 활동은 수영, 래프팅, 갯벌 체험 등이 있다. 오늘은 이러한 물놀이 활동과 관련된 안전에 대해 살펴보고자 한다.

1) 물놀이 안전사고 발생 현황

통계청 사망원인통계에 의하면 익수로 인한 사망은 2012년 712명으로 사망하였고, 이중 약 50%가 여름철(6-8월)에 발생하였다. 특히 어린이나 청소년의 경우 3건 중 2건이 여름철에 발생하고 있다(통계청).

질병관리본부에 의하면 2010년 응급실을 이용한 전체 환자 209,646건 중 익수로 인한 환자는 0.1%에 불과하였으나 응급실방문을 통해 입원한 환자의 35.2%, 응급실 방문 환자 중 사망한 환자의 26.1%가 익수로 인한 것으로 다른 유형의 손상발생기전보다 높은 입원 및 사망 분율을 보이고 있음을 알 수 있다.(표 1)

표 3-2 2010 응급실 손상환자 표본심층조사결과

구분		발생건수	구성비(%)	입원건수	입원분율(%)	사망건수	사망분율(%)
전체		209,646	100.0	24,803	11.8	1,886	0.9
주요손상 기전	교통사고	36,293	17.3	7,355	20.3	780	2.1
	추락	12,851	6.1	2,988	23.3	283	2.2
	미끄러짐	44,669	21.3	6,082	13.6	153	0.3
	둔상	55,443	26.4	3,081	5.6	54	0.1
	화상	5,428	2.6	206	3.8	11	0.2
	익수	165	0.1	58	35.2	43	26.1
	중독	5,389	2.6	1,484	27.5	278	5.2

출처: 응급실 손상환자 표본심층조사, 2010 손상 유형 및 원인 통계(2012)

소방방재청 자료에 의하면 2012년 기준 수난 사고는 약 3929건이 발생하여 2171명의 인명피해가 발생한 것을 보고되었고(소방방재청 재난연감, 2013), 최근 4년간 물놀이 안전사고로 인한 사망은 175명 발생하였으며, 교통사고, 화재 다음으로 인명피해가 많으며 특히, 짧은 기간(6~8월)에 인명피해가 집중적으로 발생하였다. 연령별로는 2013년 전체 37명의 사망자중 10대가 11명(29.7%)으로 가장 많고, 20대가 10명(27%) 순이었다. 시기별로는 방학과 휴가철인 7월 하순 · 8월 중순(1개월) 기간이 33명(89.2%)으로 이 기간 집중되었다. 장소별로는 관리가 어려운 하천 및 계곡에서 29명(78.3%)이 숨지는 등 더 많은 안전사고가 발생하는 것으로 나타났다. 요일별로는 토요일(35.1%), 일요일(24.3%), 금요일(13.5%) 등 주말(27명 · 73.0%)에 집중됐다. (표 2)

표 3-3 최근 4년간 물놀이 안전사고 발생현황

구 분		2013	2012	2011	2010
물놀이 안전사고(사망)		37	25	52	58
장소	해수욕장	7	3	5	8
	하천(강)	19	11	28	34
	계곡	10	6	7	7
	저수지			1	1
	유원지				
	바닷가(갯벌, 해변)	1	50	9	3
	기타(수상레저)			2	5

출처 : 국민안전처(2014)

2) 물놀이 안전사고 발생 원인

WHO(2008)는 인구가 밀집되고 물과 인접한 국가에 사는 사람들의 익수 위험이 높고, 성이나 연령과 같은 위험요인들은 거의 모든 국가에서 나타난다고 제시하며 효과적인 익수예방을 위해서 위험요인을 이해하는 것은 필수적이라 보고 있다.

어떤 유형이든 물놀이 안전사고는 인적요인, 매개체요인, 환경요인 등 요인간의 복잡한 상호작용에 의해 발생된다. 이들 세 요인 중에서 인적요인은 세 요인의 주체적인 활동을 하기에, 가장 중요하게 여기고 있다. 연령별 분석에서는 어린이기(5-9세)와 청소년기(15-19세) 등에서 발생빈도가 높았는데, 이는 안전수칙을 무시와 상황 판단의 미숙으로 더 많은 사고를 유발시킨 것을 단적으로 보여준다고 할 수 있다(질병관리본부). 아동은 호기심이 많으나 위험에 대한 인지나 대처능력이 미숙하고, 넓어지는 아동의 활동반경과 자신의 수영실력을 과신하거나 물의 깊이와 수온 변화를 간과하거나 장난치고, 껌을 씹거나 음식물을 입에 문채로 수영하는 행동 등으로 인한 부주의, 공지된 안전수칙을 무시하고 이를 위반하는 행동 및 준비운동 부족, 안전장비 미착용, 여가 및 체험활동 등으로 인해 물이 있는 환경으로의 접근증가 등으로 인해 사고가 발생하는 것으로 나타났다. 성에 따라서는 남아가 여아보다 혼자 수영을 하거나 밤에 수영하는 등 위험 행동을 많이 하고 이런 행동은 익수율로 이어진다. 성인이 동반하지 않아 지도감독의 부재로 사고가 일어나기도 하며, 성인이 동반한 경우 지도감독의 소홀 및 안이한 행동으로 사고가 발생한다.

2013년 국민안전처 자료에서도 물놀이 안전사고의 원인으로는 안전부주의가 15명(40.5%)으로 가장 많았으며, 수영미숙 12명(32.4%) 등 대부분 물놀이 안전수칙을 무시한 부주의에 의해(29명 · 78.4%) 사망사고가 발생한 것으로 분석됐다.

표 3-4 최근 4년간 물놀이 안전사고 발생현황

구 분		2013	2012	2011	2010
물놀이 안전사고(사망)		37	25	52	58
원인	수영미숙	12	7	12	6
	음주수영	2	2	8	12
	수상기구 전복	4	1	2	
	높은 파도		1	3	3
	급류	4		2	3
	안전수칙불이행	15	14	25	34

물놀이 안전사고 발생환경으로는 해수욕장, 물웅덩이, 갯골, 수영장, 저수지, 계곡 및 하천 등에서 밀물 · 썰물이 바뀌는 시간이나 이안류가 발생할 때, 집중호우 시, 야간 물놀이를 하는 경우에 주로 발생하는 것으로 나타났다. 특히 해수욕장보다 안전 관련 환경이 상대적으로 열악한 하천이나 계곡에서 안전사고 발생률이 높다. 최근 증가하는 갯벌체험 열기로 갯벌사고도 증가하고 있다. 갯벌사고의 경우 허가받지 않은 장소에서, 갯벌 놀이에 푹 빠져 만조시간을 미처 알지 못해 고립되거나, 갯벌체험활동 행동지침에 대한 교육 내용을 숙지하지 않았거나 안내자가 동행하지 않는 이유로 안전사고 발생하고 있다. 소방방재청(2008)에 따르면 지형적으로 위험구역 또는 취약구역에서 조난사고를 당하는 경우가 많았고, 하천(강), 바닷가의 경우 현장의 부표나 위험표지판 부족에 의한 조난사고, 안전요원 부족 및 각종 안전구조 장비의 미비로 인한 구조 시기 지연이 익사사고로 이어지는 사례가 많이 발생하였다.

3) 물놀이 안전사고 예방대책

어린이나 청소년은 여름철 물놀이 안전사고 및 익수 발생이 높은 연령층으로 교사, 부모 등 보호자의 각별한 주의와 안전수칙의 숙지가 무엇보다 중요하다.

(1) 안전교육

물놀이와 관련된 체험활동을 실시하기 전에 먼저 충분한 안전교육을 실시한다. 안전교육에는 안전수칙, 대처행동, 수영교육, CPR 교육, 안전체험관 방문, 수영을 할 수 있는 곳과 해서는 안 되는 곳 구별법이 포함된다. 아동과 교사를 대상으로 한 안전교육에는 밀물 · 썰물시간, 이안류 발생 및 갯골(그림 1 참조) 여부, 물웅덩이 등 주변 지형 확인하기, 올바른 구명조끼 착용방법(표 1 참조), 물놀이 상황별 안전수칙 및 안전행동 교육을 사례와 동영상 자료를 통해 실시한다.

표 3-5 구명조끼 착용법

첫째, 구명조끼를 착용한 후 앞쪽에 위치한 클립을 채운다.
둘째, 구명조끼가 몸에 잘 맞도록 허리끈을 당겨 조절하고, 구명조끼 밑으로 내려오는 끈은 허벅지 가랑이 사이로 넣어 클립에 연결한다.
셋째, 몸은 가라앉고 구명조끼는 물 위로 떠오르기 때문에 질식하는 경우가 발생할 수 있으므로 이것을 방지하기 위해 반드시 다리 끈을 착용한다.

WHO(2008)에서는 익수예방 전략으로 물속에서 살아남을 수 있도록 아동에게 정식으로 수영을 가르칠 것을 제안한다. 수영지도 프로그램에 포함되어야 할 교육내용으로 첫째, 아동들이 개방된 물가에서 안전하게 수영하기, 둘째, 바위, 물의 흐름, 나쁜 날씨와 같은 위험환경 알기, 셋째, 물의 속도가 갑자기 빨라지는 곳을 인지하고 피할 줄 알고 필요하다면 그 곳에서 빠져나올 수 있는 기술을 가르치기 등을 포함한다. 수영중이나 배를 타는 중, 또는 다른 물놀이 활동 중 개방된 물가에서 대개 발생하는 청소년 익수사고와 관련해서는 교육내용에 물놀이 중 음주나 약물사용을 금지하고, 물에 대한 인지적 기술을 향상시키기 위해 위험에 대한 인식능력 향상, 수영능력 등 인간능력의 한계에 대한 이해, 대처능력이 불충분한 위험행위에 참여시키려는 또래집단의 압력에서 벗어날 수 있는 기술을 포함하도록 함으로써 익수의 위험과 구조법을 인지하도록 권유하고 있다.

소방방재청(2008) 역시 교육프로그램을 통해 물놀이 안전사고 예방활동 강화를 위해 개인의 안전의식 고취를 위하여 초등학교부터 물놀이 안전교육 및 응급대처 요령 등을 교육시킬 것을 강조하고 있다.

(2) 환경 조성

우선 물놀이를 위한 안전한 장소를 제공해주어야 한다. 자연환경 속의 물은 수영을 하는 사람에게 위험이 될 수 있다. 물의 깊이를 잘 알 수 없으며, 물속 장애물을 감지하기 어렵고, 물의 깊이가 갑자기 변하기도 하며, 수중 깊은 웅덩이가 생길 수도 있다. 물의 빠른 흐름과 저온 상태는 더 큰 문제를 가져올 수도 있다. 각 지점마다 물의 깊이가 일정하고 물속에 장애물이나 물의 흐름이 없이 안전하게 만들어진 구역을 만들어준다면 아동들이 자연환경 속에서 안전하게 수영을 배울 수 있다(WHO, 2008).

하천이나 계곡 등 급류지역과 소용돌이 지역에서 수영을 금지한다. 폭우 후 강우량이 증가하고 유속이 빨라진 하천(강)에서 물놀이하다 급류에 휘말리는 사고가 빈번하므로 이를 금하고, 불어난 하천에서 급류에 휩쓸릴 경우를 대비하여 하천횡단 밧줄 등을 설치한다(소방방재청, 2008). 바다에서는 물놀이 안전선을 설치하며, 계곡의 경우 유속기를 설치하여 안전한 범위 내에서 물놀이를 시행하도록 규제해야 하며 유사시 소생에 도움이 되는 장비(AED)를 갖춰야 한다. 소방방재청(2008)에서는 사고발생 위험이 높은 산간계곡 등 소규모 물놀이 시설에는 인명 구조함을 설치 · 운영함으로써 사각지대 최소화하고, 인명 구조함이 없는 물놀이 장소에는 순찰자가 구명장비를 휴대하고 순찰을 강화하도록 하고 있다.

물놀이 체험학습시설 환경에 대한 관리도 필요하다. 학교에 수영장이 없어 지역사회에 위치한 수영장에서 현장체험학습을 진행시 한꺼번에 많은 인원이 이용하다 성인용 풀에 아동이 들어가 사고가 발생하는 경우, 수련회를 떠났다가 야외수영장 배수구에 빨려 들어가 익사하는 경우, 초등학교에서 체험학습을 위해 수영장을 이용하다 아동이 익사한 사고, 구명조끼가 벗겨지면서 물속으로 가라앉은 아동의 익사사고 등의 사례에서 보듯이 체험학습시설을 이용하는 아동을 분산시켜 적정인원이 발달수준에 맞는 풀에서 물놀이 체험을 할 수 있도록 관리하는 것이 필요하다.

또한 지도교사와 안전관리요원이 배치되어 안전장비를 갖추고 손을 뻗어 즉각 구조가 가능한 위치에서 아동을 감독하고, 시설에서 배수구를 가동할 때는 아동이 모두 물 밖으로 나온 것을 확인 한 다음에 하도록 한다. WHO(2008)는 아동이나 청소년에게 안전한 수영장소를 제공하고, 이들이 자주 모이는 장소와 시간대에 충분히 훈련을 받고 장비를 갖춘 수상구조요원을 배치하여 환경을 조성하고 정기적인 시설물(구명조끼, 구조장비, 시설물 등) 안전점검을 권장하고 있다. 또한 부력기구의 사용 규제를 통해 익수를 효과적으로 예방할 것을 권하고 있다.

안전한 물놀이 환경 제공을 위해서는 미디어를 통한 홍보와 안내문 게시, 리플릿 제작, 안내판 게시 등을 활용해 안전사고를 감소시키기 위해 지역사회의 자원연계를 통한 사회문화적 환경의 동참이 요구된다. 또한 이러한 다각적인 노력이 효력을 거두기 위해서는 관계법령이 지원되어져야 다차원적 측면에서 안전교육의 고리 효과가 이어질 것이다.

정부는 물놀이 안전사고 주의보를 발령하고, 안전점검과 관련해 제시한 월별 주요 실천과제의 수행 여부를 체크한다(소방방재청, 2013). TV홍보(익사사고가 증가하고 있다는 내용을 TV, 라디오 등의 미디어를 통해 집중 홍보하여 경각심을 고취시킨다), 현수막 게시(물놀이 안전사고의 위험성이 있는 곳에는 위험표지판(물놀이 금지 또는 주의사항, 물놀이 사고 시 긴급연락처, 관리책임자 등 기재) 및 안내방송(확성기 등을 통해 사고 예방을 위한 홍보를 하고, 특히 어린이와 동반한 물놀이시에는 보호자의 역할, 안전사고 발생 시 행동요령 등을 주지시킨다)을 한다.

지자체에서는 물놀이 사고 발생 증가시기에 현지홍보 강화를 위해 가두방송차량, 물놀이 위험지역에 설치된 마을앰프, 민방위 메가폰, 자동우량경보시설 등을 활용한다. 특히, 바닷가 갯벌의 경우 밀물 30분전에 나오기, 썰물 때 바닷물이 빠지지 않는 갯골 접근금지, 구명동의 · 튜브 등 안전장비 준비하기 등을 집중적으로 홍보한다.

(3) 안전수칙 및 대처행동

WHO(2008)에서는 아동 익수 예방에 효과적인 근거가 있는 예방법으로 물 위험요소 제거, 수영장 주위 격리 울타리, 개인용 부양기구 착용, 즉각적인 심폐소생술 실시를 제시하고 있다. 잠재적인 예방효과가 있는 예방법으로는 생명구조요원 확보와 익사에 대한 인식 고취를 제시하였다. 주요 익수예방 전략으로는 물웅덩이와 같은 위험환경 제거, 개인용 부양기구 착용, 즉시 소생(인공호흡)을 보장, 수영 구역에서 생명구조요원

확보, 익사에 대한 인식 고취, 5세 이상에게 수영 교육 및 관련 법률 도입, 개인용 부양기구 사용에 대한 법률 도입, 의사를 통한 익사 방지교육, 수영 위험구역 접근 제한, 익사예방 캠페인 실시 등을 제시하였다.

사람이 물에 빠졌을 때 안전수칙으로는 큰소리로 주위 사람에게 알리고 절대로 구하려고 물속에 뛰어들지 않도록 하고, 물에 빠진 사람을 구할 때는 줄이나 튜브 또는 주위의 긴 막대기 등을 던져 잡고 나오도록 하고, 부득이 접근 시에는 반드시 수영에 익숙한 자가 익수자 뒤에서 접근하여 구조하도록 한다. 또한 물에 빠진 사람을 구하였을 때에는 원인이 호흡 곤란이므로, 인공호흡이나 심폐소생술 등 응급조치를 실시하도록 한다.

물놀이, 래프팅, 갯벌체험과 관련해 체험학습을 떠날 때 지켜야 할 구체적인 안전수칙과 대처행동을 제시하면 다음과 같다.

	안전수칙 (사전예방)	대처행동 (사후)
물놀이	경련방지를 위해 반드시 준비운동을 하고 심장에서 먼 부분부터 물을 적신 후 수영장에 들어간다. 초보자는 물이 얕다고 안심해서는 안 되며, 상급자라고 해도 자신의 수영능력을 자만하여 무리한 행동을 하지 않는다. 물놀이는 혼자서 하지 않으며 주변의 위험요소를 확인하고 안전요원이 있는 곳에서만 물놀이를 한다. 안전수칙을 알아두고 활동한다. 물놀이 중에 껌이나 사탕을 먹지 않는다. 자외선 차단제를 바르고, 긴 머리는 묶는다. 건강한 상태에서 식후 최소 1시간30분 후에 물놀이를 한다. 물의 깊이와 흐름을 알 수 있는 장소에서만 활동한다. 수영도중 몸에 소름이 돋고 피부가 당겨질 때에는 몸을 따뜻하게 감싸고 휴식을 취한다. 신발이 떠내려가도 절대 혼자 건지지 말고 어른에게 도움을 청한다. 소나기가 내릴 때, 번개 또는 천둥이 칠 때, 안개가 심할 때는 물놀이 활동을 중단한다. 갑자기 물결이 일거나 파도가 심해질 때는 신속하게 안전한 곳으로 대피한다. 장난으로 살려달라고 하거나 허우적대지 않는다.	물에 빠졌을 때 당황하지 말고 물의 흐름에 몸을 맡기고 비스듬히 헤엄쳐 나온다. 다리에 쥐가 나면 먼저 몸에 힘을 빼서 편안한 자세를 취하고 다리를 주무르거나 엄지발가락을 몸 쪽으로 잡아당긴다. 해파리에 쏘였을 때는 즉시 물 밖으로 나와 도움을 요청하고 상처부위를 만지거나 문지르지 말고 바닷물 또는 생리식염수로 10여분 이상 충분히 씻어준다. 물에 빠진 사람을 발견하면 주위에 소리쳐 알리고 구하기 위해 함부로 물에 뛰어들지 않는다. 위급할 때는 한 쪽 팔을 최대한 높이 올리고 흔들어 도움을 청한다. 수영에 자신이 있더라도 주위의 물건을 이용해 안전하게 구조한다. 구조 후에는 체온이 떨어지지 않도록 젖은 옷을 벗기고 옷이나 수건 등으로 몸을 따뜻하게 감싼다. 하천이나 계곡을 건널 때 물결이 완만한 장소를 선정하여, 가급적 바닥을 끌 듯이 이동하고, 시선은 건너편 강변 둑을 바라보고 건넌다. 무릎이상의 급류를 건널 때 건너편 하류 쪽으로 줄을 설치하고 한 사람씩 건넌다. 줄은 수면위로 설치하고, 줄이 없을 경우는 여러 사람이 손을 맞잡거나 어깨를 지탱하고 물 흐르는 방향과 나란히 서서 건넌다.
래프팅	코스, 안전수칙, 장비 등에 관한 안전교육 후 충분히 준비운동을 하고 출발한다. 가이드 겸 안전요원의 통제를 따른다. 보호 장구를 바르게 착용한다. 래프팅 장비로 장난하지 않는다.	물속으로 떨어졌을 때는 즉시 수면으로 올라와 배를 붙잡아야 하고 잠시 휴식한 후 선미 쪽으로 돌아와서 몸을 솟구쳐 상체부터 올려놓는다.

래프팅	튜브 사이 또는 보트 안의 밧줄에 발이나 손을 끼우지 않는다. 래프팅 중간에 개인행동을 하지 않는다. 배가 뒤집혔을 경우 빨리 래프트 속에서 빠져나온다.	보트가 뒤집혔을 때 보트 속에 있지 말고 밖으로 나온다. 구명조끼는 아무리 무거운 사람도 물에 뜨게 하기 때문에 가라앉을 일은 없으므로 당황하지 않도록 한다.
	경력이 풍부한 전문 가이드와 동승한다. 래프팅 할 때는 되도록 모직 옷을 입는다. 코스를 사전 숙지해 지형지물을 미리 익힌다. 앞쪽 상황을 잘 모를 경우 배를 세우고 높은 곳에 올라가 상황을 확인하고 내려간다. 위험하다고 생각될 때에는 배를 들고 계곡 가를 걸어서 위험 지대를 통과한다. 장기간 투어할 때에는 감기약 등의 복용을 삼간다. 급류에서는 하선하지 않는다. 폭이 좁은 급류에서는 2대의 보트가 동시에 내려가지 않는다. 급류 통과 시 앞, 뒤 보트 거리는 30m를 유지한다. 모든 승선자는 구명동의를 착용한다. 보트를 탈 때에는 도크나 강변에 나란히 대놓고안정시킨 상태에서 선미 쪽에서 양손으로 뱃전을 잡고 용골 위의 바닥으로 발을 천천히 옮긴다. 배안에서 균형이 잡히면 중심을 낮춘 자세로 자리를 이동한다.	아무리 급류라도 물이 돌면서 잔잔한 곳은 있으므로 물에 몸을 맡긴다고 생각하고 떠내려가면서 물에서 빠져나갈 기회를 잡는다. 떠내려 갈 때 다리를 높이 들고 앉은 자세를 취하며, 떠내려가다가 걸린 나무토막 따위가 있으면 최대한 피한다, 물속에 잠겼을 때는 침착히 떠오를 때를 기다린다. 보트에서 내릴 때는 뒷발이 배를 강 쪽으로 밀지 않도록 유의한다.
갯벌체험	허가된 안전한 장소에서만 체험한다. 여벌의 옷을 준비한다. 장갑과 갯벌화를 착용한다. 밀물이 시작되기 1~2시간 전에는 해안 멀리까지 나가지 않는다. 해무가 끼거나 우천 시 기상 변화에 주의한다. 야간에는 절대 갯벌에 나가지 않는다. 통신장비를 필히 휴대한다. 갯골에는 절대 들어가지 않는다. 단체의 경우 3명을 한 개 조로 편성해 체험한다. 긴 소매 옷과 챙이 넓은 모자를 써 자외선으로부터 몸을 보호한다. 활동 전에 썬크림을 발라 화상을 예방하고 물을 충분히 마신다.	갯벌에서 조개껍데기 등으로 발에 상처가 나거나 다쳤을 때 신속히 응급처치를 한다. 갯벌에 발이 빠진 경우 바닥에 누워 등을 붙인 방향으로 몸을 밀어 나온다. 갯골에 빠졌을 때는 나오려 애쓰지 말고 주위에 도움을 요청하는 것이 좋으며, 도우려는 사람은 갯골로 무작정 달려들기 보다는 밧줄 등을 이용해 빠진 사람을 구한다.

2. 산행 안전

1) 안전사고 현황

국립공원관리공단이 발표한 통계에 따르면 2009~2011년간 국립공원의 산악안전사고로 인한 인명피해는 사망 73명, 부상 1,613명이 발생하였고, 연도별로 보면 2009년 668명, 1020년 597명, 2011년 421명으로 감소추세에 있으나 지속적인 관리가 요구되고 있다. 시기별로는 봄가을 산행기의 안전사고가 가장 많아 10월이 270명(16.6%)으로 가장 많았고, 9월이 178명(10.9%), 8월 176명(10.8%), 5월 167명(10.2%)의 순이었다. 사고내용별로 보면 사망은 추락이 29명(39.7%), 지병이 27명(37.0%)로 나타났고, 부상자는 골절이 516명(32%), 상처가 122명(17.2%), 경련이 102명(12.1%), 탈진이 51명(8.3%)이었다. 사망자의 경우 추락, 지병이 원인이었고, 부상자는 골절, 상처, 경련, 고립 등으로 대부분 개인체력에 맞지 않은 무리한 산행과 준비부족 등에 의한 것으로 나타났다.

2) 산행 안전 예방대책

(1) 안전교육

체험활동으로 산행을 계획할 경우 교사는 아동에게 산행과 관련한 전반적인 내용의 안전교육을 실시하도록 한다. 교육내용으로는 체험 장소에 대한 안내, 체험시 지켜야 할 안전수칙, 등산속도와 보행법, 스틱 사용법, 응급상황 발생 시의 적절한 대처행동 등을 교육한다. 국립공원관리공단에서 안내하는 내용을 토대로 등산관련 안전교육내용을 살펴보면 먼저 산에서의 금지행위와 벌칙을 알린다. 애완동물 출입제한, 취사야영 제한, 야간등반 제한, 차량출입통제, 샛길 출입금지, 오토바이 자전거 출입제한, 국립공원 특별보호구역 출입통제, 불법옥외광고물 부착금지, 도토리 및 열매 등 무단채취행위제한 등을 들 수 있다.

특히 재난발생시 긴급신고 및 구조요청 방법을 교육하도록 한다. 조난 등 각종 안전사고 발생시 탐방로 주요지점(250~500m 간격)에 설치된 다목적 위치표지판의 신고처에 현 위치 번호와 현장상황을 신고하시면 구조대가 출동한다. 지정된 장소를 제외하고 국립공원 전 구역에서 취사야영을 금한다. 생태계보전을 위해 도토리 및 열매 등 무단 채취행위를 제한하는 등의 내용을 알린다.

산행사고를 유발하는 인위적 위험요소의 인식개선을 위해 등반자의 정보부족과 체력관리 및 정신적 배양, 등반의 경험과 개인기술 습득, 경험과 실력에 맞는 산행계획과 대상지 선정, 장비의 철저한 준비와 점검, 지나친 승부욕과 경쟁의식의 억제, 무리한 계획과 시간관리 철저, 안전수칙 준수하기, 과식하지 않기, 그릇된 판단 시에는 즉시 철회하고 다음 기회 기다리기 등의 안전교육을 실시한다(국립공원관리공단 홈페이지).

아동을 통솔하는 교사 또한 교육을 통해 산행관련 안전의식에 대한 기술, 지식, 태도를 함양하고 산행 중 발생할 수 있는 각종 안전사고에 대한 대처능력을 교육받아야 한다.

(2) 환경조성

등산안전사고 예방을 위해 산행에 참여하는 사람들이 산 입구에 마련된 산과 관련한 중요 정보를 숙지한다. 산행에 적합한 복장을 착용한다. 산행을 시작하기 전에 간단한 준비체조로 몸을 준비함으로써 신체의 긴장을 이완시킨다. 산행 중 지켜야 할 안전수칙을 숙지하고 있는지 확인한다. 자신의 능력에 맞게 코스를 선택한다. 식수와 각종 장비의 안전성을 점검함으로써 인적요소로 인한 사고를 예방하도록 환경을 조성한다. 산행교육, 산행방법 홍보물 등을 적극 활용하여 개인이 가지고 있는 방심, 판단미숙, 피로, 균형 잃음, 음주, 만용, 소아적 영웅심, 준비부족, 기술부족 등 인위적인 요인에 대비하여 안전을 확보하도록 한다. 등반 시 산행 전문 안전요원을 요청하여 함께 등반하면서 아동을 각종 안전사고로부터 보호한다.

물리적 요소를 통한 환경개선으로는 산악사고빈발지역에 안내표지판을 설치하고 구조구급함설치 · 정비 및 비상연락망을 구축하는 등 유관기관 간 긴급구조대비체계의 강화가 필요하다. 또한 산 입구에 산과 관련한 주요정보를 게시하고, 일정 거리마다 설치된 안내판의 이상 유무를 점검하고, CCTV를 설치하여 실시간 관리하도록 한다. 위험지대를 알리는 안내판을 설치하고 안전한 등산로를 이용하도록 안내한다. 기후변화에 대비할 수 있는 대피소를 마련하고 정기적인 관리로 물리적 위험요소를 제거한다. 날씨변화에 따라 입산을 금하고, 입산시간 지정제를 실시한다. 입산시간 지정제란 2013년 지리산에서 처음 시행된 제도로 산행목적지, 거리와 산행시간 등을 고려하여 탐방로별로 입산、통제시간을 지정、운영하는 제도로, 야간 산행으로 인한 안전사고가 예방되고 무분별한 야영(비박)이 사라짐으로써 자연을 보호하는 효과가 있는 제도로 2015년 전 국립공원으로 확대된다(국립공원관리공단 홈페이지).

산행안전요원이나 등산목 안전지킴이를 증원 배치한다. 등산목 안전지킴이는 등산객의 안전한 산행을 지원하기 위한 시책으로 가을철 산악사고 예방과 사고발생 시 신속한 현장대응을 위해 등산로 입구에 구급차 및 구급대원을 배치하고, 안전사고 예방캠페인, 심폐소생술 체험 및 안심콜 안내 등 지역주민이 알아야 할 소방서비스 시책을 홍보하는 활동이다(화성신문, 2014.10.1.뉴스).

또한 미디어를 통해 산행관련 안전뉴스를 다루고 계절별로 적절한 산행방법을 알림으로써 안전사고를 방지한다. 안전사고 다발지역에 안전전문요원을 배치하고 심각한 안전사고 다발지역에 대해서는 강력한 제제를 가하여 위험요소를 차단하도록 한다. 날씨에 따라 입산 허용 기준을 마련하고 경계경보를 발령하는 것도 산행 안전사고 감소를 위한 방법이 될 수 있다.

(3) 안전수칙 및 예방대책

① 안전수칙

첫째, 산은 기온의 변화가 심하므로 날씨와 계절에 맞는 옷을 착용한다. 둘째, 산을 오르기 전 그리고 내려와서 스트레칭으로 몸을 충분히 풀어준다. 셋째, 오르막길보다 내리막길을 더 조심한다. 특히 굵은 모래나 돌이 있는 길을 내려올 때 미끄러져 넘어지거나 발목을 삐는 일이 없도록 조심해야 한다. 넷째, 길이 아닌 곳으로 가서는 안 되며, 길을 잘못 들어섰다고 판단되면 빨리 처음의 위치로 돌아가서 계곡을 따라 내려온다(박남수 외, 2014).

국립공원관리공단(www.knps.or.kr)에서 제시하는 산행 안전수칙은 첫째, 지정된 탐방로 외에는 들어가지 않는다. 둘째, 위험에 노출되기 쉽고 안전사고의 원인이 되며, 산란기나 동면기, 해빙기 등 야생동물의 서식에 많은 영향을 미치므로 야간산행은 하지 않는다. 셋째, 자신의 체력에 맞지 않은 무리한 산행은 소중한 생명을 위협할 수 있다.

넷째, 폭우、폭설 등 기상특보가 발령된 경우에는 국립공원 출입을 금한다. 다섯째, 산행 시에는 사전에 탐방하고자 하는 지역의 정보를 확인한다(소요시간, 일몰시간, 기상특보, 교통편 등). 여섯째, 야생식물이나 버섯을 함부로 먹지 않는다. 일곱째, 음주 후에는 반드시 준비운동 후 산행을 한다. 여덟째, 국립공원 내 전 계곡에서의 수영을 금한다. 지정된 물놀이 장소가 아닌 계곡, 폭포 등 위험한 곳은 출입하지 않는다. 아홉째, 산악공원을 방문 시에는 기상상태를 확인하시고, 우의 · 방한복 · 구급약품 · 랜턴 · 휴대폰 · 예비배터리 등을 꼭 휴대한다. 마지막으로 안전사고자가 발생한 경우에는 119구조대, 국립공원사무소, 경찰서 등 관계기관에 즉시 연락한다.

서울시교육청의 안전 매뉴얼에서 제시한 산행안전수칙을 보면 첫째, 산행 전 산에 관한 다양한 정보(지도, 날씨, 산행코스, 거리)를 확인하도록 한다. 둘째, 활동 전 · 후 스트레칭으로 몸을 충분히 풀도록 한다. 셋째, 손에는 가급적 물건을 들지 않고 주머니에 손을 넣고 산행하지 않도록 한다. 넷째, 산행 시에는 오르막길보다 내리막길에 더 위험하므로 발 디딜 곳을 잘 살피면서 안전하게 디디고 천천히 걷도록 한다. 다섯째, 굵은 모래나 돌, 낙엽을 밟아 미끄러지지 않도록 조심한다. 여섯째, 산에서는 정해진 길로만 다니고 길을 잘못 들었다고 판단이 되면 원점으로 돌아가거나 계곡을 찾아 하산하도록 한다. 일곱째, 기온이 떨어질 것을 대비해 덧입을 옷을 배낭에 준비하도록 한다. 여덟째, 햇볕이 뜨거운 날에는 모자와 자외선차단제를 준비하도록 한다. 아홉째, 가급적이면 계절에 맞는 등산복과 등산화를 착용하도록 한다. 열째, 생수와 간식 등 비상식량과 간단한 구급약을 준비하도록 한다. 열한째, 살아 있는 야생동물을 만지거나 잡지 않고 먹이를 주지 않도록 한다. 열두째, 산에서 채집한 식물을 함부로 먹지 않도록 한다. 열셋째, 해가 지는 시간을 고려하여 하산 시간을 정한다(송숙경 외, 2014).

② 대처행동

첫째, 산에서 부상을 당한 경우에는 119구조대, 국립공원관리사무소 등에 구조를 요청한다. 둘째, 산행 사고시 등산로 국가지점번호, 휴대전화 사진 등을 이용하여 사고 위치와 주변 환경을 정확히 알린다. 국가지점번호란 도로나 건물이 없는 지역에서 위치 정보를 서로 공유하여 긴급한 상황에서 신속한 구조가 가능하도록 하는 위치 표시 체계다. 셋째, 구조요원이 도착할 때까지 부상자의 몸을 따뜻하게 해주고 마음이 편안하도록 도와준다(박남수 외, 2014).

3. 캠핑 안전

1) 안전사고 현황

뉴스를 통해 살펴본 캠핑 사고는 전기장판, 전기난로, 전기합선, 감전, 석유난로 과열, 가스난로 과열, 화목난로 과열, 보일러 과열, 화로대 사용으로 인한 각종 화재, 석유 랜턴에 휘발유 잘못 주유, 석유난로에 휘발유 잘못 주유 등으로 인한 화재사고나 누전감전이 있다. 난로 사용 시 이너텐트, 거실형 텐트 완전 밀폐로 산소부족, 거실텐트 안에서 화로대나 숯불 사용 후 취침 등으로 인한 가스중독이나 질식사고가 발생한다. 혹한기의 날씨에 비해 방한용품을 제대로 갖추지 않고 캠핑을 했을 경우 저체온증이나 동상이 많이 발생한다. 이 외에도 캠핑사고를 유발하는 요인으로는 자연재해를 들 수 있고, 어린이에 의한 사고도 많이 발생하는 것으로 보도되고 있다.

2) 캠핑 안전사고 예방대책

(1) 안전교육

자연을 사랑하고 보호하는 마음, 캠핑 안전과 관련한 안전수칙, 대처행동을 교육한다. 적절한 캠핑장비 선택방법과 이용방법, 허가받은 캠핑장소인지 확인하기, 텐트설치하고 접어 보관하기, 조리 및 취침과 관련한 화재안전교육, 석유랜턴이나 석유난로 주유방법, 가스중독과 질식사고 예방을 위한 환기방법, 저체온증과 동상에 대비해 방한용품 갖추기, 안전한 캠핑장소 선택하기 등을 교육한다. 일기예보에 귀를 기울여 안전사고에 대비하도록 한다. 캠핑 중 발생할 수 있는 다양한 응급상황에 대처하기 위한 응급처치방법과 신고방법을 교육한다.

가족캠핑의 경우 아이들에게 제대로 주의하고 교육실시, 텐트를 칠 경우 팩을 끝까지 박아야 강풍에도 끄떡없도록 하며, 침수의 위험이 있는 계곡 근처에는 텐트를 설치하지 말 것을 교육한다.

(2) 환경조성

캠핑에 임하기 전에 캠핑에 참여자는 캠핑에 대한 안전의식을 먼저 갖추도록 한다. 적절한 복장을 착용하고, 허가받은 장소에서만 캠핑한다. 선택한 장비는 올바른 사용방법에 따라 이용하고, 과열되지 않도록 관리한다. 또한 다른 사람의 안전도 신경 쓰고, 먹거리 안전에도 주의를 기울인다. 산에서 함부로 식물과 버섯을 채취하여 먹지 않고, 조리나 취침시 화재위험요소를 점검 및 차단한다. 날씨변화에 대비하여 적절한 복장을 갖추고 여벌옷을 준비하며, 휴대용 라디오 등을 통해 일기변화에 관심을 갖는다. 휴대폰과 여분의 배터리를 준비해 비상시 신고할 수 있도록 준비한다.

증가하는 캠핑수요를 고려하여 안전한 캠핑장소의 인허가를 확대한다. 지정된 장소만 캠핑하도록 한다. 지정된 캠핑 장소에 대한 정보를 수시로 업데이트하여 알린다. 캠핑장 입구에 캠핑장 사용 규칙과 관련시설 안내판을 설치하여 건전하고 안전한 캠핑문화를 조성하고, CCTV 설치와 안전요원을 배치하여 관리 감독한다. 적절한 소방장비를 갖춘다. 캠핑장비의 안전관리기준을 강화한다.

미디어를 통해 캠핑관련 안전뉴스를 다루고 계절별로 적절한 캠핑방법을 알림으로써 안전사고를 방지한다. 캠핑과 관련한 법규를 강화하여 자연훼손을 예방하고 캠핑장을 이용하는 사람들의 안전을 지키도록 한다.

(3) 안전수칙 및 대처행동

① 안전수칙

첫째, 날씨가 나빠질 수 있으므로 미리 일기예보를 확인한다. 둘째, 휴대용 가스버너의 안전한 사용법을 익혀둔다. 셋째, 텐트를 설치할 때 비가 내릴 경우를 대비해 텐트 주변에 배수로를 파며, 텐트 설치 후 고정 줄에는 안전표지 야광 테이프를 부착한다. 넷째, 야외 식탁을 이용할 경우 테이블이 흔들려 뜨거운 물이나 음식이 쏟아져 화상을 입을 수 있으므로 조심한다. 다섯째, 바람이 많이 불 때에는 모닥불을 피우거나 캠프파이어를 하지 않는다. 여섯째, 텐트 안이나 좁은 방에서는 질식 및 화재의 위험이 있으므로 불을 사용하지 않는다. 일곱째, 여름철 홍수로 물이 불어나면 위험할 수 있으므로 물가에는 텐트를 치지 않는다. 마지막으로 캠핑장에 갑작스런 폭우로 텐트가 침수되었을 때 배수구나 하수구에 빠지지 않도록 조심하고, 감전에 주의한다(박남수 외, 2014).

이 외에 교사나 안전요원에게 보고하지 않고 무모하게 단독행동을 하지 않는다. 또한 떠나기 전 모든 장비와 기상 상태를 점검한다. 둘째, 주머니와 모자가 달린 밝은 색 옷을 입는다. 셋째, 물 가까이 텐트를 치지 않는다. 넷째, 텐트 내에서 요리를 하지 않는다. 다섯째, 불 가까이 또는 텐트 내에 연료나 압력 가스 용기를 놓아두지 않는다. 여섯째, 위험표지와 경고를 준수한다. 일곱째, 텐트 내에 음식물을 두는 것은 야생동물을 유인할 수 있어 떨어진 곳에 보관한다. 여덟째, 낙석 및 미끄러짐에 유의한다. 아홉째, 산불 예방에 유의한다. 마지막으로 길을 잃어버릴 경우에 대비하여 주머니에 호루라기와 간식 등을 준비한다(채혜선 외, 2014).

서울시교육청에서 제시한 캠핑관련 안전수칙을 살펴보면 첫째, 활동지 주변 위험요소 및 시설물 등을 미리 파악해야 한다. 둘째, 날씨를 미리 확인하고, 기상 악화에 대비하여 대피로를 미리 확인해둔다. 셋째, 텐트 설치 시 고정 팩은 바닥끝까지 박아주고 스트링(줄)에는 걸려 넘어지지 않도록 안전표지(야광테잎)를 부착하며 비가 내릴 경우를 대비해서 텐트 주변에 배수로를 파도록 한다. 넷째, 화기(휴대용 가스버너)를 바르게 사용하는 방법을 지도한다. 다섯째, 손, 발을 깨끗이 씻고 개인위생 관리를 철저히 하도록 한다. 여섯째, 바람이 많이 불 때에는 불자리(캠프파이어)를 만들지 않도록 한다. 일곱째, 밀폐된 텐트 안이나 좁은 방에서는 질식, 화재의 위험이 있으므로 화기(휴대용 가스버너)를 사용하지 않는다. 여덟째, 물가 가까이에 텐트를 치지 않도록 한다(송숙경 외, 2014).

② 대처행동

첫째, 야외 활동시 발목이나 무릎을 다쳤을 때는 차가운 찜질로 통증을 가라앉히고 상처부위를 심장보다 높이 올려 붓기를 줄인다. 둘째, 다리에 쥐가 났을 경우에는 다리를 바르게 펴고 발가락을 몸 쪽으로 당긴다. 셋째, 뼈가 부러진 것으로 생각되면 가능한 한 움직이지 말고 부목으로 고정해서 곧바로 병원으로 이동한다. 넷째, 벌레가 입이나 코, 또는 귓속으로 들어갔을 경우 귀를 파거나 머리를 세게 흔드는 행동은 하지 않으며 손전등 불빛을 이용하여 벌레가 나오게 한다. 다섯째, 벌레에 물렸을 경우 깨끗한 물로 씻어 낸 후 약을 바른다. 가렵다고 침을 바르거나 문지르면 감염될 우려가 있으므로 찬

물이나 얼음찜질로 가려움증을 덜어준다. 마지막으로 음식을 만들다 가벼운 화상을 입은 경우, 차가운 물 또는 튜브형 아이스크림 등을 이용해 열을 내리고 통증이 줄어들면 깨끗한 천으로 상처부위를 감싸 보호한 후 병원에 간다(박남수 외, 2014).

서울시교육청에서 제시한 산행안전사고 대처행동으로는 1단계: 위급상황을 인식하고 어떻게 행동할지 결정한다(Check). 2단계: 도움을 요청한다(Call). 119 신고시 지도 또는 위치표지판을 확인하여 위치와 상태를 알려준다. 3단계: 응급의료기관이 도착할 때까지 적절한 처치를 한다(Care). 피가 나는 경우 천이나 끈으로 압박하고, 뼈가 부러지거나 관절을 다친 경우 주변의 나뭇가지 또는 신문지 등을 아픈 곳 주변에 덧대어 천이나 끈으로 가볍게 고정하고, 체온이 떨어지지 않도록 준비한 옷을 덧입는다. 또한 캠핑관련 안전사고 대처행동으로는 첫째, 벌레에 물렸을 경우 깨끗한 물로 씻어낸 후 약을 바르고 찬물이나 냉찜질로 가려움증을 완화시킨다. 둘째, 갑작스런 폭우로 텐트가 침수되었을 때에는 배수구나 하수구에 빠지지 않도록 주의하고 누전으로 인한 감전에 주의해야하며 위급상황에는 119에 신고한다. 셋째, 갑작스런 폭우로 고립되었을 경우 급격히 불어나는 계곡을 건너지 말고 안전한 곳에서 구조를 기다린다(송숙경 외, 2014).

4. 공공장소 안전

1) 공공장소로서 공연장 및 행사장 안전사고 발생현황

공공장소는 사람들이 공동으로 이용하는 장소로서, 운동경기장, 학교, 공원, 도서관, 박물관, 공연장, 극장 등이 이에 속한다. 공공장소는 다양한 활동과 학습의 장소로 이용되고 있으므로 많은 사람들이 모이는 곳이기 때문에 각종 위험 요소가 잠재해 있다.

공공장소에서 발생하는 사고는 설치물의 추락, 붕괴, 파열, 궤도 이탈로 인한 사고와 갑작스런 정전 및 암전에 의한 사고, 담뱃불, 무대조명, 전등, 전열기 등으로 인한 화재사고, 드라이아이스 등 특수 효과에 의한 사고, 하부구조물의 높이 차에 따른 실족사고, 기타 돌발적인 상황의 발생에 따른 사고 등이 있다. 여기에서는 학생들의 체험학습활동으로 가장 많이 방문하고 있고, 제한된 공간에 한꺼번에 많은 사람들이 몰리게 되는 공연 행사장을 중심으로 살펴보겠다.

이와 같은 공연장, 극장, 경기장, 연주홀 등의 행사장은 일시에 수많은 사람들이 같은 방향으로 이동하는 특성 때문에 대형사고로 이어지는 위험성을 갖고 있으므로 각별히 주의가 요구되는 장소로 안전교육이 필수적이다. 그러므로 공연장, 극장, 행사장의 평상시와 비상사태 발생 시의 안전행동에 대해 알아보고, 안전 대처방안을 일상생활 속에서 실천할 수 있어야 한다.

2) 공연장 및 행사장 안전사고 발생원인

(1) 안일한 사고방식과 관심 부족

행사장 안전의 1차적 책임은 행사주최자이나 행사주최자 뿐 아니라 관람자의 태도 또한 질서유지나 안전관리에는 소홀히 하는 경향이 있고, '설마' 하는 안전 불감증이 대형 안전사고를 유발하기 된다.

(2) 현장 안전관리능력 부족

많은 사람들이 몰리는 대형 공연의 현장 안전관리 요원들은 현장을 잘 모르는 용역업체나 자원봉사를 통해 동원되는 경우가 많다. 현장의 안전관리요원들이 전문 경비업체의 경비원으로 구성되어 있지 않고 행사경비를 줄이기 위해 무자격 경비업체나 대부분 자원봉사자들로 구성되어, 질서유지 및 안전관리요원으로서의 기초 소양이 부족하고, 구체적인 임무와 행동요령에 대한 이해 부족으로 인해 안전사고가 발생하게 된다.

(3) 현장의 동선 관리 소홀

동선관리는 장소 · 시설 등 구조물의 활용, 행사 스케줄 등 시간의 적절한 관리, 이동거리의 연장과 단축, 대상자별 이동로 · 통로의 분리 등 안전관리의 핵심적인 요소이다. 특히 많은 인파가 몰릴 것이 예상되는 공연장이나 행사장은 현장동선관리가 매우 중요하다. 그러나 수만 명 이상이 모이는 경기나 공연 시 안전대책이 정확하게 검토되지 않는 경우가 빈번하다. 다수의 인원이 광장에 모이거나, 일시에 출입문에 모일 경우를 대비해 반드시 통제선을 설치하고 질서 있게 입장 및 관람을 유도해야 한다.

3) 공연장 및 행사장 관람시 안전사고 예방대책

(1) 안전교육

공연 전 · 후 집단 이동 시 대열에서 이탈하지 않고, 질서를 유지하며 안전요원의 지시에 따라 질서 있게 행동해야 한다. 이처럼 공공장소 사고 예방을 위해서는 국민 개개인의 안전의식 고취와 사고 예방수칙을 지키려는 노력이 필요하다. 이상과 같이 사고는 총체적인 안전 불감증과 안전관리 소홀로 인한 안전의식 부재에서 빚어진 인재사고가 대부분으로 안전의식을 높일 수 있는 안전교육이 필수적이며 이를 위해 대중적 홍보가 강화되어야 할 것이다.

(2) 환경조성

합선이나 누전, 과부하등 감전으로 인한 화재위험이 없는지 확인하고, 공연장 사용 인화물에 대한 안전대책을 수립한다. 또한 관람석 내외 소화기 배치, 작동가능유뮤, 관람석 출입구 개방여부 및 동선에 방해가 되는 요소가 없는지 점검한다. 공연 전 안내 설명에 비상사태 발생 시 행동요령과 비상구에 대한 안내를 포함한다.

(3) 안전수칙 및 대처행동

① 안전수칙

첫째, 공공장소에 설치되어 있는 승강기, 에스컬레이터, 회전문 등 편의시설을 안전하게 이용한다. 둘째, 에스컬레이터를 이용할 때에는 안전선 안에서 바른 자세로 앞을 바라보고 손잡이를 꼭 잡고 이동한다. 또한 질서를 잘 지켜 차례대로 내리고 난 후 타도록 한다. 셋째, 에스컬레이터 이용 시 신발 끈이나 옷자락이 틈새에 끼지 않도록 조심한다. 넷째, 주변구경, 친구 찾기 등 손잡이 밖으로 몸을 내미는 경우 마주 오는 사람 또는 기타 시설물과 충돌할 수 있으므로 조심한다. 다섯째, 관람석이 아닌 곳에는 앉지 않으며 야외 관람 시 옥상, 가로수, 담벼락 등에 올라가 관람하지 않는다. 마지막으로 재난발생에 대비하여 출입구와 대피로를 미리 확인한다(박남수 외, 2014).

서울시교육청 안전매뉴얼에서 제시한 전시 · 공연 · 관람활동 안전수칙에 따르면 첫째, 공연 · 행사장 입퇴장 시 뛰거나 앞사람을 밀면 안전사고의 원인이 되므로 질서 있게 걸어서 입 · 퇴장한다. 둘째, 재난 발생(화재 등)에 대비한 대피로와 출입구를 확인한다. 셋째, 공연 · 행사 시작 전 안내요원이 알려주는 위급상황 시 대처방법을 숙지하도록 한다. 넷째, 관람석이 아닌 곳에 앉지 않으며 옥상, 가로수, 담벼락 등에 올라가 관람하지 않도록 한다(송숙경 외, 2014).

공연장에서는 잠겨있는 비상구는 없는지, 대피경로에 장애물이 없는가, 소방설비 및 경보설비가 올바르게 작동하는가, 비상용 방송시스템은 공연장 전체에 잘 들리는가 등을 사전 점검하여야 한다.

② 대처행동

첫째, 화재가 발생할 때, "불이야"하고 큰소리로 외치거나 화재를 알리는 비상벨을 눌러 다른 사람에게 알린다. 둘째, 비상시 한꺼번에 출입구로 몰려들지 않으며, 앞사람을 밀치거나 서두르면 넘어져 다칠 수 있으므로 앞사람을 따라 낮은 자세로 천천히 걸어서 안전요원의 안내에 따라 질서 있게 이동한다. 셋째, 실내행사장에서 갑자기 정전이 되었을 경우 당황하지 말고 휴대전화 등 보조 불빛을 활용한다(박남수 외, 2014).

서울시교육청 안전매뉴얼에서 제시한 전시·공연·관람활동에서의 대처행동으로 첫째, 행사장 내에서 화재가 발생할 때, "불이야" 하고 큰소리로 외치거나 화재경보 비상벨을 눌러 다른 사람에게 알린다. 둘째, 앞사람을 따라 낮은 자세로 천천히 질서 있게 이동한다. 셋째, 한꺼번에 출입구에 몰려들지 않도록 앞사람 먼저 차례대로 대피한다. 넷째, 실내행사장의 경우 갑자기 정전되면 당황하지 말고 안내요원의 안내가 있기까지 자리에서 기다린다. 다섯째, 대피 시 119구급대원 등 안전·구조요원의 활동에 방해가 되지 않도록 현장 질서를 유지한다(송숙경 외, 2014).

5. 숙소안전

1) 체험활동 숙소 안전사고 발생현황

한국청소년활동진흥원 자료에 의하면 2010-2014년 9월까지 총 5곳의 국립청소년수련원에서 발생한 안전사고는 2010년 89건, 2011년 64건, 2012년 50건, 2013년 45건, 올해 1~6월 9건 등 총 257건이었다. 그중 수련시설에서 체류하며 발생한 생활 중 사고는 134건, 프로그램 중에 발생한 사고는 123건이었다. 국립수련원은 국립중앙청소년수련원, 국립평창청소년수련원, 고흥청소년우주체험센터, 김제청소년농업생명체험센터, 영덕청소년해양환경체험센터 등 5곳이 있으며, 청소년 활동프로그램으로 신체건강 및 리더십 관련 체험활동을 진행하고 있다. 청소년수련원에 머무르는 동안 프로그램 참여 이외의 상황에서 발생한 생활 중 안전사고 유형은 주로 부주의로 인한 골절, 염좌, 타박상, 인대 파열 등이었다. 이에 비해 프로그램 진행 중 발생하는 안전사고는 골반골절, 치아 파열, 무릎인대 파열 등 부상의 정도가 심각한 경우가 많았다. 청소년의 건강한 성장을 위해 단체 활동 등 다양한 체험을 하는 청소년수련원에서 안전사고가 지속적으로 발생하는 것은 심각한 문제"라며 "학부모들이 믿고 자녀를 맡길 수 있도록 철저한 점검이 필요하다"고 말했다.

2) 숙소 안전사고 발생원인

숙소에서 발생하는 안전사고는 크게 학생, 지도교사, 숙소, 환경적 요인으로 나누어 볼 수 있다. 개인요인으로 야외 활동으로 들뜬 청소년의 과잉행동, 지나친 장난, 무리한 활동, 긴급 상황 발생 시 대처능력 부족 등을 들 수 있다. 지도교사 요인으로는 학생의 건강상태에 대한 사전 확인이 없음, 학생들에 대한 관리 감독 소홀, 부족한 안전교육, 숙소안전 위험요인에 대한 점검미비, 긴급 상황 발생 시 대처능력 부족 등이 있다. 숙소 시설과 환경의 문제로는 안전기준의 미충족, 숙소가 위치해 있는 지리적 환경이 위험성, 안전요원의 부재 등을 들 수 있다.

3) 숙소안전사고 예방대책

(1) 안전교육

학생들에게는 체험학습 전 계기교육으로 다음과 같은 사항을 교육하도록 한다.

○ 모든 교육 프로그램에 성실히 참여하여 심신 수련에 최선을 다한다.

○ 인솔 및 지도교사나 프로그램 진행자의 안전지도 사항을 성실히 준수한다.

○ 교육활동 중 유해한 장소나 위험한 시설 등에 접근하지 않는다.

○ 차량운행 시에는 운전자의 안전운행에 방해가 되는 행위를 하지 않도록 하고, 탑승 중에는 반드시 안전벨트를 착용한다.

○ 각종 돌발사고 발생 시에는 인솔 및 지도교사에게 신속히 연락하고, 지시를 받는다.

○ 부득이 한 사유로 교육활동을 계속할 수 없는 경우에는 인솔 및 지도교사의 허락을 받아야 한다.

○ 다중이용시설(숙소, 식당, 버스터미널, 공항 등)에서는 공중도덕을 지켜서 예절바른 모습을 보여야 한다.

○ 수련활동 참여시, 휴대폰 · 게임기 · MP3등의 휴대를 자제하고 아름다운 자연환경 속에서 수련활동 프로그램에 몰입하도록 한다.

○ 안전사고 발생시, 인솔 · 지도 교사에 즉시 보고한다.

○ 교육활동 중 유해한 장소나 위험한 시설 등에 접근하지 않는다.

○ 항공기 탑승 시에는 "기내반입 금지물품(문구용 칼 · 가위, 폭발성 물질 등)"을 반드시 확인하고 소지하지 않도록 한다.

○ 숙소에서는 이동 동선을 확인하고, 비상계단 위치 및 구조를 숙지하도록 한다.

○ 숙소의 소화기·완강기 사용방법을 숙지하고, 위기 상황 시 활용할 수 있도록 한다.

(2) 환경 조성

숙박형 체험학습을 실시하기에 앞서 수학여행 숙박시설 안전실태 점검을 통해 안전을 강화하고 시설의 인가기준을 강화한다. 숙박형 현장체험학습을 하기 위해서는 먼저 숙박시설 소방、전기、가스、위생 등 안전점검 결과(최근 1년 이내)를 해당 업체로부터 제출받아 확인한다. 체험 프로그램을 위탁하여 운영할 경우 청소년활동인증 여부를 반드시 확인하고, 재 위탁 시 운영의 주체와 책임 소재를 명시한다. 이때 교육청 또는 학교가 직접 프로그램을 기획하고 교사가 인솔 · 지도하는 경우 직영 프로그램으로 간주하여 인증 없이도 운영이 가능하다. 교육부의 대규모 수학여행 안전기준 강화에 따라 동일 여행지에서 소규모 숙소 확보문제와 야간 생활지도의 어려움을 해소하기 위해 숙소 통합사용에 따른 안전기준을 강화하여 2014년 2학기 수학여행에 한해 학생 150명 초과 시 50명당 1명의 안전요원을 의무배치 하도록 한다(충청남도 교육청, 2014).

체험활동의 현장답사는 학생의 안전사고 예방에 중점을 두어 시행하며 실시경로 · 예정지와 수학여행 · 수련활동의 교육목적 부합 여부, 거리, 소요시간, 시설(식당 포함)의 수용 인원 및 안전위생 상태, 청소년 유해환경 인접 여부, 목적지 및 경유지의 위험지역, 이동경로 상의 교통사고 다발지역 등을 확인한다.

숙소 및 운송 계약 시 살펴볼 내용으로는 여행 계약서(표준계약서 사용), 견적서, 식단표, 객실 배치도, 수학여행 일정표, 집단급식소 설치 신고증 또는 일반음식점 영업 신고증, 운수업체의 '교통안전정보' 관련 서류(운전자 적격 여부, 전세버스 정보, 차량보험 증권 사본, 차량 종합진단표 등), 안전요원 배치계획 및 자격증, 최근 1년 이내 개별 법령에 따른 위생 · 소방 · 전기 · 가스 등 안전점검결과, 프로그램 인증 확인서, 여행자 보험증권(인솔자 및 학생 포함) 등이 있다.

계약 시 유의사항으로는 동일 행사기간에 타교생 수용여부 문제 등과 같은 소정의 계약서를 사용하되 기타사항에 상호 협의사항 명시가 가능하고, 안전 · 위생사고 발생 시의 관련 대책 포함 여부를 확인하며, 소재지 시 · 군 · 구에서 허가받은 정원 준수하는지 시설의 숙박정원을 확인하고, 학생 보호 강화를 위한 보험 가입(종류, 보상 범위 등) 여부를 확인한다.

(3) 안전수칙 및 대처행동

① 안전수칙

숙소에서 지켜야 안전수칙은 일반적 안전수칙, 화재안전수칙, 식품안전수칙으로 나눌 수 있다. 먼저 일반적인 안전수칙의 내용을 살펴보면 첫째, 숙소에서 지켜야 할 생활규칙을 알아두고, 위험한 물건(라이터, 칼 등)은 가지고 오지 않는다. 둘째, 비상시 대피요령을 알고 대피로를 사전에 확인해 둔다. 셋째, 숙소가 2층 이상인 경우 완강기 설치 위치를 확인한다. 넷째, 숙소 내에 화재 시 응급조치할 수 있는 물품(소화기, 비상 손전등 등)이 비치되어 있는지 확인한다. 다섯째, 숙소에서 창문을 넘어 다니거나 창가에서 장난을 하지 않는다. 여섯째, 점검 후 위험 요소가 있을 경우 선생님이나 숙소 담당자에게 알린다(박남수 외, 2014).

숙소에서 지켜야 할 화재안전 수칙으로는 첫째, 숙소에 들어가기 전 화재 안전교육을 받고, 화재 발생에 대비하여 대피로를 사전에 확인한다. 둘째, 소화기와 소화전의 위치를 확인하고 사용 방법을 익혀둔다. 셋째, 화재를 일으킬 만한 물건을 소지하지 않는다(박남수 외, 2014).

식사 및 위생관련 안전수칙으로 첫째, 식사 전에는 반드시 손을 비누로 씻고, 식사 후에는 양치질을 하도록 지도한다. 둘째, 상한 음식은 먹지 않도록 하고, 물은 식수나 끓인 물만 마시도록 한다. 셋째, 질서를 지키며 배식 받고 배식 중 앞 · 뒷사람과 장난치지 않도록 한다. 넷째, 잔반은 정해진 곳에 버리고 식판, 수저 등으로 장난치지 않도록 한다. 다섯째, 특정식품 알레르기가 있는 학생은 사전에 확인한다. 여섯째, 유효기간이 지나거나 보관상태가 나쁜 음식은 버리도록 한다. 일곱째, 불량식품은 사먹지 않는다(송숙경 외, 2014).

② 대처행동

숙소에서 발생한 안전사고에 대한 일반적 대처행동으로는 첫째, 응급환자 발생 시 선생님이나 119에 즉시 알린다. 둘째, 숙소에서 응급상황 발생 시 방송내용을 잘 듣고 대피 안내에 따라 행동한다. 셋째, 화재 발생 시 젖은 수건을 이용하여 고개를 숙이고 대피로로 신속히 이동한다(박남수 외, 2014).

머물던 숙소의 화재발생시 대처행동으로 서울시교육청이 제시한 내용을 보면 첫째, 화재가 발생하면 비상경보음을 울려 화재 사실을 알린다. 둘째, 출입문 및 계단 입구에 있는 비상유도등을 따라 낮은 자세로 침착하게 대피한다. 셋째, 출입문을 열기 전 문과 손잡이에 손등을 대어보거나 만져본다(손잡이가 뜨겁지 않으면 물을 조심스럽게 열고 밖으로 나가고 뜨거우면 문을 열지 말고 다른 대피방법을 찾는다). 넷째, 연기가 있을 경우 낮은 자세로 대피한다(한 손으로 코와 입을 젖은 수건이나 옷 등으로 막아 연기를 마시지 않도록 한다. 불을 통과해 대피해야 할 경우 물을 적신 담요를 몸에 뒤집어쓰고 신속하게 대피한다). 다섯째, 대피할 때는 절대로 승강기를 이용하지 않고 계단을 이용한다. 여섯째, 밖으로 대피한 경우 바람이 불어오는 쪽에서 구조를 기다린다. 마지막으로 아래층으로 대피할 수 없을 때는 옥상으로 대피한다(박남수 외, 2014).

식품안전과 관련한 대처행동으로 복통이나 설사 증상이 발생하면 즉시 교사 및 숙소 관리자에게 알린다. 둘째, 심한 설사가 있을 경우 탈수 증상이 발생하지 않도록 미지근한 물을 수시로 마신다(송숙경 외, 2014).

■ 정리

1. 체험학습 이동안전

1) 보행이동시 안전수칙으로는 초록불일 때 직진방향 화살표 앞에 서서 신호를 준수하고 장난치지 않고 건넌다. 신호등이 켜진 후 주변의 차가 멈추었는지 확인하고 건넌다. 신호등이 없는 횡단보도에서는 차량이 완전히 멈추거나 운전자의 손 신호가 있을 때 건넌다. 이동할 때 휴대전화를 사용하지 않고 이어폰을 착용하지 않는다. 인도와 차도 구분이 없는 도로에서는 길 가장자리로 다닌다. 운전자가 있거나 시동이 걸려있는 차량 주변에서는 더욱 조심해서 걷는다. 단체로 이동시 무리를 벗어나지 않으며, 교통법규와 공중도덕을 잘 지킨다.
2) 철도이용 안전수칙은 승강장에서 밀치거나 뛰지 않고, 열차가 들어오면 열차가 멈출 때까지 안전선 안쪽에서 기다린다. 열차를 타고 내릴 때 승강장과 열차 사이에 발이 빠지지 않도록 하고, 역내 에스컬레이터에서는 신발 끈이 발판의 모서리에 끼지 않도록 주의하며, 에스컬레이터에서는 손잡이를 꼭 잡는다. 출입문에 손을 대거나 몸을 기대지 않는다. 열차 간 연결통로에 있지 않으며, 긴급 상황 발생 시 즉시 주변에 도움을 요청한다.
3) 지하철 안전수칙은 승강장에서 밀치거나 뛰지 않으며 안전선 뒤쪽에서 열차를 기다린다. 승강장과 열차 사이에 발이 빠지지 않도록 하고, 출입문에 물건이나 신체 부위가 끼이거나 걸리지 않도록 한다. 출입문에 손을 대거나 기대지 않으며, 연결통로를 피해 선다. 지하철 내의 비상호출장치, 안전 안내문, 소화기, 비상출입문 개폐기 등의 위치를 살핀다.
4) 항공기 내에서는 개인행동을 하지 않고 승무원의 지시에 따르며, 탑승 후 좌석벨트를 즉시 착용한다. 기내에서 비상사태가 발생하면 승무원의 지시를 따르며 충돌 전 웅크린 자세로 충격을 최소화한 후 차례를 기다려 비상구로 탈출한다.
5) 선내에서는 승무원의 안내에 따르고 구명보트, 구명조끼, 비상벨, 비상구가 있는 위치를 확인하고, 선내에 비치된 구명조끼 착용법을 알아둔다. 승객 출입금지 장소는 출입하지 않고, 소화기, 구명 기구 등은 함부로 만지지 않는다. 계단을 오르내릴 때 반드시 난간을 잡고 이동한다. 눈 · 비가 오거나 바람이 심하면 갑판에 나가지 않는다. 휴대전화와 예비 배터리를 사전에 준비해 둔다.

2. 체험학습 활동안전

1) 물놀이 안전사고 예방을 위해 물놀이 안전수칙, 대처행동 교육, 수영교육, CPR 교육, 안전체험관 방문, 수영을 할 수 있는 곳과 해서는 안 되는 곳 구별법 등의 안전교육을 실시하고, 환경조성을 통해 안전을 확보하도록 노력하며, 상황별 물놀이 안전수칙과 대처행동을 아동에게 학습시키고 교사 스스로 수행해야 할 역할을 숙지하도록 한다.

2) 산행 도중 비상상황이 발생할 경우 대처행동으로는 첫째, 119구조대나 국립공원관리사무소 등에 구조를 요청한다. 둘째, 등산로 국가지점번호, 휴대전화 사진 등을 이용하여 사고 위치와 주변 환경을 정확히 알린다. 셋째, 구조요원이 도착할 때까지 부상자의 몸을 따뜻하게 해주고 마음이 편안하도록 도와준다. 캠핑을 하기 위해 지켜야 할 안전수칙에는 첫째, 활동지 주변 위험요소 및 시설물 등을 미리 파악한다. 둘째, 날씨를 미리 확인하고, 기상 악화에 대비하여 대피로를 미리 확인해둔다. 셋째, 텐트 설치 시 고정 팩은 바닥끝까지 박아주고 스트링(줄)에 걸려 넘어지지 않도록 안전표지(야광테잎)를 부착하며 비가 내릴 경우를 대비해 텐트 주변에 배수로를 판다. 넷째, 화기를 바르게 사용한다. 다섯째, 개인위생 관리를 철저히 한다. 여섯째, 바람이 많이 불 때에는 불자리를 만들지 않는다. 일곱째, 질식, 화재의 위험이 있으므로 텐트 안에서 화기를 사용하지 않는다. 여덟째, 물가 가까이에 텐트를 치지 않는다.
3) 공공연장 안전사고의 예방을 위해 학생들은 공연 전 · 후 집단 이동 시 대열에서 이탈하지 않고, 질서를 유지하며 안전요원의 지시에 따라 질서 있게 행동해야 한다. 행사 주최자는 전기나 화재 위험에 대한 환경점검과 함께 공연장에서는 잠겨있는 비상구는 없는지, 대피경로에 장애물이 없는가, 소방 설비 및 경보설비가 올바르게 작동하는가, 비상용 방송시스템은 공연장 전체에 잘 들리는가 등을 사전 점검하여야 한다. 지도 교사는 공연 및 관람장을 예약할 때 먼저 안전수준이 확보된 곳인지를 미리 확인해야 한다. 너무 좁은 장소에 많은 사람들이 관람하게 되면 안전관리측면에서 발행할 수 있으므로 적정수용인원을 확인하여 미리 인원을 조정한다. 다중이용시설에서 지켜야 할 안전규칙을 학생들에게 사전에 교육시키고, 현장에서는 비상시 대피경로와 대피장소를 확인한다. 위기상황 발생 시 대처할 수 있는 능력을 확보한다.
4) 체험학습 활동 시 학생들은 인솔 및 지도교사나 프로그램 진행자의 안전지도 사항을 성실히 준수해야 하며 숙소 내 안전규칙 및 안전행동에 대한 사전교육을 받아야 한다. 숙소에서는 이동 동선을 확인하고, 비상계단, 소화기 및 완강기의 위치와 사용방법을 숙지하고 위기 상황 시 활용할 수 있도록 한다. 학생들은 숙소 내 일반적인 안전수칙 뿐 아니라 화재안전, 식사 및 위생관련수칙을 준수하도록 한다. 교사는 숙박형 체험학습 실시 전 점검을 통해 안전기준을 충족하는 시설을 선택하여야한다. 체험학습 실시 전 응급상황 발생 시 신고 및 대응계획을 수립하고 숙지하여 위기 상황 시 즉각적으로 대처할 수 있도록 한다.

제4절 폭력예방 및 자살예방

학교폭력예방 및 대책에 관한 법률에 따르면 학교폭력은 학교 내외에서 학생을 대상으로 발생한 상해, 폭행, 감금, 협박, 약취, 유인, 명예훼손, 목욕, 공갈, 강요, 강제적인 심부름 및 성폭력, 따돌림, 사이버 따돌림, 정보통신망을 이용한 음란, 폭력 정보 등에 의하여 신체, 정신 또는 재산상의 피해를 수반하는 행위를 말한다. 즉, 학교폭력은 신체적, 물리적 폭력뿐 아니라 정서적, 심리적 폭력 모두를 포함하는 데 학교폭력으로 규정할 수 있는 행동의 성립조건으로는 고의성, 반복성, 힘의 불균형(Coloroso, 2003)을 들 수 있다.

1장 언어폭력 예방

1. 언어폭력 개념 및 유형

1) 개념

언어폭력은 명예훼손, 모욕, 협박을 포함하는 개념으로 빈정대거나 거친 말투로 상대에게 고통을 주는 행위를 말한다.

명예훼손이란 여러 사람 앞에서 상대방의 명예를 훼손하는 구체적인 말을 하는 행위이고, 모욕이란 여러 사람 앞에서 모욕적인 언어를 지속적으로 사용하는 행위이다. 이러한 명예훼손과 모욕의 경우 그런 내용의 글을 인터넷, SNS 등으로 퍼뜨리는 행위까지 학교폭력으로 인정된다. 협박이란 신체 등에 해를 끼칠 듯 한 언행과 문자 메시지로 겁을 주는 행위 등을 통해 어떤 일을 행하도록 위협하는 행위를 말한다.

이러한 언어적 폭력의 구체적인 행동으로는 별명을 부르며 놀리는 행위, 말로 위협하거나 협박하는 행위, 개인적인 약점을 들춰서 괴롭히는 행위, 거짓말로 소문을 내거나 험담을 퍼뜨리는 행위 등을 들 수 있다(유형근 외, 2014). 즉, 언어폭력은 학교 내외에서 학생 간에 발생한 부정적인 언어표현으로 상대방의 자아개념을 손상시키고 모욕감을 주는 행위(김나현, 2010)나 어떤 나쁜 일이 일어나기를 바라는 말을 하거나 화가 나도록 약올리거나 단점이나 약점을 농담 삼아 비아냥거리면서 이야기하거나 남에게 어떤 일을 하도록 또는 남을 위협하기 위해 협박하거나 욕설을 함으로써 상대방의 자아개념을 손상시키는 행위(이수영, 2010)를 말한다.

2) 유형

언어폭력의 유형은 다양하게 구분되는데 Infante와 동료들(1992)는 언어폭력은 내용과 방법에 따라 9가지 유형으로 구분하였다.

언어폭력의 내용에 따라 누군가의 성격을 부정적으로 말하는 성격공격, 누군가의 능력을 부정적으로 말하는 능력공격, 누군가의 배경을 공격하는 배경공격, 누군가의 생긴 모습이나 육체적 매력 혹은 외양이나 옷 입는 모습 등을 부정적으로 표현한 생김새 공격이 있다. 언어폭력의 방법에 따라서는 어떤 나쁜 일이 누군가에게 일어나기를 바라는 저주, 누군가를 화가 나도록 약 올리거나 실없이 놀리는 희롱, 누군가의 단점이나 약점을 농담 삼아 비웃거나 깔보는 조롱, 남에게 어떤 일을 하도록 위협하거나 처벌할 것이라고 하는 협박, 그리고 남의 인격을 무시하는 모욕적인 말을 하는 욕설이 있다(Infante, Riddle, Morvath, & Tumlin, 1992).

언어폭력 유형에는 자신의 부정적 감정을 전달하는 말, 상대방의 의견이나 외모 · 능력 등을 향해 표현하는 무시하는 말, 강한 공격적 어조의 상대방을 위협하는 말, 비속어(박민정, 2006)로도 구분하고, 놀림, 조롱, 욕설, 협박(최은숙, 2000)등의 유형으로 구분하기도 한다.

2. 언어폭력 발생 현황

교육부의 2014년 상반기 학교폭력 실태조사에서 가장 많이 보고된 학교폭력 사례는 언어폭력이었다. 두 번째로 보고된 따돌림에 비해 언어폭력 경험이 2배 이상 높게 나타났다. 성별에 따라서는 남학생이 33.5%, 여학생이 36.3%로 나타나 여학생이 남학생보다 다소 언어폭력 경험률이 높은 경향을 보였다. 학교급에 따라서는 초등학교가 35.1%, 중학교가 33.7%, 고등학교가 34.8%로 나타나 초 · 중 · 고교를 막론하고 언어폭력을 경험한다는 것을 알 수 있다. 이러한 결과는 초 · 중 · 고교 전 교육기관에서 학교폭력 예방 프로그램을 계획하고 실시할 때 언어폭력 예방에 가장 많은 비중을 두어야 함을 나타낸다.

3. 언어폭력의 원인 및 결과

1) 언어폭력의 원인

언어폭력의 발생 원인은 크게 다섯 가지로 구분된다.

첫째, 타인에 대한 배려심의 부족을 들 수 있다. 집단 속에서 재미를 추구하기 위해 언어폭력을 사용하는 경우로, 죄책감 없이 사용하면서도 남에게 폭력적 언어를 들었을 때 기분 나쁘다고 인식한다. 둘째, 잘못된 갈등전략을 사용하기 때문이다. 고의로 다른 사람의 자아개념을 손상시킴으로써 자신의 우월감을 확인하고자 하며, 갈등상황에서 상대방이 자신의 주장에 저항할 수 없도록 언어폭력을 행사하는 것이다. 셋째, 언어폭력에 대한 보복이 원인이 된다. 상대방이 자아개념을 의도적으로 손상시킬 때 그에 대한 도전이나 저항을 하기 위해 언어폭력이 일어나는 것이다. 넷째, 집단분위기에 휩쓸리기 때문이다. 집단 내에서 동료들과 연대감을 확인하고자 하는 경우로 집단의 분위기에 휩쓸려 별다른 의식 없이 함께 언어폭력을 가하는 것이다. 다섯째, 습관적인 언어사용으로 언어폭력에 대한 인식이 부족하기 때문이다. 자신이 사용하는 말을 크게 의식하지 않고 습관적으로 사용하기 때문에 스스로 하는 말이 언어폭력인지 조차도 모르는 경우이다(이수영, 2010).

2) 언어폭력의 결과

폭력적인 언어는 폭력적 사고를 형성하여 긍정적이고 밝은 정서를 표현하는 것을 억제하고 행동으로 이어져 부정적이고 폭력적인 행동으로 나타난다(구자숙, 1999). 자신감을 저하시키고, 스트레스를 증가시키고(Hilton, Kottkem, & Pfahler, 1999), 상대방에게 인정받지 못한다는 느낌, 불안, 혼란, 걱정(Cameron, 1998), 분노와 무력감(Cox, 1987), 슬픔을 느끼게 하며, 자아존중감에 상처를 입히고 상대방에 대한 적대감을 갖게 한다(Gartrell, Herman, Olarte, Feldstein, & Localio, 1987). 그 결과 공격성, 위축, 좌절, 정서적 부작용, 반사회적 행동 등을 나타낸다(Rohner, 1986).

4. 언어폭력 예방대책

1) 예방교육

일반적인 폭력예방교육은 학교폭력의 개념, 학교폭력 발생시 처리, 피해를 입을 경우 초기에 적극적인 도움 요청하기, 학교폭력 목격자는 법률상 신고의무가 있음을 내용으로 한다. 이를 언어폭력교육에 적용하면 언어폭력의 개념, 언어폭력 발생시 처리 및 도움 요청하기, 비폭력대화법 등을 교육한다.

구체적으로 아동이 알아야 하는 내용에는 친구들과 내가 말하는 비슷하고 다른 점 알기, 화가 날 경우 대처방법, 잘못된 언어행동 알기, 받게 되는 처벌 알기, 대처행동 알기, 학교폭력 신고센터 117 알기 등을 들 수 있다. 또한 학교폭력이 발생하면 가해학생은 「학교폭력예방 및 대책에 관한 법률」에 의해 서면사고, 학교내 · 에서의 봉사, 특별교육, 전학, 퇴학 등 징계조치를 받고, 피해학생이 부담한 치료비용을 배상하여야 하고, 보호자도 교육을 받는다. 이와 별도로 형법상 범죄로 성립하는 경우는 형사처벌이나 소년법상의 보호처분을 받게 된다는 점도 알린다. 반면 학교폭력 피해학생은 심리상담, 치료, 학급교체 등의 보호조치를 받을 수 있으며, 치료비 등을 부담한 경우 학교안전공제회로부터 먼저 비용을 보전 받을 수 있다. 언어폭력 예방교육은 부모교육에도 적용하여 가정내에서의 언어습관을 진단하고 자녀와 건전한 대화문화가 만들어지도록 교육한다.

2) 환경조성

아동이 생명존중 사상과 공감능력을 길러 역지사지의 입장을 이해하도록 한다. 바른

말 고운말을 사용하도록 지도한다. 교사와 부모가 바른 언어사용 모델링을 제공한다. 학교와 가정이 연계하여 '욕설없는 주간'이나 '바른말 고운말 사용 주간' 등의 운동을 전개하여 언어폭력 근절을 위한 환경을 조성한다.

사회문화적으로 언어폭력 예방을 위해서 학교폭력 신고 대표전화를 경찰청 117로 통합하여 24시간 운영하고 상시 근무체제를 취한다. 접수된 학교폭력 사안의 경중을 판단하여 경찰청 또는 학교폭력원스톱지원센터(Wee센터, CYS-Net)로 사건을 이송하고, 경찰청 및 상담센터는 신고센터로부터 이송 받은 사안의 최종처리 결과를 해당 학교 및 학교폭력신고센터에 통보한다.

통보받은 학교장은 학교폭력대책자치위원회를 소집하여 심의를 거쳐 사건을 종결한다. 또한 학교장은 학교폭력전담기구에서 실태 조사결과를 토대로 매년 학교폭력예방교육을 수립하도록 하고 이를 연간 학교교육계획에 반영하고, 학기별로 학생을 대상으로 1회 이상 예방교육을 실시한다.

학교폭력의 예방 및 대책 등을 위한 교직원에 대한 교육을 학기별로 1회 이상 실시하고, 학부모에게 학교폭력 징후 감지 및 학부모지도요령 등에 대해 연2회 이상 학부모교육을 실시한다. 학교폭력예방교육은 학기 초에 집중적으로 실시한다. 학교폭력예방교육 프로그램 운영계획을 학부모들이 쉽게 확인할 수 있도록 학교홈페이지를 비롯해 다양한 방법으로 알린다(법무부, 2012).

'학교폭력근절종합대책'은 크게 7대 실천정책으로서 4개의 직접대책과 3개의 근원적 대책으로 구성되었다. 직접적인 대책으로는 첫째 학교장과 교사의 역할 및 책임 강화, 둘째 신고-조사체계 개선 및 가해 · 피해 학생에 대한 조치강화, 셋째 건전한 학교문화 형성을 위한 또래활동 등 예방교육확대, 넷째 학부모교육확대 및 학부모의 책무성 강화의 4개 대책이 제안되었다. 더불어 살아가는 바른 인성을 함양하여 학교폭력을 근원적으로 차단하기 위한 근원적 대책으로는 3개 대책이 마련되었다. 교육전반에 걸친 인성교육실천, 가정과 사회의 역할강화 및 게임 · 인터넷 중독 등 유해요인 대책이 여기에 해당된다(여성가족부, 2014).

미디어에서도 바른말 고운말 사용을 전개하고, 편집을 통해 적절치 못한 환경에 아동이 노출되지 않도록 미디어 가이드라인이 마련되어야 한다. 또한 성인의 TV시청 지도방법을 알림으로써 언어사용방법에 대해 지도할 수 있도록 한다.

3) 대처행동

학교폭력예방포털사이트(http://www.stopbullying.or.kr)에서는 학교폭력 대처법을 첫째, 절대 맞서 싸우지 않는다. 둘째, 일단 그 자리를 피한다. 셋째, 다른 사람에게 도움을 요청한다. 넷째, 등 · 하교 방법을 바꾸고 되도록 혼자 다니지 않는다. 다섯째, 폭력상황에 처한 친구를 그냥 지나치지 않는다 등 5가지로 제시하고 있다. 이러한 대처법을 언어폭력에 대한 대처행동에 대입해 보면 첫째, 누가 언제 왜 어떻게 언어폭력을 가했는지를 증거가 되는 기록을 상세하게 기록한다. 둘째, 폭행을 당한 즉시 병원(언어폭행은 신경정신과)의 진단서를 받는다. 셋째, 언어폭행사실을 증언할 수 있는 친구의 증언물(녹음, 기록, 대필 등)을 준비한다. 넷째, 언어폭력을 경험하면 즉시 주위 어른에게 알린다 등을 들 수 있다.

2장 신체 폭력 예방

1. 신체폭력의 개념 및 유형

신체폭력은 감금, 상해, 폭행, 약취, 유인을 포함하는 개념으로 신체 상해를 일으키거나 불편감을 야기하는 행위를 말한다. 감금이란 일정한 장소에서 쉽게 나오지 못하도록 하여 신체의 자유를 제한하는 행위를 말하고, 상해란 남의 몸에 상처를 내어 해를 입히는 행위를 말한다. 폭행이란 때리는 등의 난폭한 행동을 하는 것을 말하며, 약취란 훔치거나 빼앗아서 가지는 행위이고, 유인이란 상대방을 속이거나 유혹해서 일정한 장소로 데리고 하는 행위를 말한다.

이러한 신체적 폭력의 구체적인 행위로는 고의적으로 건드리거나 치는 등 시비를 거는 행위, 장난을 빙자해서 때리거나 힘껏 밀치는 행위, 물건이나 흉기 등을 이용해 신체적인 상해를 가하는 행위 등이 해당된다(유형근 외, 2014). 또한 신체적 고통이나 상해를 가할 의도나 그러한 의도가 있다고 인식되어진 행위(한경혜, 김영희, 1999)로 의도적이든 의도적이 아니든 신체적으로 폭행을 가해한 경험(김명희, 2004)을 신체폭력이라고 한다.

2. 신체폭력 발생 현황

교육부의 2014년 상반기 학교폭력 실태조사에서는 신체폭력을 폭행, 금품갈취, 강제심부름, 강제추행 등으로 나누어 살펴봤다. 이 가운데 폭행이 단일 보고로 보았을 때 세 번째로 많이 보고된 학교폭력 유형이지만 이를 한데 묶어 살펴보면 28%로 언어폭력 다음으로 나타났다.

폭행만 단독으로 보면 남학생이 15.3%, 여학생이 5.3%로 남학생이 여학생보다 3배정도의 신체폭력의 경험이 있음을 알 수 있다. 폭행, 금품갈취, 강제심부름, 강제추행 등을 한데 묶어 신체폭력으로 보았을 때 성별에 따라서는 남학생이 34.8%, 여학생이 17.0%로 나타나 남학생이 여학생보다 2배 이상 신체폭력 경험률이 높게 나타났다.

학교급에 따라서 폭행을 단독으로 살펴보면 초등학교가 12.5%, 중학교가 10.4%, 고등학교가 10.9%로 초등학교에서의 폭행이 약간 더 높은 것으로 나타났다. 폭행, 금품갈취, 강제심부름, 강제추행 등을 한데 묶어 신체폭력으로 보았을 때 초등학교가 27.8%, 중학교가 28.0%, 고등학교가 29.3%로 나타나 초 · 중 · 고등학교에서 신체폭력 경험률이 비슷하다는 것을 의미한다. 이러한 결과는 학교폭력예방 프로그램을 계획하고 실시할 때 언어폭력과 함께 신체폭력을 비중 있게 다루어야 할 필요가 있음을 의미하며 특히, 남학생에게 신체폭력 집중교육이 실시되어야 함을 나타낸다.

3. 신체폭력의 원인 및 결과

신체폭력의 원인은 공격성의 사용, 낮은 도덕적 판단 능력, 타인에게 가하는 공격성과 폭력이 얼마나 나쁜지 알지 못하는 것(정종진, 2012), 낮은 공감능력과 수용능력(김혜원, 2013), 도덕적 이탈(김의철, 박영신, 2000) 등을 들 수 있다.

학교폭력의 원인이 되는 개인적 요인인 공격성, 높은 스트레스 수준, 지배성, 높은 도덕적 이탈과 같은 외현적 요인과 우울, 열등감과 피해의식, 부정적인 자아개념, 낮은 공감능력과 수용능력 부족 등이 복합적으로 작용(유형근 외, 2014)해 신체폭력을 유발한다. 피해학생의 경우 유약하고 복종적이며 수용적인 태도를 보임으로써 학교폭력에 노출된다(유형근 외, 2014). 성별 · 학년 · 성적과 같은 일반적 특성, 신체폭력피해경험, 불량서클 가입여부, 신체적 폭력충동, 대중매체 노출정도, 사회성향 · 정신신체증상호소성향 · 반사회적 성격양상 · 우울성향 · 자아존중감과 같은 심리 · 인지적 요인이 신체폭력을 유발하는 원인이다(김명희, 2004).

폭력을 유발하는 가정환경적 요인으로는 첫째, 부모-자녀간 의사소통 문제, 양육방식문제, 부모-자녀간 갈등문제가 있고, 둘째, 과잉보호적 가정환경, 부모의 자녀에 대한 관리 및 감독 소홀을 들 수 있고, 셋째, 경제적 빈곤, 가정 내에서의 폭력 경험이 원인으로 간주된다.

학교환경적 요인으로는 첫째, 낮은 학교생활 만족도와 학업 성취도, 둘째, 교사의 애정과 긍정적 관심 부족, 셋째, 폭력을 암묵적으로 허용하고, 과도한 경쟁을 야기하는 학교풍토가 원인으로 작용한다.

사회환경적 요인으로는 첫째, 지역사회의 유해환경 및 열악한 경제수준, 둘째, 지역사회의 높은 범죄율, 셋째, 대중매체의 폭력성 등을 들 수 있다(유형근 외, 2014). 이처럼 폭력을 유발하는 요인들이 아동의 신체폭력을 유발하는 요인으로 작용한다.

환경관련 요인으로 가정의 경제수준과 가족구조, 부부관계, 자신과 부모와의 관계, 부모의 직업, 가족 중 폭행가해여부 등이 신체폭력을 유발하는 원인이다. 또래관계에서는 또래의 사회적지지, 또래사이에서의 외로움, 위험친구 친밀도, 이성친구 여부, 신체폭력친구와의 접촉이 신체폭력에 영향을 미친다. 교사로부터 훈육경험 중 언어 · 심리적 피해경험과 신체 · 물리적 피해경험, 부모관련 스트레스 등이 폭력의 영향요인이다(김명희, 2004).

4. 신체폭력 예방대책

1) 예방교육

신체폭력 예방교육은 학생, 교직원, 학부모를 대상으로 실시한다. 학생예방교육은 학교폭력 예방교육에 준해 필요에 따라 전문기관과 연계하여 학급단위나 전체학생을 대상으로 교육과정에 반영하여 지속적으로 실시한다. 교육부가 경찰청과 연계하여 실시하고 있는 '범죄예방교실'의 교육내용에 따라 신체폭력의 법적 정의, 사례로 보는 신체폭력 유형 및 법적 책임, 형사 처벌 절차, 신체폭력 피해 및 목격시 대응요령 등을 교육한다.

교직원 교육으로는 신체폭력 관련 법령에 대한 내용, 신체폭력 발생 시 대응요령, 학생 대상 신체폭력 예방 프로그램 운영방법(유형근 외, 2014) 등이 포함되어야 하고 교사의 심리적 안녕감과 역량을 강화하기 위한 내용(공감을 위한 나를 이해하기, 소통을 위한 타인 수용하기, 어울림을 위한 통합과 조화 모색)도 포함되어야 한다(한국교육개발원, 2013).

학부모를 대상으로 한 신체폭력 예방교육은 학기당 1회 이상 실시하고, 직접교육과 간접교육을 병행하도록 한다. 학부모관련 교육주제로는 신체폭력 예방을 위한 분노 조절방법, 신체폭력 예방을 위한 자녀의 자아존중감을 키우는 방법, 자녀에 대한 이해 및 부모자녀간 효과적인 대화법, 의사소통과 감정코칭(유형근 외, 2014) 등을 제공한다.

2) 환경조성

아동의 인권을 존중하고 권리를 보호하여 자신과 타인을 존중으로 대하도록 한다. 분노와 스트레스를 건강하게 해소하도록 지도한다. 어떤 경우에도 사람에게 폭력을 행사해서는 안된다는 것을 확고히 인지하도록 한다.

신체폭력은 학교환경을 조절하여 줄일 수 있다.

먼저 안전한 시설을 구축하도록 한다. 신체폭력이 일어날만한 장소를 차단하기 위해 학교 옥상, 주차장, 건물 뒤편 등 후미진 공간의 접근의 통제하고 관리감독 사각지대에 인력감시와 기계적 감시체계를 동원한다(조민희, 이재민, 2012). 둘째, 정서지원을 강화한다. 바람직한 가치관을 심어주어 학교에서 누적된 불만이 신체폭력으로 나타나지 않도록 폭력의 피해자와 가해자의 개인적 특성과 성향을 변화시키고, 학급 분위기를 바람직하게 형성하도록 한다. 또한 방관학생의 행동을 변화시키고, 또래활동을 장려하고 또래집단이 폭력성을 띄지 않도록 하기 위해 건전한 집단활동의 여건을 마련한다. 셋째, 학생생활규정을 제정한다. 반드시 지킬 핵심 사항 위주로 작성하여 학생, 학부모, 교사

간의 충분한 협의과정을 거쳐 실천적인 인성교육을 실행할 수 있는 규칙을 제정한다. 학생자치활동을 통해 학생자치법정을 운영하여 문제를 해결하도록 한다. 넷째, 다양한 소집단 활동을 실시한다. 신체폭력 예방을 위한 방안으로 학생들이 관심을 갖고 자율적으로 참여하는 자치활동 및 다양한 소집단 활동을 활성화한다. 다섯째, 교사가 아동을 존중하고 모델링이 될 수 있도록 행동한다. 교사는 전인교육이 이루어지는 교육환경 조성을 위해 학생관리 방법, 학생과의 유대감 증진 및 배양 훈련, 스트레스 관리기술에 관한 교원연수를 통해 자신의 의지를 향상시킨다. 또한 신체폭력 예방을 위한 소통과 배려, 협력의 학교문화를 만들기 위해서는 학생, 교사, 학부모가 상호협력하고 배려하는 공동체적 학교분위기를 형성한다. 사회문화적으로는 폭력을 허용하지 않고, 법령제정을 통해 폭력이 발생한 경우 단호하게 대처한다. 또한 미디어에서는 가이드라인을 설정하여 폭력을 미화하지 않고, 아동의 폭력장면 시청을 차단하는 조치를 하도록 한다.

3) 대처행동

학교폭력예방포털http://www.stopbullying.or.kr)에서 제시한 폭력에 대한 아동의 대처행동을 보면 먼저 첫째, 누가 언제 왜 어떻게 폭행했는지를 증거가 되는 기록을 상세하게 기록한다. 둘째, 폭행을 당한 즉시 병원의 진단서를 받는다. 셋째, 폭행사실을 증언할 수 있는 친구의 증언물(녹음, 기록, 대필 등)을 준비한다. 넷째, 가해자가 남거나 보자고 할 때는 절대 가지 않고 즉시 부모에게 알리거나 신고한다. 다섯째, 길목을 지키고 있을 경우를 대비해서 친구와 동행하거나 부모에게 마중 나오도록 한다. 여섯째, 등 · 하교 방법을 바꾸고 되도록 혼자 다니지 않는다. 일곱째, 본인이 신고하지 못할 경우, 가장 친한 친구에게 대신 신고를 부탁한다.

폭력적인 아이에게 교사가 할 수 있는 일반적인 관심과 배려의 방법으로는 첫째, 아이가 폭력행동을 하지 않을 때, 남을 돕고 있을 때, 남과 친하게 지낼 때 등 급우들과 잘 지내는 장면을 살펴두었다가 칭찬 등의 따뜻한 관심을 보여준다. 둘째, 쉬는 시간, 점심시간에도 폭력적인 아이와 함께 하는 시간을 많이 가져서 다른 아동에게 폭력을 행사할 시간을 줄인다. 셋째, 방과 후에 폭력행동을 많이 하므로 학급이나 학교의 친구들이 모두 갈때까지 남겨서 교사의 일 돕기, 과제 도와주기, 가족 이야기, 폭력의 나쁜 점 등을 이야기한다. 넷째, 아이의 정서적 특성을 순화시킬 수 있는 책을 읽고 교사와 이야기를 나누도록 권장한다. 다섯째, 학년말에 관리자에게 아이의 특성을 자세히 알리고 배려하여 학급을 배치할 때 참고하도록 한다(장희화 외, 2013).

3장 따돌림 예방

학교에서 따돌림은 흔히 일어나고 있으나 교사나 학부모는 이를 학생들이 성장과정에서 겪는 자연스러운 일이라고 생각하여 심각하게 여기지 않는 경우가 많았다. 이렇게 무관심하게만 여겨지던 따돌림이 자살시도, 우울증, 등교거부 등의 문제를 일으키고 심각한 폭력 문제로까지 비화되면서 사회적인 문제로 인식되었다. 따돌림은 피해학생, 가해학생이라는 단순한 구조로 접근하는 방식을 벗어나 방관자를 포함하여 집단 내 역동을 고려하는 것이 필요하다(유형근 외, 2012).

1. 따돌림 개념 및 유형

따돌림은 아동들 간에 "왕따"라는 용어로 집단내의 특정 성원을 따돌리거나 괴롭히는 행위는 집단 성원간의 인간관계상의 사소한 문제나 '잡음'정도의 것에서부터 범죄에 이를 만큼 상대방에게 큰 피해를 주는 수준까지 매우 폭넓게 나타나는 문제(강영숙 외, 2008)로 학교 내외에서 두 명 이상의 학생들이 특정인이나 특정집단의 학생들을 대상으로 지속적이고 반복적으로 신체적 또는 심리적 공격을 가하여 상대방이 고통을 느끼도록 하는 일체의 행위를 말한다. 다수로 구성된 집단원이 개인 또는 소수의 집단원을 소외시키는 것으로 그 과정에서 제3자의 역할에 따라 문제가 유지·심화·약화될 수 있다.

따돌림의 구체적인 행위로는 의도적으로 집단에서 소외시키는 행위, 다른 학생과 어울리지 못하게 하는 행위, 말을 걸어도 무시하고 면박을 주는 행위, 다른 친구의 접근과 도움을 막는 행위 등이다(유형근 외, 2014).

따돌림의 유형으로 허승희(2014)는 첫째, 학교에서 놀 때 점심시간에 끼워 주지 않고 홀로 둔다. 둘째, 억울한 누명을 씌운다. 셋째, 힐끗힐끗 쳐다보며 보란 듯이 친구들끼리 귓속말을 한다. 넷째, 신체적인 약점을 과장하여 안 좋은 소문을 낸다. 다섯째, 말을 걸어 올 때 답하지 않고 계속 무시한다로 구분하였다.

집단따돌림의 유형에는 신체형 따돌림, 언어형 따돌림, 소외형 따돌림이 있다. 신체형 따돌림에는 숙제를 강제로 시키거나 하기 싫은 심부름을 시키는 강제형과 가방이나 옷 등에 벌레를 집어넣거나 금전 및 물품을 빌리고서 돌려주지 않는 장난형이 있다. 언어형 따돌림에는 자존심이 상하는 약점만 들추어 이야기하거나 심한 욕을 하는 욕 · 협박형과 신체적 특징을 들어 '돼지', '거지' 등으로 부르거나 몇몇이서 쑥덕거리며 쳐다보고 웃는 조롱형이 있다. 소외형 따돌림은 쉬는 시간에 함께 놀지않고 고립시키거나 묻는 말을 의도적으로 무시하는 소외형이 있다(유형근 외, 2010).

이 외에도 따돌림의 종류에는 학급이나 학교에서 은근히 따돌림을 당하는 은따, 학교 전교생에게 따돌림을 당하는 전따, 학급에서 따돌림을 당하는 반따, 반 아이들에게 그러내어 대놓고 따돌림을 당하는 대따, 뚱뚱해서 따돌림을 당하는 뚱따, 덜떨어졌다고 따돌림을 당하는 찐따, 개인적으로 따돌림을 당하는 개따, 집에서 따돌림을 당하는 집따, 집단에서 따돌리기 위해 피해학생을 무시하는 쌩까 등이 있다(정종진, 2012).

따돌림은 낙인, 순환 · 반복성, 감지의 어려움, 원인의 다양성과 같은 특징을 지니고 있다. 이러한 특징은 피해자를 심리적으로 더욱 힘들게 하고, 가해자의 행위에 정당성을 제공하기도 한다. 또한 집단 따돌림의 발생을 인지하고, 예방하고, 대처하는 데 어려움을 느끼게 하는 이유가 된다(유형근 외, 2010).

2. 따돌림 발생 현황

교육부의 2014년 상반기 학교폭력 실태조사에 따르면 피해유형은 언어폭력 〉 집단따돌림 〉 폭행 〉 스토킹 〉 사이버 괴롭힘〉금품갈취〉강제심부름〉추행 순으로 발생하여 따돌림이 두 번째로 많이 발생하고 있음을 보여주고 있다.

성별에 따라서는 남학생은 폭행, 스토킹, 금품갈취의 상대적 비중이 높았고, 여학생은 집단따돌림, 사이버 괴롭힘 비중이 상대적으로 높게 나타났다. 특히 성별에 따른 따돌림 현상을 살펴보면 여아가 22.6%로 남아의 13.6%보다 높은 수치를 보여 여아에게 따돌림이 많이 발생한다는 것을 알 수 있다. 학교 급에 따라서는 따돌림의 발생현황을 살펴보면 중학교가 17.6%, 초등학교가 17.2%, 고등학교가 15.0%로 나타났고, 초·중학생이 고등학생에 비해 따돌림이 더 많이 발생한다는 것을 알 수 있다. 이러한 결과는 따돌림 예방은 초·중·고 전 교육과정 중에 실시되어야 하며 특히 초·중학교 여학생을 대상으로 예방프로그램이 전개될 필요가 있음을 제시한다.

3. 따돌림의 원인 및 관련자별 특징

1) 원인

따돌림의 원인은 개인, 가정, 학교환경, 사회문화적 요인 등으로 나뉜다. 개인 요인으로는 강한 공격성, 낮은 공감능력과 사회기술이 있다. 가정요인으로는 강압적·처벌적 양육방식과 과잉보호가 있다. 학교환경 요인으로는 공부에 대한 압박감, 교사의 무관심이 있고, 사회문화적 요인으로는 대중매체의 영향과 경쟁적인 사회구조가 있다.

2) 관련자별 특징

① 가해자

따돌림을 주도하는 가해자는 다른 학생들을 대상으로 공격적인 행동을 가한다. 이들의 심리적·신체적 특성은 다음과 같다.

심리적 특성	신체적 특성
가족과의 긍정적인 상호작용이 적다. 자신감이 있고, 훌륭한 의사소통 기술을 가지고 있다. 재치 있게 대답하고, 자신의 문제를 드러내 놓고 이야기할 수 있다. 자기 자신을 강하고 성공적이며 능력 있는 사람이라고 여기며, 외향적이다. 피해학생은 벌을 받을 만하다고 믿는다. 주변에서 대담한 사람으로 불린다.	체격이 큰 편이며, 체력적으로 강하다. 공격행동에 자신감을 나타낸다. 어릴 때부터 사회성, 인기, 자신감 등에 영향을 주는 요인인 운동을 잘한다. 활동적이고, 활력이 넘치는 편이다. 피해학생보다 나이가 많거나 힘이 세다. 또래보다 매력적인 외모를 지녔다.

출처 : 집단따돌림에 갇힌 아이들(유형근 외, 2012)

② 피해자

일반적으로 따돌림의 피해자는 보통 육체적으로 힘이 약하고, 교실 내에서 다양한 활동을 할 때 무력하고, 소심하고, 수동적이고, 복종적이며, 자신에 대해 부정적 견해를 가지고 자기 주장을 잘 하지 못하는 등 허약하고 소극적이다(Olweus, 1993). 그러나 잘난척한다, 남을 무시한다, 이기적이다, 믿을 수 없다, 눈치가 없다, 소극적이다, 지능이 낮다, 못살게 굴고 때린다, 따돌림을 당하는 학생의 편을 들어준다 등의 이유로 따돌림을 당하기도 한다(김용태, 박한샘, 1997). 피해학생의 심리적·신체적 특성은 다음과 같다.

심리적 특성	신체적 특성
소위 말하는 튀는 행동을 한다. 다른 학생들을 무시하는 말이나 행동을 한다. 학교 환경에 능동적으로 대처하지 못하고 공상이나 잡념 등 자신만의 세계에 몰입하는 정도가 심하다. 내성적이며, 자기주장을 잘 하지 못한다. 대인관계에서 피해의식이 많고, 상대방의 입장에 대한 이해나 공감이 부족하다. 지나치게 잘난 체하거나 이기적이다. 과도하게 긍정적이거나 부정적인 자아개념을 갖는다. 무능력하거나 정서적 장애가 있다.	체격이 작고 왜소하다. 힘이 약해서 주변 또래의 놀림감이 되기 쉽다. 체력이 약하거나 신체 구조상 문제가 있거나 운동능력이 부족하다. 활동 및 활력 수준이 낮고, 신체적인 매력이 없는 편이다.

출처 : 집단따돌림에 갇힌 아이들(유형근 외, 2012)

③ 방관자

따돌림에는 침묵하는 방관자도 있다. 방관자의 특성으로는 가해학생의 보복에 대한 두려움, 자신의 일이 아니면 신경 쓰고 싶지 않다는 무관심, 문제해결방안에 대한 무지 등이 있다. 방관자의 유형에는 가해자의 따돌림을 직접적으로 가담하여 돕는 동조자, 피해자는 당연히 그런 취급을 받아야 한다고 여기는 지지자, 따돌림에서 자신이 피해자가 되지 않기 위해 현재 발생 중인 상황에 대해 지지하지만 공개적으로 표현하지 않는 소극적 지지자, 어떤 일이 일어나는지 인식하기는 하지만 상관하거나 참여하지 않고 집단 내 어떤 역동에도 참여하지 않는 무관심자, 고통받는 피해자를 돕지 못하는 현실에 대한 죄책감을 느끼지만 행동으로 옮기지 못하는 소극적 방어자, 따돌림을 싫어하고 따돌림을 받는 피해자를 도와주는 것을 시도하거나 도와주는 것을 행동으로 옮기는 적극적 방어자가 있다(유형근 외, 2012).

4. 따돌림 예방대책

1) 예방교육

초등학생은 유아기의 자아중심성에서 벗어나 사회적 관계를 형성하고 유지하고 조절하는 것을 배우고, 미래 청소년기와 성인기의 대인관계와 정신건강, 행동문제 등의 적응과 밀접한 관련을 맺는 기초시기로 초등학생은 따돌림과 같은 문제의 예방 상 가장 중요한 시기로 따돌림을 비롯한 학교폭력 예방교육을 받도록 한다. 특히 저학년에서부터 따돌림 현상이 시작되고 있으며 은밀하게 이루어지고 지속적으로 따돌리거나 어쩔 수 없이 동참하는 경우가 많아, 따돌림 행동의 중단을 위해 교사, 친구, 부모 등 주변의 도움과 개입이 절대적으로 필요(조경순 외, 2003)하다는 점에서 교사, 아동, 부모를 위한 따돌림 예방교육 프로그램이 실시되어야 한다.

학교폭력을 예방하고자 하는 사회적 관심은 예비교사 양성과정에 도입되어 2013학년 신입생부터 '학교폭력의 예방과 대처'라는 필수과목으로 지정되어 향후 예비교사들이 현장에 투입되었을 때 당황하지 않고 학생들의 여러 가지 부적응 문제에 전문적으로 대응할 수 있는 실천능력을 함양하도록 하고 있다.

2) 환경조성

따돌림 예방을 위해서는 따돌림의 발생 원인으로 지적된 개인, 가정, 학교환경, 사회문화적 요인에 걸친 환경조성의 필요성이 제기된다. 개인 요인으로는 공격성은 낮추고, 공감능력과 사회기술을 향상시키도록 한다. 가정에서는 양육방식을 민주적으로 바꾸고, 아동을 과잉보호하지 않도록 한다. 학교환경 요인으로는 학업성적만을 강조하지 않고, 교사가 아동에게 관심을 갖는다. 사회문화적 요인으로는 대중매체를 통해 전달되는 폭력적이고 선정적인 방송내용에 대한 가이드라인을 제시하여 이를 억제하고, 비인간 사회현상을 비판없이 보도함으로써 도덕적 불감증을 갖지 않도록 한다. 타인을 존중하는 사고와 행동을 통해 인간을 존중하는 사회풍토를 조성하도록 한다.

따돌림 예방을 위한 방안은 학교차원, 전문상담교사, 담임교사, 학부모를 대상으로 환경을 조성하도록 한다(유형근 외, 2012).

먼저 학교차원의 예방 방안으로는 교칙제정, 예방교육, 전문기관 연계가 있다. 교칙제정을 통해 학교에서 따돌림을 절대 용납하지 않을 것이고 확고히 대처해 나갈 것을 분명히 명시한다. 예방교육은 「학교폭력 예방 및 대책에 관한 법률」에 근거하여 아동, 교사, 부모를 대상으로 각각 실시한다. 또한 학교는 ONE-STOP 지원센터, Wee센터, 한국청소년상담원 등과 같은 전문기관과 연계한다.

전문상담교사 예방 방안으로는 학생, 학부모, 교사를 대상으로 활동을 전개한다. 학생을 대상으로 한 프로그램은 사회기술 훈련, 교우관계 증진, 자아존중감, 자기효능감, 사회인지, 친사회적 행동과 반사회적 행동 간의 관계, 사회적 감정능력-공감, 사회적 문제해결, 분노 조절 등 피해자의 심리에 초점을 맞추는 프로그램과 스포츠 활동, 탐구 공동체 활동, 동아리 활동, 심화 공동체 활동, 모둠 활동 등 단체활동과 관련된 프로그램 등이 있다. 특히 초등학생 프로그램에서는 친구관계의 중요성을 강조한 교우관계 증진 프로그램과 공감능력을 향상시켜 따돌림 예방을 목적으로 하는 공감능력 향상 프로그램을 실시하고, 실제적인 활동을 통해 질문하고 탐구해 보는 활동 위주의 집단상담을 실시한다.

담임교사 예방 방안으로는 예방 프로그램, 학급운영 방안, 수업방안이 있다. 예방 프로그램으로는 집단상담 프로그램, 독서요법 등이 있고, 학급운영 방안으로는 학급규칙 만들기, 사이버상담, 쪽지상담, 게임활동 등을 통해 따돌림없는 학급을 만든다. 수업방안으로 초등학생의 경우 도덕교과를 활용한 수업이 따돌림 예방을 위해 효과적이며, 이외에 재량 · 특별활동을 통해 자율적으로 교육과정을 구성해 운영할 수 있다.

학부모 예방방안으로는 자신의 행동에 책임을 질 수 있고 자신의 판단력에 대한 도덕적 독립성 함양, 가녀를 따돌림 가해자로 만들 수 있거나 피해자로 만들 수 있는 자녀양육 방식에 대한 인지, 자녀의 감정이해 자녀와의 효과적인 의사소통을 위한 부모의 역할 등이 있다.

청소년백서(여성가족부, 2014)에서 제시한 학교폭력 근절을 위한 중점 방안은 비행학생별 대책, 학교 위험도별 대책, 피해자 보호 대책, 관련 법령 개정, 학생 · 교원 · 학부모 교육강화 등 크게 5가지를 중심으로 추진되고 있다.

먼저 비행학생별 대책으로 보호관찰과 교사와의 1:1 멘토링, 가해학생 「대안교육센터」위탁교육, 대안교육 기관 및 「친한친구 교실」운영이 있다. 학교 위험도별 대책으로는 학교폭력 전담 경찰관 배치(비상주), 배움터지킴이 배치, 전문상담교사, 상담자원봉사자 활용이 있다. 피해자 보호 대책으로는 피해 학생에 대한 경호 지원, 피해 학생 치료비 지원, 학교폭력 「SOS지원단」운영 등이 있다. 학교폭력 예방을 위한 관련법 개정과 학교폭력 담당 책임교사 우대 방안 마련과 같은 관련 법령 개정을 개정한다. 학교폭력 교육내용으로는 학교폭력 예방교육 및 기본생활습관, 교원연수 및 다각적인 학부모 교육, 학교폭력 예방 모니터 강화를 위한 또래상담자 양성, 학교폭력 자진 신고 기간 및 집중 단속 기간 운영이 있다.

3) 대처행동

따돌림에 대한 아동의 대처행동은 따돌리는 아동의 수에 따라 달라질 수 있다. 한 아이가 괴롭힐 경우 먼저 가해학생과 이야기를 할 수 있는 기회가 된다면, 대화를 통해 해결해보도록 한다. 그러나 대화를 하기가 어렵고, 괴롭힘이 지속된다면, 교사와 부모님께 이야기하여 도움을 청한다.

여러 아이가 괴롭힐 경우 첫째, 상대적으로 어려운 상황으로 되도록 빨리 학교에 알린다. 둘째, 상황이 해결될 때까지 혼자 다니지 않도록 하고, 가까운 친구들과 함께 다닌다. 셋째, 신체적, 심리적 피해 증거를 확보한다. 이때 다른 아이들이 목격한 증언도 확보한다. 넷째, 부모님과 학교에 알린 뒤에도 피해가 지속되면, 학교폭력자치위원회를 요구하고 가해학생에 대한 조치를 요구한다. 다섯째, 학교에서 잘 받아들여지지 않을 경우 교육청 · 경찰청 등 상급기관에 요구할 수 있다. 이때, 관련 시민단체나 변호사들의 자문을 구할 수 있다(학교폭력예방종합포털, http://www.stopbullying.or.kr).

생활현장에서 다소나마 피해를 줄이기 위한 따돌림을 대처할 수 있는 극복방법으로 첫째, "넌 왜 나를 따돌리니?"와 같이 따돌리는 이유를 직접 물어본다. 둘째, 자신의 말이나 습관에 이상한 점은 없는지, 아이들을 대하는 태도에 문제점은 없는지 나를 돌아보고 문제가 있으면 이를 해결하고 실수로 문제가 발생했을 때는 사과한다. 셋째, 자신감과 자부심을 갖도록 한다. 나만의 개성을 찾아 당당하고 활기차게 생활할 수 있도록 적성에 맞는 취미나 특기 등의 소재를 찾아 개발한다. 넷째, 친구를 찾아라. 혼자 힘으로 해결할 수 없을 때 주변에서 도와줄 수 있는 사람을 찾는 것이 좋다. 다섯째, 진실은 언제나 통한다. 친구와 솔직히 대화함으로써 공감하고 마음의 문을 열도록 진실하게 꾸

준히 노력한다. 여섯째, 도움을 청한다. 혼자의 방법으로 해결하기 힘들면 부모나 교사에게 도움을 청하도록 한다(강영숙 외, 2008).

따돌림에 대한 대처방안은 학교차원, 전문상담교사, 담임교사, 학부모로 나뉘어 제시할 수 있다(유형근 외, 2012).

학교차원에서는 사전준비사항, 사건중재과정, 분쟁조정과정에 따른 대처방안을 강구하고 있다. 사전준비과정의 대처방안으로는 학교폭력대책자치위원회 구성, 학교폭력전담기구구성, 집단따돌림 예방교육실시가 있다. 사건중재과정의 내용으로는 사건접수, 전담기구 조사 및 심의, 학교폭력대책자치위원회 소집, 학교폭력대책자치위원회 조사, 학교폭력대책자치위원회 진행 & 심의가 있다. 분쟁조정의 내용으로는 분쟁조정 신청 및 당사자간 합의 조정, 위원회 개최, 분쟁사항 심의 및 조정, 분쟁합의시 조치사항, 분쟁조정안에 대한 이의신청이 있는 경우, 분쟁조정 거부/민사소송 제기시가 있다.

전문상담교사의 대처방안은 전문상담교사 역할, 관련 학생 상담, 대처 프로그램으로 나뉜다. 전문상담교사 역할의 내용으로는 따돌림 신고접수 · 면담 · 상담과 따돌림에 대한 정보수집이 있다. 관련 학생 상담으로는 가해학생 상담과 피해학생 상담이 있고, 대처 프로그램 역시 가해학생과 피해학생 대처프로그램을 실시한다. 담임교사 대처방안에는 역할 및 지도과정, 학급단위 집단상담 프로그램, 학급운영방안이 있다. 먼저 역할 및 지도과정은 따돌림 발생 초기, 진행기, 안정기로 나누어 학생을 지도한다.

담임교사 또한 전체 학급을 대상으로 한 집단상담 프로그램을 운영한다. 학급운영방안으로는 학급재판과 역할극을 통해 대처하도록 한다.

학부모의 대처방안은 가해학생 학부모역할, 피해학생 학부모역할, 방관학생 학부모역할로 나뉜다. 먼저 가해학생 학부모는 자녀가 친구를 따돌리지 않게 하기 위해 해야 할 일과 하지 말아야 할 일이 있다.

표 4-1 가해학생 학부모 대처방안

이렇게 하세요!	이렇게 하면 안 돼요!
훈육으로 즉시 개입하기, 선행의 기회 만들기 공감능력 향상하기, 사회성 향상시키기 자녀의 대중매체 노출 점검하기 레포츠 활동에 참여시키기 '선의' 가르치기 (옳고 그른 것 분별하기 → 대가를 치르더라도 옳은 것 행하기 → 옳고 그름을 이해한 대로 행동하기)	격리하기 당혹감과 창피 주기 수치심 주기 감정적으로 격리하기 벌칙 세우기

피해학생의 부모역할은 먼저 자녀의 자신감 증진시키기, 자녀의 관계 개선에 도움 주기, 공격적이지 않은 반응 연습하기가 있다. 부모의 메시지 전달법은 아래와 같다.

표 4-2 피해학생 부모 메시지 전달법

이렇게 하세요!	이렇게 하면 안 돼요!
"네 이야기를 듣고 있어." "널 믿어." "넌 혼자가 아니야." "네 잘못이 아니야." "네가 할 수 있는 일이 있어." "학교에 따돌림을 신고해."	"별일 아니야. 그냥 장난일 거야." "내가 가서 다 해결해 줄게." "그 아이를 피해!" "가서 본때를 보여줘." "널 따돌린 아이 집게 가자."

표 4-3 방관학생 부모의 역할

방관자 자녀지도	훈육으로 즉시 개입하기 선행의 기회 만들기 공감능력 향상하기 대인관계능력 향상하기 대중매체 노출 점검하기 레포츠 활동에 참여시키기 선의 가르치기
나쁜 소문을 만들어 친구를 따돌린 자녀의 지도	나쁜 소문으로 상처주었던 친구에게 사과하기 나쁜 소문을 전했던 모든 사람에게 사실이 아님을 말하기 나쁜 소문이 퍼지는 것을 막기 위해 다른 아이들에게 부탁하기 자신이 나쁜 소문을 퍼뜨린 사람 중 한명이고, 자신이 잘못을 고치기 원한다는 것을 전하기 위해 다른 아이들에게 부탁하기 나쁜 소문으로 상처를 주었던 친구의 상처 치유를 위해 노력하기 상처를 입었던 그 친구와 가까워지기 위해 노력하기 방어자가 되도록 동기를 유발하고 격려하기
방관자 자녀에게 전달하는 메시지	결백한 방관자는 없다. 따돌림의 방어자가 되라. 나쁜 소문 전하지 않기 외톨이 친구와 함께 시간 보내기 친구를 비하하는 농담에 웃지 않기 따돌림당하는 친구에게 관심과 친절 베풀기 따돌림을 멈추기 위해 지속적으로 노력해라. 어른들에게 말하라.

4장 사이버 폭력 예방

인터넷, 휴대전화 등 정보통신기기를 이용하여 지속적이고 반복적으로 타인의 심리를 공격하거나 개인정보 또는 허위사실을 유포하여 상대방이 고통을 느끼게 하는 사이버 폭력으로 인해 아동을 비롯해 청소년들이 심각한 정신적 피해를 경험하고 있고, 자살충동을 느끼거나 실제로 자신의 소중한 생명을 스스로 끊는 경우도 발생하고 있다.

1. 사이버 폭력의 개념 및 유형

사이버폭력은 사이버따돌림, 정보통신망을 이용한 음란 · 폭력정보 등에 의해 신체 · 정신 또는 재산상 피해를 수반하는 행위를 포함하는 개념이다. 사이버폭력의 구체적인 예로는 특정인에 대한 모욕적인 말이나 욕설 등을 인터넷 게시판, 채팅, 카페 등에 올리는 행위, 공포심이나 불안감을 유발하는 문자, 영상 등을 휴대전화 등 정보통신망으로 반복적으로 전송하는 행위, 그리고 위협 · 조롱 · 성적 수치심을 주는 글, 그림, 동영상 등을 정보통신망을 통해 유포하는 행위를 말한다(유형근 외, 2014). 또한 교육부 학교폭력 사안처리 가이드북(2014)에 따르면 특정인에 대해 모욕적 언사나 욕설 등을 인터넷 게시판, 채팅, 카페 등에 올리는 행위로 특정인에 대한 '저격글'이 그 한 형태이다. 특정인에 대한 허위 글이나 개인의 사생활에 관한 사실을 인터넷, SNS, 카카오톡 등을 통해 불특정 다수에게 공개하는 행위나 성적 수치심을 주거나 위협하는 내용, 조롱하는 글, 그림, 동영상 등을 정보통신망을 통해 유포하는 행위, 또는 공포심이나 불안감을 유발하는 문자, 음향, 영상 등을 휴대폰 등 정보통신망을 통해 반복적으로 보내는 행위를 사이버폭력이라 한다(학교폭력예방포털사이트, http://www.stopbullying.or.kr).

사이버 폭력의 유형으로는 첫째, 인터넷으로 상스러운 욕설이나 허위, 비방 글을 올리는 행위, 둘째, 억지로 동영상을 보거나 인터넷 채팅을 하게 하는 행위, 셋째, 게임 카드를 훔쳐서 사용하는 행위, 넷째, 인터넷 캐시를 빼앗는 행위, 다섯째, 인터넷 게임을 할 때 돈을 속여서 가로채는 행위, 여섯째, 자신의 ID를 주면서 일정 레벨까지 올려놓

으라고 시키는 행위, 일곱째, ID를 훔쳐서 사용하는 행위, 여덟째, 문자메시지로 지속적으로 모욕을 주는 행위, 아홉째, 일명 게임 셔틀로 자기의 게임을 대신하게 하는 행위 등이 있다(허승희, 2014).

또한 한국사이버감시단(2001)이 제시한 사이버 폭력 유형에는 사이버 스토킹, 사이버 성폭력, 사이버 언어폭력, 사이버 명예훼손, 허위사실 유포, 악성루머가 있고, 정보통신윤리위원회(2005)에서 제시한 사이버 폭력 유형은 사이버 언어폭력, 사이버 명예훼손, 사이버 스토킹, 사이버 성폭력, 사이버 음란물 등이 있다. 이창호(2006)는 정보통신윤리위원회 유형에 사이버 스팸메일을 추가하였다.

각각의 유형을 하나씩 살펴보면 사이버 스토킹이란 전화, 이동통신, 대화방, 게시판 혹은 e-mail등 정보통신망을 이용하여 특정인에게 상대방의 의사와는 전혀 관계없이 원하지 않는 접근을 지속적 · 반복적으로 시도하여 공포심, 불안감을 유발하는 등 괴롭힘을 행사하는 경우다. 사이버 성폭력은 사이버 공간상에서 다수 또는 특정인을 상대로 발생하는 폭력 행사의 행위로 성적인 메시지, 음향, 영상물 전달, 성적 대화 요청 및 성적인 문제와 관련하여 개인 신상에 관한 정보 게시 등의 방식을 통하여 상대방의 의지와 관계없이 상대방으로 하여금 불쾌감과 더불어 괴롭힘을 당했다고 느끼게 하는 일체의 행위를 말한다. 사이버 언어폭력은 대화방, 채팅, 쪽지 등을 통하여 이용자들의 게시 내용 및 대화 내용 중에서 상스러운 욕설과 인격 모독 혹은 허위 · 비방하는 글들을 올리거나 사이버 공간상에서의 성차별적 · 성적대적 플레임이 이루어지는 행위를 말한다. 사이버 명예훼손은 고의적이거나 부주의로 인하여 한 사람 또는 일부의 특정인의 인격이나 명예를 훼손하고 유린하여 사회적인 지위를 떨어뜨리는 것을 말한다. 허위사실 유포란 다수에게 왜곡된 정보나 허위 사실을 유포함으로써 혼동을 초래하거나 지역감정이나 국가적인 감정을 조장하는 행위를 말한다. 악성루머란 인터넷을 이용하여 개인 신상에 대한 음란성 및 저속 악성루머나 특정인을 대상으로 한 악성루머를 인터넷의 게시판이나 정보통신을 이용하여 수많은 인터넷 이용자에게 무작위로 배포, 심적 · 물적 피해를 주는 행위를 말하고, 사이버 음란물이란 사이버 상에서 게시되거나 유포되는 음란물을 말한다. 사이버 스팸메일이란 정보통신망, 핸드폰 등을 이용하여 원하지 않는 음란성메일, 상업성 메일을 무차별적으로 전송하는 행위를 말한다.

2. 사이버 폭력 발생 현황

학교폭력이 점차 저연령화 되고, 집단화 · 조직화로 인해 흉포화 · 범죄화 되어 가고 있으며, 신체적 폭력뿐 아니라 심리적 · 정신적 폭력이 점차 증가하고 있는데 최근 인터넷과 스마트폰, SNS 등을 활용하여 교묘한 방식으로 괴롭히고 집단적으로 즐기는 사례가 증가하고 있다(법무부, 교육부, 2012). 문자메시지나 사이버 채팅을 이용한 사이버 블링(cyber bullying), 사이버 언어폭력, 사이버 따돌림 등 신종 학교폭력이 급증하고 있다(유형근 외, 2014). 이와 같은 사이버 폭력은 학교폭력 유형 가운데 다섯 번째로 발생하고 있는 폭력유형이다. 가정용 개인컴퓨터의 보급과 인터넷 망의 확산으로 시작된 사이버 폭력은 인터넷 사용이 가능한 스마트 폰을 통해 시간과 장소의 구애를 받지 않고 폭력이 증가하고 있는 학교폭력이다.

사이버 폭력에 대한 성별 보고에 따르면 남아가 5.6%인 반면 여아는 15.4%로 여아가 3배 이상 사이버 폭력에 노출되어 있는 것으로 나타났다. 학교 급에 따라 초등학교 7.2%, 중학교가 11.7%, 고등학교가 10.8%로 중 · 고등학생이 초등학생에 비해 사이버 폭력 경험이 높은 것으로 나타났다. 이러한 결과는 사이버폭력 예방교육이 초등학교부터 시작되어야 하고 특히 중 · 고등학교 여학생을 대상으로 한 예방프로그램의 활성화가 필요함을 제시한다.

3. 사이버폭력 예방대책

1) 예방교육

사이버폭력 예방을 위한 안전교육을 위해 여성가족부는 청소년의 스마트폰 중독에 체계적으로 대응하기 위하여 '스마트폰 중독 청소년 상담치료매뉴얼'과 '부모교육프로그램'을 개발하였으며 2014년 전국청소년상담복지센터 치료 협력병원 등에 배포하여 스마트폰 중독 청소년대상 상담 치료 및 부모교육시 활용하도록 하고 있다. 또한 건강한 매체환경을 조성하고 사이버역기능을 해소하기 위하여 청소년과 학부모에 대한 교육과 함께 인터넷사업자 및 게임 사업자를 대상으로 청소년보호에 대한 인식과 자율정화의지를 제고하고자 2007년부터 인터넷 · 게임업체 임직원을 대상으로 청소년보호교육을 실시하고 있다(여성가족부, 2013).

2) 환경조성

아동에게 사이버예절을 지도한다. 컴퓨터와 스마트폰에 음란폭력물 차단 프로그램과 언어폭력 경고메시지 수신 서비스를 설치한다.

게임 · 인터넷 중독 예방을 위한 제도개선을 추진한다. 이를 위해 실효성 있는 청소년에 대한 게임제공 제한제도(쿨링오프제Cooling off), 일정시간이 지나면 게임의 진행수준이 떨어지는 시스템 도입 등), 게임물에 대한 청소년유해성심사강화, 게임산업계가 게임중독에 대한 사회적 책임을 지도록 민간자금 출연확대 및 의무화, 청소년 PC방 이용시간 오후10시까지에 관한 법령위반 업주의 벌칙규정을 강화한다. 더불어 게임 · 인터넷 중독 예방교육 강화 및 치유활동을 확대한다. 이를 위해 게임 · 인터넷 중독 예방교육 강화, 게임 및 인터넷 중독 징후가 있는 학생을 선별 · 관리하여 단계적으로 치유, 인터넷 중독 예방교육에 필요한 다양한 교육용 콘텐츠를 개발 · 보급, 전국 초 · 중 · 고교생 대상 종합실태조사를 실시한다. 또한 사업자의 자율정화를 들 수 있다. 이에 대한 내용으로는 고객센터 및 모니터링 기능 강화, 게임업계의 자율규약선언, 이동통신사의 성인서비스중단 등의 청소년보호정책이 사업자의 자발적인 정화활동으로 추진되었다. 특히 인터넷신문업계는 청소년 유해성 광고를 자율심의하기 위해 '인터넷신문위원회'를 설립하였다. 이러한 자율정화활동은 법이나 규제가 따라가지 못하는 사이버상에서 청소년들의 활동을 담보하기위한 최소한의 노력으로 청소년유해정보를 차단하여 청소년을 유해 매체물 피해로부터 예방하는 환경을 조성하고 있다(여성가족부, 2014).

3) 안전수칙 및 대처행동

① 안전수칙

교육부에서 제시한 아동 사이버폭력 안전수칙으로는 첫째, 상대방의 입장을 먼저 생각하라. 사이버 공간에서 글이나 사진, 동영상 등을 올리기 전에 상대방이 어떻게 받아들일지를 먼저 생각한다. 둘째, 상대방을 존중하라. 사이버공간에서 상대방을 존중해야 나도 존중받는다는 사실을 명심한다. 셋째, 사과하라. 사이버공간에서 내 말과 행동 때문에 상대방이 기분 상했다고 하면 바로 사과한다. 넷째, 신중하라. 사이버공간에서 한 번 뱉은 말을 주워 담을 수 없으니 늘 신중하게 활동한다. 다섯째, 필요시에만 공개하라. 사이버공간에서는 꼭 필요한 경우에만 나의 개인정보나 사진을 공개한다. 여섯째, 정직하라. 사이버공간에서 자신의 나이, 성별, 신분 등을 속이려하지 않는다. 일곱째, 상대방을 보호하라. 사이버공간에서 상대방의 프라이버시나 명예를 지켜준다. 여덟째, 음란물 등을 배포하지 말라. 사이버공간에서 음란한 사진이나 영상을 보여주거나 배포하지 않는다. 아홉째, 욕설 등을 사용하지 말라. 사이버공간에서 장난이라도 욕설이나 비속어 또는 오해할 수 있는 표현을 사용하지 않는다. 열째, 외모나 신체에 대해 비난하지 말라. 사이버공간에서는 다른 사람의 외모나 신체에 관한 농담이나 비난을 하지 않는다.

교사의 예방수칙으로는 첫째, 사이버상의 상대방을 현실에서처럼 존중하도록 지도한다. 둘째, 사이버공간에서도 현실공간에서와 같이 책임감 있게 행동하도록 지도한다. 셋째, 글이나 사진, 동영상 등을 사이버공간에 올리기 전에 신중하게 생각하고 다시 한 번 확인하도록 지도한다. 넷째, 평소 학생들에게 피해상담 혹은 신고 시 보복 또는 불이익을 받지 않는다는 안정감과 확신을 심어준다. 다섯째, 사이버폭력은 엄연히 처벌받는 불법행위임을 사례를 통해 지도한다. 여섯째, 정기적으로 사이버폭력 신고 절차와 신고 방법 등을 교육한다. 일곱째, 평소에 사이버폭력과 관련하여 협조를 구할 수 있는 관계기관이나 전문가를 확보해 둔다. 여덟째, 학생들이 바른 언어습관을 기르도록 지도한다. 아홉째, 학생들의 학교생활과 사이버 활동에 대해 관심을 가지고 정기적으로 모니터링한다. 열째, 출처가 명확하지 않은 메시지, 메일, 채팅은 열람 또는 답장하지 않도록 지도한다.

자녀를 사이버폭력으로부터 예방할 수 있도록 교육부가 제시한 학부모 안전수칙을 살펴보면 첫째, 자녀에게 사이버상의 상대방을 현실에서처럼 존중하도록 알려준다. 둘째, 평소 대화를 통해 자녀들이 바른 언어습관을 기르도록 한다. 셋째, 자녀와 사이버폭력(사이버 따돌림)이나 다른 온라인 이슈에 대해 규칙적으로 대화한다. 넷째, 자녀가 사이버상에서 부모 주민번호를 사용하지 않도록(혹은 알지 못하도록) 관리한다. 다섯째, 컴퓨터는 거실에 두어 가족들이 함께 사용하고 시간을 정해 놓는다. 여섯째, 자녀의 온라인 활동에 관심을 갖고 무엇을 하는 지를 주의 깊게 살핀다. 일곱째, 컴퓨터와 스마트폰에 음란폭력물 차단 프로그램과 언어폭력 경고메시지 수신 서비스를 설치한다. 여덟째, 컴퓨터와 스마트폰 사용법을 익히고, 자녀들의 무분별한 사용을 제한한다. 아홉째, 사이버폭력 신고 절차와 피해조력기관을 알아 둔다. 열째, 피해를 당하거나 피해를 알게 된 경우 자녀에게 직접 해결하려 들지 말고 주변 어른들과 상의할 것을 강조한다.

② 대처행동

교육부가 제시한 사이버폭력의 피해를 입었을 경우 아동의 대처행동으로는 첫째, 거부 의사를 분명히 표현한다. 사이버폭력의 가해자에게 싫다는 의사표현을 분명하게 한다. 둘째, 보복하지 않는다. 상대방의 사이버폭력에 바로 보복하려 시도하지 말고 그 공간을 벗어난다. 셋째, 무시하거나 차단한다. 사소한 사이버폭력의 경우에는 무시하고 반복되면 차단한다. 넷째, 증거자료를 확보한다. 사이버폭력을 입증할 글, 그림, 음성, 동영상 파일 등을 증거자료로 확보한다. 다섯째, 주변 어른들에게 알린다. 사이버폭력의 피해를 당했을 때나 다른 사람의 피해를 목격했을 경우 혼자 고민하지 말고 부모님, 선생님 등 주변 사람들에게 사실을 알린다. 여섯째, 관련기관에 도움을 요청한다. 사이버폭력의 피해를 당했을 때 관련기관을 찾아 상담과 도움을 받는다. 일곱째, 신고하고 삭제를 요청한다. 사이트 관계자에게 사이버폭력 피해사실을 신고하고 삭제를 요청한다. 여덟째, 경찰에 신고한다. 지속적이고 심각한 사이버폭력인 경우 부모님 등과 상의한 후 경찰에 신고한다 등이 있다.

자녀가 사이버폭력의 피해를 입었을 경우 교육부가 제시한 부모의 대처행동을 살펴보면 첫째, 사이버폭력을 피해사실을 인지하였을 경우 흥분하지 말고 침착하게 대응한다. 둘째, 자녀가 수치심이나 자책감에 빠지지 않도록 심리 · 정서적으로 안정시킨다. 셋째, 피해를 당한 자녀의 이야기를 경청하고 공감해 준다. 넷째, 사실관계를 객관적으로 파악하고 증거자료를 확보 · 확인한다. 다섯째, 가해자를 직접 만나거나 보복하려 하지 않는다. 여섯째, 필요시 관련 기관에 상담을 요청한다. 일곱째, 사이버폭력의 피해 정도가 심각하다고 판단되면 학교에 도움을 요청한 후에 신중하게 고려하여 경찰에 신고한다. 여덟째, 학교나 경찰 관계자와 연락을 취하며 전체 처리과정을 확인한다. 아홉째, 지속적으로 자녀가 사이버폭력의 피해를 당하고 있지 않는지를 관찰하고 자주 대화를 나눈다. 열째, 피해 자녀의 교육이나 치료에 부모도 함께 참여한다.

5장 아동학대 예방

1. 아동학대 개념 및 유형

1) 개념

아동복지법(제3조 제7호)에 따르면 아동학대란 보호자를 포함한 성인이 아동의 건강 · 복지를 해치거나 정상적 발달을 저해할 수 있는 신체적 · 정신적 · 성적 폭력 또는 가혹행위 및 아동의 보호자에 의하여 이루어지는 유기와 방임이라고 명명되어 있다. WHO에서는 아동의 양육에 책임을 지고 있거나 신뢰 관계에 있거나 권위를 가진 사람에 의한 모든 형태의 신체적 · 정서적 가혹한 처사, 성학대, 방임 또는 보호의 태만 및 상업적이거나 다른 형태의 착취 결과 아동의 건강, 생존, 발달 및 존엄성에 실제적인 해를 끼치거나 그러한 가능성을 초래한 것을 아동학대로 규정하고 있다.

아동의 인권을 보호하기 위해 우리나라는 아동학대범죄의 처벌 및 그 절차에 관한 특례와 피해아동에 대한 보호절차 및 아동학대행위자에 대한 보호처분을 규정함으로써 아동을 보호하여 아동이 건강한 사회 구성원으로 성장하도록 함을 목적으로 2014년 1월 28일 아동학대범죄의 처벌 등에 관한 특례법을 제정하였고, 동년 9월 29일자로 시행되었다.

2) 유형

① 신체학대

신체학대란 보호자를 포함한 성인이 아동의 건강 · 복지를 해치거나 정상적 발달을 저해할 수 있는 신체적 폭력 또는 가혹행위(아동복지법 제3조 제7호)를 의미한다. 손, 발 또는 도구로 때림, 물건을 던짐, 꼬집거나 물어뜯음, 신체 일부를 강압적으로 압박하거나 아동을 던지는 행위 등이 포함된다.

② 정서학대

정서학대란 보호자를 포함한 성인에 의하여 아동의 건강 · 복지를 해치거나 정상적 발달을 저해할 수 있는 정신적 폭력 또는 가혹행위(아동복지법 제3조 제7호)를 의미한다. 소리지름, 무시 또는 모욕, 가정폭력에 노출, 아동에 대한 비현실적인 기대 또는 강요하는 행위 등이 포함된다.

③ 성학대

성학대는 보호자를 포함한 성인에 의하여 아동의 건강 · 복지를 해치거나 정상적 발달을 저해할 수 있는 성적 폭력 또는 가혹행위(아동복지법 제3조 제7호)로서, 아동을 대상으로 하는 모든 성적 행위를 의미함. 성기노출, 신체 및 성기 추행, 성기삽입, 음란물을 보여주는 행위, 성매매를 시키거나 성매매를 매개하는 행위 등이 포함된다.

④ 방임

방임은 아동의 보호자가 아동을 방임하는 행위(아동복지법 제3조 제7호)를 지칭한다. 기본적인 의식주를 제공하지 않거나 불결한 환경에 아동을 방치하는 행위, 아동에게 필요한 의료처리를 하지 않거나 학교에 보내지 않는 행위, 아동을 보호하지 않고 버리는 행위 등이 포함된다.

⑤ 유기

아동의 보호자가 아동을 보호하지 않고 버리는 행위(아동복지법 제3조 제7호)로 2012년부터는 유기를 방임에 포함하여 집계하고 있다.

⑥ 중복학대

신체학대, 정서학대, 성학대, 방임 유형의 두 가지 이상 복합적으로 발생한 학대를 의미한다.

2. 아동학대 발생현황

1) 아동학대 발생현황

2013년, 전국 47개 아동보호전문기관을 통해 아동학대 신고로 접수된 사례는 총 13,076건이었다. 아동학대 신고 접수건 중 응급아동학대의심사례 및 아동학대의심사례는 9,171건, 중복신고는 43건, 일반상담은 2,176건이었다. 피해아동을 성별로 보면 여아가 남아보다 학대경험율이 높고, 연령에 따라서는 12세 미만 아동의 학대경험율이 높게 나타났다. 가해자는 부모가 80%를 차지하였다. 아동학대 사례는 중복학대를 제외하고 방임, 정서, 신체 학대의 순으로 나타났다. 2012년 신고된 아동학대의 경우 학대발생 장소에서 학교에서도 25건의 학대사례가 보고되었다.

2) 아동학대 신고자

아동학대 신고자는 신고의무자와 비신고의무자로 분류되는데 아동을 지도감독하는 교사는 신고의무자에 해당한다. 2012년 개정된 아동복지법이 시행에 따라 신고의무자 직군이 확대되었다. 아동학대 신고율을 보면 신고의무자에 의한 신고율은 36.9%(3,316건), 비신고의무자의 경우는 63.1%(5,663건)로 나타났고, 신고의무자 중 사회복지전담공무원이 10.1%, 교원 8.2%, 아동복지시설 종사자 4.7%, 가정폭력피해자보호시설 및 상담소 종사자 2.6% 순으로 신고하는 것으로 나타났다. 비신고의무자 중에서는 사회복지관련 종사자와 부모에 의한 신고율이 가장 높았으며, 각각 18.8%, 16.0%를 차지하였으며, 그 다음으로 이웃 · 친구 10.8%, 친인척 5.0% 순으로 나타났다.

3) 피해아동의 특성

아동학대로 판정된 6,403건을 대상으로 피해아동의 성별을 살펴보면 남아 2,368건(37.0%), 여아 4,035건(63.0%)으로 여아의 수가 두드러지게 나타났다. 피해아동의 연령은 만 13~15세의 아동이 1,452건(22.7%)으로 가장 많았고, 초등학교 고학년에 해당하는 만 10~12세가 1,446건(22.6%), 초등학교 저학년인 만 7~9세의 아동이 1,075건(16.8%)으로 나타났다. 피해아동의 가족유형은 친부모가족 2,415건(37.7%), 친부모가족 외 형태 3,566건(55.7%), 대리양육형태와 기타는 각각 177건(2.8%), 70건(1.1%)의 양상을 보였다.

4) 아동학대행위자의 특성

학대행위자 성별은 남성 3,613건(56.4%), 여성 2,769건(43.2%)으로 여성에 비해 남성이 비교적 많았다. 연령별로 살펴보면 학대행위자 중 40대가 2,586건(40.4%)으로 가장 많았고 30대는 2,040건(31.9%)으로 나타났는데 10~15세의 피해아동이 가장 많은 것을 비추어볼 때, 대부분 초등학생의 부모인 것으로 유추 가능하다.

학대행위자는 크게 부모, 친인척, 타인으로 분류할 수 있는데, 부모에 의해 발생한 경우가 5,370건(83.9%)으로 가장 많았으며, 타인 505건(7.9%), 친인척 435건(6.8%), 기타 70건(1.1%), 파악 안 됨 23건(0.3%) 순으로 나타났다. 학대행위자와 피해아동이 함께 동거하는 사례는 4,981건으로 전체의 77.8%에 해당하였고, 학대행위자의 직업유형 중에서는 무직이 2,370건(37.0%)으로 가장 많았고, 다음으로는 단순노무직 1,231건(19.2%) 순으로 나타난 반면 관리직, 전문직, 기술공 및 준전문직, 사무직인 경우 전체의 약 15.0% 정도로 다른 직업군에 비해 낮은 수준을 보였다.

학대행위자의 주요 특성은 양육태도 및 방법 부족으로 전체의 30.4%에 해당하는 6,762건이며, 사회·경제적 스트레스 및 고립 요인 5,180건(23.3%), 부부 및 가족 갈등 2,249건(10.1%) 순으로 나타났다.

한부모가족에 해당하는 부자가정, 모자가정, 미혼부·모가정이 각각 23.1%, 14.6%, 2.0%로 전체 피해아동 가족유형의 약 40%로 나타나 2011년에 44%에 비해 다소 감소하였으나 여전히 큰 비중을 차지하고 있어 한부모가족에 대한 적극적인 사회적 지원체계 및 한부모가족 부모를 대상으로 하는 아동 학대 예방교육이 필요한 것으로 나타났다.

3. 아동학대 발생원인과 결과

1) 아동학대 발생원인

① 부모 요인

연령이나 학력 수준이 낮으면 자녀 양육 기술이 미숙하고 아동 발달에 대한 이해나 인내심이 부족하여 아동학대 발생 가능성이 높아진다. 아동을 학대하는 부모는 어린 시절 학대를 경험하여 이를 학습하였고, 성인이 되어 자신의 자녀를 학대할 위험성이 높다. 우울의 정도가 높고 알코올 및 약물남용을 많이 하는 부모가 학대 가능성이 높다. 성격 특성도 학대와 관련이 있는데 낮은 자긍심, 분노 조절 능력 결여, 사회성 기술 및 스트레스 관리 능력 부족, 양육 태도 및 신념 등이 부모 요인으로 지적되고 있다.

② 가족 요인

아동학대에 영향을 미치는 가족요인으로는 사회경제적 특성, 가족관계의 역동성을 들 수 있다. 실직이나 빈곤 등으로 인해 사회경제적 계층이 낮은 경우 더 큰 환경적 스트레스와 좌절을 경험하여 아동학대를 유발할 가능성이 높고, 부부관계를 포함한 가족관계의 역동성이 아동학대와 관련이 있다.

③ 지역사회의 요인

지역사회 요인 중 아동학대에 영향을 미치는 요인으로는 공식적 · 비공식적 사회구조를 들 수 있다. 여기에는 부모의 직장, 이웃, 사회적 지지망 등과 아동학대 예방활동을 하는 아동보호전문기관의 유무 등이 아동학대와 관련이 있다.

④ 사회문화 요인

아동과 부모가 거주하는 사회의 문화적 가치와 신념 체계도 학대의 원인이 될 수 있다. 폭력이나 체벌에 대한 사회의 일반적 태도, 아동을 권리의 주체로 인식하지 않고 부모의 소유물로 여기는 문화 등이 이에 해당한다.

2) 아동학대 결과

피학대 아동들은 학교생활에 낮은 적응력을 보이고 수동적이고 위축되어 있다. 반면 또래 집단 내에서 공격적 성향을 많이 나타내기도 하고 스트레스에 대처하는 능력이 부족하며 비행, 자살 충동, 우울, 정서적 문제, 알코올 및 약물남용, 섭식장애, 수면장애, 성적 문제 등을 갖는다. 이러한 발달적 문제는 성인기까지 지속되므로 이에 대한 적극적인 예방이 필요하다.

① 신체학대를 받은 아동

신체학대를 받은 아동은 외상으로 두 개골 골절 및 복부 흉부 고막파열, 열창, 화상, 시력상실, 치아 사지골절, 담배불로 지진 상처 할퀴거나 깨문 상처 등이 있다. 둘째, 등교거부, 학습부진 등의 행동장애를 보이기도 하며, 도통, 식욕부진, 호흡곤란, 말더듬, 빈뇨, 복통을 호소한다. 셋째, 우울증, 자살행동, 공포증상을 보이기도 한다.

② 정서학대를 받은 아동

정서학대를 받은 아동은 낮은 자존심, 발달지체, 자살행동 등을 보이기도 한다. 둘째, 도덕발달의 결함을 보이거나 수동적이면서도 공격적 · 도전적인 행동을 보인다. 셋째, 거의 웃지 않고 놀지 않으며 깊이 잠들지를 못한다. 넷째, 다른 성인과의 관계에서 관심을 끌려고 하며 항상 뭔가 더 필요하고 부족하다는 느낌을 보인다.

③ 성학대를 받은 아동

첫째, 복부통증, 구토, 요도관 감염, 외음부의 출혈 및 상처, 인두감염, 성병 등이 나타난다. 둘째, 갑작스런 체중 감소나 증가를 보이고, 수면장애, 강박적인 자위행위, 조숙한 성적놀이 등을 한다. 셋째, 퇴행, 배변훈련의 실패, 잦은 목욕, 그리고 원인 없이 울거나 집안에만 머물려고 한다. 넷째, 우울증을 보이고 무단결석이나 가출을 하고 자기 파괴적 행동과 약물남용에 쉽게 빠진다. 다섯째, 성도착증세를 보이고 남자에게 공포반응을 나타낼 수 있다.

④ 방임아동

첫째, 영양불량으로 신체가 허약하다. 둘째, 몸이나 옷이 더럽고 머리 모양이 단정치 못하며 계절이나 날씨에 맞지 않는 옷을 입고 다닌다. 셋째, 배고프다고 말하면서 간식이나 점심을 더 달라고 한다. 넷째, 상처를 치료하지 않은 채 등교한다. 다섯째, 지각을 자주하고 아무 연락없이 결석해 버린다. 여섯째, 준비물을 자주 가져오지 않고 방과후 집에 가지 않고 서성거린다.

4. 아동학대 예방대책

아동학대가 발생하지 않도록 하기 위해서는 교육, 홍보, 협력사업이 지속적으로 이루어져 인식을 개선시키고 아동을 보호하는 데 있어 구분을 두지 않고 참여하도록 문화를 형성해 가는 것이 필요하다. 아동학대 예방을 위해 실시된 교육, 홍보, 협력사업의 실시 여부는 다음과 같다.

1) 예방교육

아동학대 신고의무자를 비롯한 일반 국민들을 대상으로 이루어진 아동 학대예방 교육사업을 지속적으로 실시한다. 교육내용에는 보고된 아동학대 원인을 다룸으로써 부모 또는 보호자가 아동의 심리 상태, 장애 등이 학대를 유발하게 하는 요인임을 미리 감지하고 이에 맞는 적절한 양육 및 교육 방법을 숙지할 수 있도록 부모교육을 활성화한다. 특히 부자가정과 모자가정과 더불어 홀로 자녀를 키우며 부모 역할을 담당하는 미혼 부·모가정을 포함한 한부모가족에서 발생하는 학대가 전체 아동학대사례의 절반정도를 차지한다는 통계보고는 한부모가족이 아동학대 고위험군 집단에 속할 가능성이 크고, 적은 비중이기는 하지만 가정위탁, 입양가정, 시설보호와 같은 대리양육형태에서도 아동학대가 발생하고 있다는 것으로 아동보호체계의 안전망에 문제가 있음을 반영한다. 따라서 아동학대 조기발견 체계를 구축하기 위해 노력해야 하는 교사는 학기초에 아동의 가정환경을 파악하여 행정기관 및 시행기관을 통한 서비스 실행 과정에서 파악한 요보호 아동의 체계적인 관리에 신경쓰고, 부모들이 학대예방교육에 참여하도록 독려한다.

아동학대 발생시 신고방법과 전화번호, 도움을 주는 기관을 교육한다. 신고방법은 전화 신고, 인터넷 접수, 방문신고 등 3가지며, 아동학대 신고는 1577-1391(아동학대 신고전화), 129(보건복지콜센터), 119(안전신고), 112(경찰서)가 있다. 아동학대 신고방법을 숙지하도록 학내외 안내판에 아동학대 신고 홍보물을 게시해 둠으로써 아동들이 신고방법과 신고번호를 알리고, 학대 사실을 발견하면 즉시 신고할 수 있도록 한다. 또한 아동학대가 발생했을 때 아동보호전문기관을 중심으로 적절한 서비스가 실시된다는 점에 대해서도 교육한다.

2) 환경조성

아동학대가 발생하지 않도록 공시된 아동학대범죄의 처벌 등에 관한 특례법을 강화하고, 관련법도 강화한다. 또한 발생한 아동학대 사례 관리를 통해 아동학대가 재발하지 않도록 학대받은 아동과 가해자를 대상으로 한 복지서비스 프로그램을 제공한다.

아동학대 예방을 위한 사회문화적 노력으로 학대피해아동 보호망을 확충한다. 학대신고가 들어오면 경찰과 함께 출동할 수 있도록 부족한 전문상담인력이 보충되어야 하고, 학대 판정 후 아동을 치료할 수 있는 전문 심리치료사의 보강이 이루어져야 한다. 둘째, 개발 중인 '아동학대범죄행위자 및 학대피해아동 처분을 위한 아동학대위험도 평가척도'의 신뢰도와 타당도 검증을 통해 활용할 수 있도록 학대판단의 기준 마련이 요구되며, 학대피해 아동 보호 및 치료에 필요한 시설도 확충되어야 한다. 셋째, 학대행위자에 대한 교육과 치료를 강화한다. 넷째, 아동학대신고의무자 교육과 학대예방교육을 강화하고 신고의무자를 보호한다. 다섯째, 아동관련시설 종사자의 교육과 자격수준을 강화하고, 인력보강이 필요하다. 시설의 경우, 보수교육 및 정책을 더욱 강화하여 전문적인 양육 기술을 갖춘 시설 종사자들이 양성될 수 있도록 자격 기준을 엄격화 하여 형식적인 절차에만 머무르지 않도록 실효성을 높여야 한다. 또한, 인권침해에 대한 사전 감시 및 자율규제 기능을 강화하기 위해 시설 내에 지킴이 등을 배치한다. 여섯째, 지역사회 주민의 인식을 개선하여 아동학대에 관심을 갖도록 한다. 일곱째, 아동보호의 공공성을 강화한다. 이를 위해 아동보호전문기관의 민간위탁 방식에서 공공의 역할을 강화하는 방식으로 변화해야 한다. 마지막으로 부모와 가족요인으로 인한 아동학대를 예방하기 위한 대책이 마련되어야 한다. 자녀를 둔 부모는 모두 학대예방교육을 받도록 하여 아동을 존중하고 아동의 권리를 보호할 책임이 있음을 알린다. 한부모가족 내 부모가 자녀를 적절히 양육하고 학대를 방지하기 위해 다양하고 실질적인 사회보장 대책을 마련하고, 위탁 및 입양가정을 선정할 때에는 부모의 학대 발생 가능성 정도를 사정하는 것이 매우 중요하며, 아동을 양육하고 있는 과정에서도 아동학대 예방 교육 및 지속적 관리를 실시한다.

홍보사업의 실시를 통해 아동학대를 예방하도록 한다. 일례로, 2012년 한 해 동안 아동보호전문기관을 통해 실시된 홍보사업은 홍보물, 언론, 홍보매체, 캠페인 및 홍보행사가 이루어졌다. 언론의 경우 TV, 라디오, 신문, 잡지, 기타 유형으로 분류되는데 이 중 가장 활발하게 실시된 유형은 신문으로 총 2,839회에 걸쳐 아동학대사례 및 인터뷰 등이 노출되었다. 다음은 TV, 라디오, 잡지, 기타 순으로 집계되었다. 홍보매체를 통한 홍보에는 공익광고, 전광판, 현수막, 교통수단 광고 등이 포함된다. 지역 내 전광판을 통한 홍보가 가장 많이 이루어졌으며, 현수막, 교통수단 광고, 공익광고 순으로 나타났다. 마지막으로 캠페인 및 홍보 행사의 경우, 다른 홍보 유형과 비교했을 시 홍보효과가 양호한 것으로 나타났다. 이러한 다양한 홍보사업을 통해 2014년 아동학대범죄의 처벌 등에 관한 특례법이 제정되고 시행됨에 따라 아동학대를 줄이기 위한 홍보사업에 아동학대 시 강화된 처벌내용을 포함하여 홍보를 강화하는 것이 필요하다.

유관기관간의 협력사업을 구축하여 아동학대를 예방한다. 협력체계 구축이란 아동학대 예방 및 아동학대사례 개입을 위해 지역사회 내 유관기관 및 단체와 협력체계를 체결한 경우를 의미하고, 협력체계 연계란 협력체계 구축 기관 및 단체에서 개최한 회의에 아동보호전문기관 상담원이 참석하였거나 또는 협력체계 기관과의 연계회의 등을 위해 아동보호전문기관이 직접 회의를 개최하는 것을 의미한다.

3) 대처 행동

다음은 성학대를 예방하기 위한 몇가지 예이다. 아동들은 성학대에 대하여 대부분 알지 못하므로 성학대인지 판별하지 못한채 학대를 당하는 경우가 많다. 학대행위자의 행동이 아동자신을 진정으로 사랑하는 행위인지, 학대 행위인지 아동 스스로 구분하지 못하므로 성학대에 대한 판별 기준, 대처방안과 기술에 대한 학교에서의 교육은 학대를 예방하는데 매우 중요하다.

경기도 교육청(2013)에서 제시한 성학대 대처행동에는 첫째, 거절할 때, 표정을 분명하게 한다. 둘째, 호루라기를 불어 주위 사람에게 알린다. 셋째, 골목길이라면 주변의 유리창을 깨거나 "불이야" 라고 소리친다. 넷째, 아는 사람이라도 원하지 않는 신체접촉은 "싫어요" 또는 "안돼요" 라고 분명하게 말한다. 다섯째, 적극적으로 대항한다. 물어뜯고, 발로 차고, 할퀸다. 여섯째, 남자의 급소를 힘껏 찬다. 일곱째, 상대편이 자신의 좋은 뜻을 무시했다고 화를 내더라도 괴로워하지 않는다. 여덟째, 항상 자신감 있는 태도와 눈빛을 가지고, 운동을 하여 체력단련을 한다. 아홉째, 위험 상황에서의 여러 가지 대응 방법을 생각해 보고, 연습을 해 둔다. 이러한 노력에도 피해를 입었다면, 부모님이나 선생님께 알리고 도움을 청한다.

6장 자살예방

1. 자살 발생현황

1) 자살의 개념

자살이란 스스로 자신의 목숨을 끊는 것, 즉 자기 자신을 죽인다는 의미로 죽음과 관련된 인간의 여러 행동(유형근, 외, 2012)이나 치명적인 죽음을 초래하는 자해행위(WHO, 1968)를 말한다. 2011년 발표된 통계청 자료에서는 10대 청소년의 사망 원인 1위가 자살로 나타났다. 학교에서 활기차게 활동하고 미래를 개척하기 위해 열심히 공부해야 할 학생들이 학업 스트레스 및 학교생활 부적응, 지속적인 실패로 인한 낮은 자아존중감과 우울감, 가족 구성원과의 갈등 등의 이유로 돌이킬 수 없는 치명적인 선택을 하고 있는 것이다. 이 번 시간에는 자살예방을 살펴봄으로써 아동을 안전하게 보호하기 위한 방안에 대해 생각해 보고자 한다.

자살은 치명적인 죽음을 초래하는 자해행위(WHO, 1968)나 의도적으로 자신을 죽이는 행동(Shneidman, 1964)으로 스스로 자신의 목숨을 끊는 것(유형근 외, 2012)이다. 작은 자살징후라도 발견되면 학부모에게 알리고, 전문가의 도움을 받도록 안내하고 학생과 가족과의 상담내용은 기록해 둔다.

청소년 자살의 징후는 직접적 행동, 직접적 언어표현, 간접적 행동 및 상징적 표현이 있다. 직접적 행동으로는 약이나 위험한 물건 수집, 의미 있는 소유물 정리, 자살사이트나 엽기사이트에 심취한다. 직접적 행동의 단서로는 수면, 진통제, 감기약 등 자살목적으로 약을 모아서 감추어 두거나 자살도구를 준비하여 감춘다. 의미 있는 개인소장품이나 수집품들을 남에게 주거나 태우거나 버리고, 죽음이나 자살사이트에 심취하며, 자살이나 죽음에 대해 표현하고, 주위사람에게 자살이나 죽음에 관련한 말을 흘린다. 직접적 언어표현으로는 말, 글, 그림, 낙서 등을 통해 자살을 언급한다. 간접적 행동 및 상징적 표현으로는 성적이 떨어지거나 조퇴, 지각, 무단결석이 잦음. 평소와 다른 기분변화나 행동변화. 평소와 다른 식사와 수면상태의 변화가 있다. 간접적 행동이나 상징적 단서로는 지나치게 환상적, 공상적 내용의 소설, 만화, 영상물 등에 심취한다(경기교육청, 2013).

경기교육청(2013)에 따르면 청소년 자살의 특징은 자살 시도율이 높고, 충동적이며, 자기 나름의 자살 동기가 있고, 동반자살 및 모방자살 가능성이 높고, 죽음에 대한 환상이 있다. 청소년의 자살시도율이 높은 이유는 첫째, 전두엽 발달이 완전하지 못하여 종합적 사고가 어렵다. 둘째, 신체적, 정서적 많은 변화로 인한 격동의 시기다. 셋째, 지적 변화로 기존의 가치나 규범에 도전하는 시기다. 넷째, 자아정체성이 확립되지 않은 정체성 혼란을 경험한다. 다섯째, 학교생활과 학업스트레스가 많은 시기기 때문이다. 청소년이 충동적으로 자살을 선택할 때는 첫째, 무가치하다고 생각되어질 때 충동적으로 선택한다. 둘째, 부모나 주변 어른들의 잔소리가 싫어질 때 충동적으로 선택한다. 셋째, 여러 사람 앞에서 비난이나 꾸중을 들을 때 충동적으로 선택한다. 청소년이 가지고 있는 자기 나름의 자살동기를 보면 첫째, 자살을 준비하던 중 "나가 죽어라 라는 말이 방아쇠가 되어 바로 시도한다. 둘째, 고통의 끝이나 문제해결의 대안으로 자살을 선택한다. 셋째, 분명한 이유를 만들어 합리화하는 경향이다. 넷째, 남을 조정하거나 보복하려는 동기로 선택한다. 동반자살 및 모방자살 가능성을 살펴보면 첫째, 피 암시성이 강하다. 둘째, 자살사이트를 통해 관심을 보인다. 셋째, 연예인이나 추종자의 죽음으로 연쇄 자살을 시도한다. 청소년은 죽음에 대한 환상을 가지고 있는데 이런 환상을 갖게 된 이유는 첫째, 판타지 소설류나 인터넷 게임의 영향, 둘째, 대중매체가 전하는 자살소식을 여과

장치 없이 받아들이고 셋째, 죽음을 문제해결방법으로 잘못 생각한다는 점 등을 들 수 있다.

2) 자살 발생현황

2014년 통계청의 사망원인통계 자료에 의하면 자살사망율은 인구 10만명당 28.5명으로 전년대비 1.5% 증가하였다. 10대부터 30대까지 사망원인 순위 1위이며, OECD 국가 간 자살률(OECD 표준인구 10만 명당)과 비교할 때 OECD 평균 12.1명에 비해, 한국은 29.1명('12년 기준)으로 가장 높은 수준이었다.

표 4-4 연령별 3대 사망원인 구성비 및 사망률, 2013년

(단위 : %, 인구 10만 명당)

연령(세)	1위			2위			3위		
	사 망 원 인	구성비	사망률	사 망 원 인	구성비	사망률	사 망 원 인	구성비	사망률
1-9	악성신생물	17.0	2.4	운수 사고	14.8	2.1	선천 기형	9.1	1.3
10-19	고의적 자해(자살)	28.4	4.9	운수 사고	19.1	3.3	악성신생물	15.7	2.7
20-29	고의적 자해(자살)	42.6	18.0	운수 사고	16.9	7.2	악성신생물	11.2	4.7
30-39	고의적 자해(자살)	36.3	36.3	악성신생물	19.7	15.4	운수 사고	8.2	6.4
40-49	악성신생물	28.8	50.3	고의적 자해(자살)	18.8	32.7	간의 질환	8.3	14.6
50-59	악성신생물	38.3	146.3	고의적 자해(자살)	10.0	38.1	심장 질환	7.5	28.7
60-69	악성신생물	44.0	361.5	심장 질환	8.1	66.2	뇌혈관 질환	7.7	63.1
70-79	악성신생물	34.4	852.2	뇌혈관 질환	11.2	277.4	심장 질환	9.7	239.9
80세 이상	악성신생물	16.6	1477.6	심장 질환	11.5	1026.8	뇌혈관 질환	11.4	1018.5

1) 심장 질환에는 허혈성 심장 질환 및 기타 심장 질환이 포함

2013 청소년백서(여성가족부, 2014)에 따르면 OECD 국가 중 청소년 자살률이 가장 높은 나라는 핀란드이고 한국이 5위로 나타났다. 2013년 청소년 사망원인 2위가 자살로 나탔으며, 자살시도 비율은 감소하고 있으나 여아가 남아보다 자살시도를 더 많이 하는 것으로 나타났다. 교육부가 제출한 '초·중·고등학생 자살사망 현황'을 보면 최근 4년간 청소

년 558명(초등학생 12명, 중학생 183명, 고등학생 363명)이 자살로 생을 마감해 초등학교부터 생명존중 프로그램과 자살예방교육이 실시될 필요가 있음을 시사하고 있다.

2. 자살의 발생원인

자살의 원인을 명확하게 설명할 수는 없으나 일반적으로 개인, 가정, 학교, 사회로 나누어 볼 수 있다.

개인요인으로 자신에 대한 부정적 평가와 낮은 자존감, 비현실적으로 높은 기대와 낮은 성취, 과거 자살시도 경험, 충동적 · 공격적 성향, 술 · 담배 · 약물남용, 스트레스 대처기제 부족, 인터넷 및 컴퓨터 게임중독, 성적 정체감 문제, 우울한 성향, 최근 심한 스트레스사건 등을 들 수 있다.

가정요인으로는 가족결손 또는 상실, 가족불화, 가족 간의 의사소통 및 지지부족, 가정폭력 또는 학대, 경제적 빈곤, 이전의 자살시도 가족력, 과잉경쟁의식의 부모 등이 원인이다.

학교요인으로는 학교폭력 · 집단 따돌림 · 소외감, 친구(이성, 동성)문제, 성적부담 및 학업관련 스트레스, 입시위주의 경쟁적 풍토, 교사의 부정적 언행 · 체벌 · 편애, 시험 중 부정행위 등과 같은 낙인과 오해요인, 학교 부적응 등이 원인이다.

사회적 요인으로는 치명적 수단의 접근용이성, 매스컴을 통한 왜곡된 죽음의 이미지나 정보, 개인주의적 사회 분위기, 과잉 경쟁사회, 매스컴의 자세한 자살방법 보도, 경찰과의 갈등과 법적 문제, 10대 임신, 낮은 사회적 지지도 등이 원인으로 작용한다(경기도교육청, 2013).

통계청(2012)에서 발표한 10대 자살원인은 10대 자살원인은 성적 및 진학문제, 가정불화, 외로움, 경제적 어려움, 친구불화 · 따돌림, 이성문제, 질환 · 장애, 직장문제 등이었다.

3. 자살의 예방대책

1) 자살예방교육

자살예방교육의 시작은 자살에 대한 올바른 상식을 통하여 잘못 알고 있는 내용을 바로잡는 것에서부터 자살의 예방과 대응을 시작해야 한다. 아동에게는 생명존중프로그램(김경희, 2008)과 같은 자살예방 프로그램을 교육함으로써 정신건강을 증진시킨다. 생명존중프로그램의 내용은 생명존중 프로그램의 취지와 필요성 알기, 소중하고 의미 있는 존재임을 깨닫기, 생명 경시 행동 돌아보기, 자살 위험 신호 알아보기, 생명지킴이 기술 알아보기, 우울한 감정에 대한 이해 및 대처법 알아보기, 건강한 대처방법 알아보기, 문제해결 기술 알기, 도움 요청 방법 찾기, 생명 존중 깨닫기, 생명 존중 서약하기 등으로 구성되어 있다.

또한 자살예방 방안은 학교, 학부모, 담임교사, 전문상담교사를 중심으로 실시할 수 있다. 학교는 학교관리자의 의식 제고, 학내 자살예방 교육 의무화, 위기개입팀 구성 및 역할 분담을 계획한다. 학부모 교육으로 자녀 행동 관찰하기, 자녀와 의사소통하기, 자녀와 함께 문제해결하기를 다룬다. 담임교사를 대상으로는 학급단위 예방 프로그램 실시, 학생 자살위험 평가, 평가 결과에 따른 조치하기 등에 대해 교육한다. 전문상담교사는 자살예방 프로그램 실시, 부모교육 실시, 학교 구성원 및 위기개입팀 교육 등에 대해 교육받는다. 또한 아동이 자살 징후나 자살을 발견 또는 목격하면 즉각 교사와 119에 신고하도록 지도하고, 사후개입 프로그램을 통해 남겨진 사람들의 비통함과 상실감을 돌봐주도록 함으로써 자살전염방지 예방에도 주의를 기울인다(유형근 외, 2012).

자살에 대한 오해와 진실

첫째, 자실에 관하여 자주 이야기하는 사람은 자살하지 않는다는 것은 사실이 아니다. 자살을 계획하고 있는 사람은 어떤 방법으로 든 죽음에 대해 알리는 경향이 있다.
둘째, 한 번 자살을 시도해 본 사람은 계속해서 자살하려 한다는 것도 사실이 아니다. 자살을 시도해 본 사람의 자살 위험이 높은 것은 사실이지만 한 번 시도했다고 해서 지속적으로 자살을 지도하지는 않는다.
셋째, 일반적으로 자살을 시도하려는 사람은 그 전에 다양한 방법을 통해서 명백한 신호를 보낸다.
넷째, 자살생각을 가지고 있는 사람은 일반적으로 정신질환을 앓고 있을 가능성이 높다는 생각은 잘못된 것이다. 자살을 생각하는 청소년들은 인생의 버거움에 대하여 고분군투하는 평범한 학생들이다.
다섯째, 자살에 대해 질문하는 것은 자살시도를 부추길 수 있기 때문에 위험하다는 생각은 잘못된 것이다. 자살에 대한 구체적인 질문을 통해 자신이 가지고 있는 문제나 계획에 대해 말하도록 하는 것은 매우 중요하다.

여섯째, 자살은 청소년 사망 원인 중 1위를 차지한다. 청소년 사망원인 중 1, 2위를 차지하면서 자살이 커다란 사회적 문제로 대두되었다.
일곱째, 자살생각을 가지고 있는 청소년들은 정신병원에 가게 될 것이라는 생각은 잘못된 것이다. 자살생각을 가지고 있는 청소년들이 쉽게 이용할 수 있는 여러 자원들에 대해 자세히 설명되어 있는 자살예방 자료를 제공해 주거나 지역내에서 도움을 받을 수 있는 상담서비스를 안내해 주는 것이 중요하다.
여덟째, 자살생각을 가지고 있는 사람은 관계의 영역을 친구들에게만 국한하는 경향이 있다. 하지만 친구만으로 자살을 예방하기에는 역부족이다.
아홉째, 자살생각을 가지고 있는 친구가 비밀을 유지해 줄 것을 요청하면 지켜줘야 한다는 생각은 잘못된 것이다. 진정한 친구라면 이럴 때 어떻게 대처해야 하며 어떤 방법이 옳은 것인지 논의해 볼 필요가 있다.
열째, 자살을 시도하는 대부분의 청소년들은 일상의 소소한 스트레스나 사건들보다 어떤 특정한 위기 때문에 그러는 경우가 많다는 것은 잘못된 생각이다. 때문에 10대들에게 매일 일어나는 일상적인 스트레스를 효율적으로 대처할 수 있도록 아낌없이 도움을 주어야 한다(유형근 외, 2012).

2) 환경조성

자살을 예방하기 위해서는 자살의 원인으로 지적된 개인, 가정, 학교, 사회를 중심으로 한 자살보호요인을 살펴보는 것이 필요하다. 먼저 개인요인으로 모든 일에 대해 긍정적인 생각, 적극적인 문제 해결력, 감정을 통제하여 적절히 표출하기, 주변에서 적절한 조언 구하기, 미래에 대한 긍정적인 기대, 자신에 대해 가치를 높게 판단하는 자존감 등을 키워주는 등 정신건강을 증진시킨다.

가정요인으로는 부모들의 긍정적인 관계, 가족 간의 의사소통 및 긍정적지지, 긍정적인 가족가치관 · 결속력, 경제적 안정, 좋은 양육환경과 태도를 갖게 하는 것이 도움이 된다.

학교요인으로는 교사의지지, 또래집단의 원만한 교우관계, 만족한 학업성취도, 적극적인 동아리활동, 학교 내 상담 시스템 구축, 멘토 - 멘티제도, 유용한 교육자료(영상물, 도서)를 활용한 지도 등이 자살을 예방하는 환경을 조성하는데 기여한다. 학교는 학교관리자의 의식 제고, 학내 자살예방 교육 의무화, 위기개입팀 구성 및 역할 분담을 갖춘다.

마지막으로 사회요인으로는 정신건강 교육과 서비스제공, 지역사회 내 네트워크지지, 전문가 활용 용이성, 자살예방 관련법과 제도 구비, 위기관리 기관 접근 용이성, 위험물질의 철저한 관리로 접근 차단, 건전한 놀이 문화 공간 확보 등을 통해 청소년의 자살을 예방할 수 있다(경기교육청, 2013). 언론은 자살을 보도할 때 신중을 기함으로써 청소년이 자살을 실행에 옮기는 계기를 차단하기 위해서 자살에 영향을 미치는 언론이 보도에 책임감을 갖도록 하는 '언론보도 권고기준'의 마련이 요구되며, 인터넷과 SNS를 통한 '자살'관련 검색어를 차단하도록 한다(유형근 외, 2012).

3) 대처 행동

교사는 자살관련 척도를 통해 자살 징후가 포착된 아동을 전문상담교사에게 의뢰한다. 교사는 평소 자살 위험이 있는 아동뿐 아니라 모든 아동에게 지속적인 관심과 애정을 갖고 돌본다. 자살 징후가 포착된 아동을 대상을 한 교사의 대처행동으로 저위험군 아동은 전문상담교사의 상담을 실시하고, 정서적 안정감을 찾을 수 있도록 도와주며, 주변의 심리적 자원을 찾을 수 있도록 한다. 또한 자살과 관련된 생각과 감정을 표현할 수 있도록 하고, 도움을 받을 수 있는 기관을 안내해준다. 중위험군 아동은 학생이 함께 있어 싶어 하는 교사(해당 교사의 일정을 조정하여 함께 있을 수 있도록)를 배치해준다. 위기개입 상담을 실시하고, 상담은 정확히 기록한다. 정서적 안정감을 찾을 수 있도록 도와주고, 보호자 및 담임교사에게 연락하여 관찰할 수 있도록 하며, 도움을 받을 수 있는 기관을 안내해 준다. 마지막으로 고위험군 아동의 경우 학생을 혼자 남겨두지 말고, 전문상담교사가 함께 할 수 없다면 즉각적으로 다른 사람으로 대처한다. 보호자에게 연락하여 학생의 행동에 대하여 대처할 수 있도록 도와주고, 학교 관리자 및 구성원(담임교사)에게 연락한다. 위기개입 상담을 실시하고, 상담 시 정확한 기록이 필요하고, 외부 연계가 필요하다면 도움을 요청한다. 자살사고 후 대처방안으로 학교는 위기개입팀 소집, 개입 절차 진행, 외부 기관협력을 구축한다. 학부모는 자녀의 현재 위험수준을 확인하고 모니터링하며 가족상담 및 지지를 실시한다. 담임교사는 자살 사실을 공지하고, 위험 학생을 식별하고 보호하며, 부모와의 연락체계를 유지한다. 전문상담교사는 개입 절차에 따라 위기개입을 하고, 위기상담을 실시하며, 자료 제공 및 협조를 요청하며 대처하도록 한다(유형근 외, 2012).

아동에게는 자신의 어려운 상황을 주위에 알리고, 건강하게 분노와 적개심을 표출하는 취미활동을 갖게 하고, 자신을 사랑으로 대하고 존중하도록 하며, 자기중심적 사고에서 벗어나 문제해결력과 조망수용능력을 갖도록 한다. 친구의 말과 행동에 관심을 갖고 이상한 징후가 보이면 즉시 교사나 부모 혹은 119에 알리도록 한다.

경기도 교육청(2013)에서 제시한 자살시도학생에 대한 학교와 가정의 대처방안을 살펴보면 학교에서는 첫째, 자살 행동에 대한 심층적인 공감과 정서적 지지를 한다. 둘째,

보호자에게 연락하며 원인 제거에 함께 노력한다. 셋째, 자살시도 학생의 영향을 받을 만한 학생을 파악하여 심층상담 한다. 넷째, 자살시도 학생이 정상적으로 적응하도록 돕는다. 다섯째, 전 교직원에게 자살시도학생 대응에 대해 알려주고 협조를 구한다. 여섯째, 처리상황에 대해 기록으로 남기고 상담일지를 작성한다. 가정에서는 첫째, 학교에서 알려 준 정보를 토대로 원인 제거에 적극 노력한다. 둘째, 심각성에 따라 정신건강 전문기관과 연계하여 치료하도록 한다. 셋째, 자살은 반복 시도성이 강하므로 지속적인 관심과 신뢰를 보이며 배려한다. 넷째, 반복 자살시도 자녀의 심리변화를 알고 회복기에 이를 수 있도록 지지한다.

■ 정리

1. 언어폭력 예방을 위해 교사는 평소 바른말 고운말을 사용하여 모델링이 되고, 아동과 함께 다양한 바른 언어사용을 위해 교과과정과 연계하여 언어폭력 예방교육을 계획하고 실천한다. 가정과 연계하여 지도하며, 바르지 못한 언어사용이나 언어폭력이 발생하였을 때 신속하고 적절히 판단하도록 하여 재발을 방지한다.

2. 신체폭력 예방을 위해 교사는 신체폭력을 비롯해 학교폭력의 발생을 사전에 예방하고 경미한 폭력이 감지되었을 때 더 큰 폭력상황으로 이어지지 않도록 신체 폭력으로부터 안전한 환경을 구성하고, 신체폭력 예방교육을 계획하고 실시해야 하며, 신체폭력이 발생하였을 때는 주어진 가이드라인에 따라 적절히 판단하고 대처할 수 있어야 한다.

3. 따돌림을 예방하기 위해서는 따돌림의 발생 원인으로 지적된 아동의 공격성 저하이나 공감능력, 사회 기술의 향상과 같은 개인적 요인, 민주적 양육방식과 같은 가정환경, 아동에게 관심을 가지는 학교 환경적 요인, 대중매체의 영향이나 타인과의 관계를 중시하는 사회문화적 요인과 같은 환경을 조성해야 한다.

4. 사이버폭력 예방을 위해 교사는 사이버폭력의 피해신고나 상담요청을 받게 되면 즉각 응하고 기록으로 남기고, 적절한 수준에서 피해자와 가해자를 격리시킨다. 가해자, 피해자, 주변 목격자들의 증언을 각각 확보하는 한편 방관자들의 증언도 독려하여 조사를 진행하고, 확보한 증거기록을 상세히 살펴본 후 사이버폭력에 대한 판단을 내리기 전에 동료교사와 관련 전문가의 의견을 청취한다. 피해학생을 안전하게 보호하는 조치를 취하고, 가해학생에 대한 조치와 기록을 기간 내에 정해진 절차에 따라 처리한다. 사이버폭력이 학교폭력의 일부라는 판단이 들면 즉시 학교폭력대책자치위원회를 소집하고, 필요하면 사이버폭력 상

담 기관과 전문가의 도움을 요청한다. 사이버폭력이 재발되지 않도록 지속적으로 관찰하고 예방교육을 강화하며, 학교폭력 대책 자치위원회의 조치과정과 분쟁조정 과정에서 비밀을 엄격히 유지하도록 한다.

5. 아동학대 유형에는 신체학대, 정서학대, 언어학대, 성학대, 방임, 유기 등이 있다. 아동학대 신고자는 신고의무자와 비신고의무자로 분류되는데 아동을 지도감독하는 교사는 신고의무자에 해당한다.

6. 자살시도학생에 대한 학교 대처방안으로는 자살 행동에 대한 심층적인 공감과 정서적으로 지지해주고, 보호자에게 연락하며 원인 제거에 함께 노력한다. 자살시도 학생의 영향을 받을 만한 학생을 파악하여 심층상담을 하고, 자살시도 학생이 정상적으로 적응하도록 돕는다. 전 교직원에게 자살시도학생 대응에 대해 알려주고 협조를 구하고, 처리상황에 대해 기록으로 남기고 상담일지를 작성한다. 자살시도학생에 대한 가정에서의 대처방안으로는 학교에서 알려 준 정보를 토대로 원인 제거에 적극 노력하고, 심각성에 따라 정신건강 전문기관과 연계하여 치료하도록 한다. 자살은 반복 시도성이 강하므로 지속적인 관심과 신뢰를 보이며 배려하고, 반복 자살시도 자녀의 심리변화를 알고 회복기에 이를 수 있도록 지지한다.

제5절 재난재해 안전

1장 화재

1. 화재사고 발생현황

화재란 사람의 의도에 반하여 발생 혹은 확대되거나 또는 방화에 의하여 발생하여 소화의 필요가 있는 연소현상이다. 화재가 발생하려면 불의 3요소인 가연물, 산소, 점화원이 있어야 하며, 화재는 원인별로 실화, 방화, 자연발화, 천재발화로 구분되고, 가연물에 의해 일반화재(A급화재-백색), 유류화재(B급화재-황색), 전기화재(C급화재-청색), 금속화재(D급화재)로 분류된다. 화재가 발생하면 유독가스와 산소부족을 초래하는 연기의 위험성을 간과해서는 안된다. 연기가 위험한 이유는 화재시 연소로 산소가 소비되어 이산화탄소의 농도가 증가하고 사람이 당황하면 호흡량이 평소보다 3배 많아져 다량의 유독가스를 흡입하여 위험해진다. 또한 연기는 수평방향보다 수직방향으로 이동속도가 빠르기 때문에 신속히 아래층으로 대피하거나 반드시 옥상으로 탈출하여 구조를 기다린다. 화재는 소화기의 화재 적응성에 따라 A, B, C급 화재로 구분한다. A급화재는 타고나서 재를 남기는 일반화재이고, B급화재는 타고나서 재가 남지 않는 유류나 가스화재가 있으며, C급화재는 전기화재를 말한다(강영숙 외, 2008).

소방방재청 통계에 따르면, 지난해(2013년) 전체 화재 발생 건수는 4만932건이고, 하루 평균 112건 정도의 화재가 발생하였다. 2014년의 경우 1월부터 5월25일까지 1만9663건의 크고 작은 화재가 발생했는데 하루 평균 135건 정도 화재가 발생하여 지난해 1~5월 발생한 화재 1만9265건(하루 평균 133건)과 크게 다르지 않은 수치다. 화재 발생원인 중 대부분을 차지하는 것이 부주의, 전기적 요인, 원인 미상, 기계적 요인, 방화 및 기타 의 순으로 나타났다. 교육시설에서의 화재도 343건이 보고되었다.

2. 화재 예방대책

1) 안전교육

아동을 위한 화재안전교육 내용으로는 먼저 정기적인 대피훈련을 실시하고, 둘째, 불에 대한 올바른 인식을 갖도록 교육한다. 셋째, 올바른 119 신고방법을 지도하고, 119에 허위신고를 하지 않도록 교육한다. 넷째, 계절별로 발생하는 화재원인에 맞춰 봄철에는 화재와 관계 깊은 건조주의보와 건조경보지수를, 여름철에는 냉방기구의 적정 사용시간 준수를, 겨울철에는 난방기구의 올바른 사용법을 교육한다.

안전교육의 내용을 화재별로 살펴보면 전기화재 예방 안전교육의 내용으로는 사용하지 않는 가전제품의 플러그는 뽑아 두고, 플러그를 뽑을 때는 몸체를 잡고 뽑도록 생활습관을 기르게 하며, 콘센트 하나에 한꺼번에 많은 가전제품을 문어발식을 연결하여 사용하지 않도록 하며, 가정과 학교에서 사용하지 않는 콘센트에는 안전캡을 씌우는 것을 습관화하도록 교육한다.

유류화재 예방 안전교육의 내용으로는 다른 물질과 유류를 함께 저장하지 말고 보관장소의 환기가 잘 되는지 살피며 용도에 맞게 인화물을 사용한다. 급유중 흘린 기름은 반드시 닦아내고 난로 주변에 소화기나 모래 등을 준비해둔다. 유류도구를 사용하는 중 넘어지지 않도록 고정하고, 사용중에는 절대로 이동하지 않는다. 제품에 이상이 있을 경우 즉각 수리해서 아용하고, 열기구 가까이에 가연성 물질을 놓지 않는다. 흡연하는 성인의 경우 위험물취급 장소에서는 절대로 담배를 피우지 않고 불조심에 대한 교육을 실시한다. 실내에 페이트, 신나 등을 사용할 경우 창문을 활짝 열어 충분히 환기시킨다.

가스화재 예방 안전교육의 내용으로는 가스 사용 전, 사용 중, 사용 후, 평상시, 가스 누설시로 나누어 실시한다. 가스 근처에 가연물을 두지 않고, 불을 켜기 전에 냄새를 통해 가스가 새는지 살피며, 창문을 열어 환기를 시킨다. 사용 중에는 점화후 불이 붙었는지 확인하고 요리 중에 자리를 뜨지 않으며, 공기를 조절하여 파란 불꽃이 되도록 한다. 사용 후에는 코크와 중간밸브를 반드시 잠그고 가스레인지는 한 곳에 고정하여 사용한다. 평상시에는 정기적으로 청소하여 불구멍이 막히지 않도록 관리하고 누설여부를 확인하며, 가스의 설치 및 철거는 허가받은 업자에게 맡긴다. LPG용기는 직사광선을 피해 보관하고 휴대용 가스레인지를 사용할 때는 사용 중 들고 옮기지 않으며 삼발이보다 그릇 바닥이 넓은 것을 사용하도록 하며 다 쓰고 난 캔은 구멍을 뚫어 버린다. 가스가 누설될 경우 즉시 코크와 중간밸브, 메인벨브(용기벨브)를 잠그고, 주변의 불씨를 없애고 전기기구를 조작하지 않으며, 창문과 출입문을 열어 환기시키고 빗자루나 방석, 부채 등으로 쓸어낸다.

이러한 안전교육은 이론교육과 시청각자료를 기초로 한 교육을 통해 화재안전에 대한 지식을 기르고, 소방서의 화재예방교육이나 안전체험관 방문과 같은 현장연계 체험교육 프로그램을 통해 배운 지식에 대한 실천력을 함양하도록 함으로써 화재발생시 대처기술을 함양하고 화재안전에 대한 태도를 기르도록 한다.

2) 환경조성

화재예방을 위해서는 관련 법 제정을 통해 법적구속력을 발휘해 안전기준을 강화하고, 유관기관의 공조를 통해 화재발생시 신속한 대처로 인명과 재산피해를 최소화 할 수 있도록 해야 하며, 지속적인 대국민 홍보활동을 통해 안전의식을 고취시킴으로써 화재안전에 대한 지식, 기술, 태도를 함양하는 역동적인 환경조성이 이루어져야 한다.

먼저 각급 기관에서는 법적 기준에 맞는 내연 마감재를 사용하고, 비상탈출로를 확보하며, 적정 소방시설을 갖춘다. 또한 발화물질의 소지를 금지하고 발견즉시 제거한다.

물리적 환경을 갖춘 다음 시설유지관리 및 올바른 사용을 위해 정기적인 자체안전 점검 및 소방 관리업체를 선정한 소방시설 안전점검을 실시한다. 안전점검 실시는 소방방재청(2014)에서 제시한 안전점검의 날 활용 매뉴얼을 활용한다. 화재와 관련된 학교시설 점검내용으로는 소방시설, 전기, 가스로 구분된다. 소방설비 점검 내용으로는 소화기 비치 및 충약상태 여부, 옥내 소화전 정상작동 여부, 감지기, 경보설비 등 자동화재 탐지기 설비 작동상태 여부, 방화문, 방화셔터 등 정상작동 여부, 피난유도등 상태 및 피난구 확보여부 등, 관리자 배치, 근무요령, 비상연락체계 등 정비 여부, 소방안전점검 실시여부를 점검한다. 전기 점검 내용으로는 전기설비 정기검사 여부, 누전차단기 등 정격용량기구 사용 여부, 배선기구 이탈 및 접촉상태 여부, 전기 배선 불량 및 문어발식 콘센트 사용 여부를 점검한다. 가스 점검 내용으로는 보일러 연료계통 누설 및 차단상태, 경보, 차단설비 작동 및 주변 환기상태, 가스공급 조절장치 이상유무, 가스배관 고정 및 도색불량 여부, 중간밸브 위치불량 또는 미설치 여부를 점검한다.

교사는 항상 소화기를 양호하게 관리하여 사용에 지장이 없도록 하고, 전기화재 예방을 위해 누전이나 합선된 곳은 없는지 살피고, 전기기구를 사용하지 않을 때는 플러그를 뽑아둔다. 과부하 예방을 위해 콘센트의 문어발식 사용을 자제하고, 실내를 청결하게 유지하여 덩어리 먼지를 제거하고, 멀티탭에 안전캡을 씌워둔다. 성냥, 라이터 등을 아동의 손에 닿지 않는 곳에 보관하고 폭죽놀이를 하지 않도록 지도하며, 아동에게 불을 켜거나 끄도록 시키지 않는다. 계절별로 발생하는 화재원인에 맞춰 봄철에는 습도를 적정 수준으로 유지하도록 하고, 여름철에는 적정시간 동안 전력기구를 사용함으로써 전력과부하를 예방하도록 하며, 겨울철에는 올바른 난방기구 사용법을 홍보한다.

특히 빠른 화재진압을 위해 골든타임 내에 화재현장에 소방차가 도착할 수 있도록 소방차 길터주기 운동 전개에 동참한다. 골든타임은 화재의 초동진압과 응급환자의 소생률 향상을 위한 시간으로 화재 또는 환자 발생 후 최초 5분을 일컫는다. 소방차 길터주기 운동은 소방차 출동여건이 악화되어 화재초기에 신속한 대응을 하지 못해 화재진압에 많은 어려움이 있고, 최근 고층아파트 화재시 불법 주 · 정차 등으로 소방차의 진입이 어려워 현장도착 시간이 늦어지는데 이 때문에 연기질식 및 추락사고가 발생하는 사례가 있어 추진하게 되었다. 뿐만 아니라 구급차의 현장도착이 늦어져 아직까지 응급환자의 소생율이 낮은 실정이며, 심정지 환자 등 응급환자에 대한 응급처치 및 병원이송이 늦어져 소중한 생명이 사망하는 사례가 많아지고 있다. 이와 같은 내용을 토대로 최근 SBS의 심장이뛴다와 같은 프로그램을 통해 소방방재청에서 실시하고 있는 소방차 길터주기 운동을 홍보하여 전국민의 참여를 독려하고 있다.

소방방재청에서 제시하고 있는 소방차 길 터주기가 중요한 이유는 다음과 같다.

① 화재시 5분 이내 초기대응이 가장 효과적!
- 화재 발생시 5분이 경과되면 화재의 연소 확산속도 및 피해면적이 급격히 증가하고 인명구조를 위한 구조대원의 옥내 진입이 곤란해진다.

② 응급환자는 4~6분이 골든타임(Golden Time)!
- 심정지 및 호흡곤란 환자는 4~6분 이내 응급처치를 받지 못할 경우 뇌손상이 시작된다.

출처 : 소방방재청 홈페이지

이러한 중요성에 불구하고 소방차 출동이 지연되고 있는 현 실태와 문제점은 다음과 같다.

① 교통량 증가, 불법 주정차 등으로 소방차 출동여건 급속히 악화
- 대형화재시 소방차 도착지연으로 인한 피해확대 등 문제점 부각되고 있다. (예 : 부산 실내사격장 화재 등)
- 지난해 구급차의 현장도착 평균시간은 8분 18초(골든타임 4~6분 이내 도착율은 32.8%에 불과)

② 국민들의 긴급차량에 대한 양보의식 부족
- 소방관의 64%가 "일반차량들이 비켜주지 않는다." 고 응답하였다.
- 사설 구급차 등의 무분별한 싸이렌 취명, 목적 외 사용으로 인한 긴급차량 때문에 대한 국민들의 불신이 늘어나고 있다.

③ 긴급차량 소통을 위한 교통신호체계 및 시스템 부족
- 외국의 경우 긴급차량 출동을 위한 Fire-Lane(미국) 및 교통신호제어시스템이 운영되고 있으나 우리나라에서는 출동차량의 지휘관이 방송 및 수신호로 양보를 요청하고 있다.

출처 : 소방방재청 홈페이지

외국에서는 이러한 문제를 극복하기 위해 다양한 예방조치를 담은 법과 제도를 마련하고 있으며 그 예는 아래와 같다.

미국 오레곤주의 사례
양보의무조항 위반 : 벌금 최대 ($720 / 83만원)
① 차량을 도로의 가장자리로 즉시 이동조치
② 긴급차량이나 구급차가 지나갈 때까지 정지

긴급차량 출동 방해시 위법조치 사례
긴급차량에게 즉시 공간을 만들어 통행할 수 있도록 의무화(독일)
긴급차량에게 양보 불이행시 과중한 벌금부과 및 면허정지
- 러시아 : 벌금 2,000~2,500루블(7~9만원) 또는 2~6개월 면허정지
- 캐나다 : 벌금 380~490불(41~53만원), 긴급차량을 150m 안에서 뒤따를 경우 1,000~2,000불 및 벌점 3점 · 2년 자격정지

소방출동로 확보 제도화 사례
미국 : 5분대응이론」에 따른 소방력배치 및 엄격한 주정차단속
- Fire Lane, 소방차전용구간 등 표준(Code) 제정으로 체계적 관리
- 뉴욕시의 주차단속은 가장 엄격 : 도심진입 교통량 감축프로그램 시행 및 엄정한 불법주차 단속 실시(민간업체 선정)
※ 6분이내 출동율 : 뉴욕시 100%, 버밍햄시 100%, 클린턴시 82%('86-' 02년)
☞ 미국통계자료는 출동지령후 차고지탈출시간(1분) 포함

일본 : 목조건물 감소에 따라 「8분대응이론」 현장대응체계 구축 - 만성적인 교통정체 및 불법주차로 긴급차량 통행방해 사회문제화 - 교통불통지역 무인카메라 설치 등 24시간 불법주차 집중단속 - 불법주차 범칙금을 높게하여(우리나라의 5.3배) 실효성 확보 노력 영국 : 「5분대응이론」 에 따른 소방력배치 및 엄격한 주정차단속 - 50~60년대 소극적 주차정책에서 70년대 이후 강력한 교통통제정책으로 전환하여 체계적인 관리 강화 - 레드루트를 설정하여 간선도로에 대한 집중적인 주차관리와 바퀴자물쇠 설치 등을 통한 집중적인 불법주차 단속체계 - 민간위탁의 주차단속 행정으로 단속의 효율성 및 실효성 확보

출처 : 소방방재청 홈페이지

3) 안전수칙 및 대처행동

(1) 안전수칙

서울시교육청에서 제시한 화재예방 안전수칙으로는 첫째, 화재 발생 시 대피경로를 평상시에 파악해 둔다. 둘째, 화재 발생 시 대피하여 모이는 약속 장소를 미리 정해둔다. 셋째, 성냥, 라이터, 촛불로 장난을 하지 않는다. 넷째, 불을 사용한 후에는 불씨가 꺼진 것을 꼭 확인한다. 다섯째, 공터나 야산에 올라가 불을 피우거나 폭죽놀이를 하지 않는다. 여섯째, 한 개의 콘센트에 전기플러그를 여러 개 꽂아서 사용하지 않는다. 일곱째, 플러그는 반드시 몸체를 잡아서 뽑는다. 여덟째, 사용하지 않는 전기제품은 플러그(코드)를 빼둔다. 아홉째, 난로 1~2m 이내에 인화성 물건을 두거나 난로 근처에서 장난을 하지 않는다. 열째, 가스레인지를 사용한 후 반드시 가스 밸브를 잠근다. 열한째, 소화기를 적당한 장소에 비치하며, 소화기 사용법을 평소에 익혀둔다(송숙경 외, 2014).

(2) 대처행동

서울시교육청에서 제시한 화재발생시 대처행동으로는 첫째, 화재발생 즉시 최초 화재목격자는 "불이야" 야하고 외치고 비상벨을 누른다. 둘째, 학급에서 화재가 발생하여 소화가 가능하다고 판단되는 화재발생 초기에는 소화기로 불을 꺼 초기에 진압한다. 단 화재가 번진 경우에는 우선 대피한다. 셋째, 화재경보가 울리면 선생님의 지시에 따라 대피로를 통해 지정된 장소로 대피한다. 넷째, 소지품을 그대로 두고 한 줄로 이동한다. 다섯째, 대피할 때 엘리베이터는 절대 이용하지 않는다. 여섯째, 가장 늦게 교실을 나오는 학생은 교실문을 닫고 나와야 한다. 일곱째, 이동 도중 연기에 휩싸이는 경우 손으로 입을 막고 자세를 낮추어 손으로 벽을 짚고, 한 방향으로 신속히 대피한다. 여덟째, 아래층으로 대피를 못할 경우 옥상으로 대피한 후 구조를 요청한다. 아홉째, 대피로가 화염에 쌓여있어 이동이 불가능할 경우 교실로 되돌아가 문을 닫고 옷이나 양말 등으로 틈새를 막은 후 구조를 요청한다. 단 연기가 새어 들어올 때에는 낮은 자세로 바닥에 엎드려 짧게 숨을 쉬어야 한다(송숙경 외, 2014).

2장 화재대피 및 소화방법

1. 화재시 대피 방법

화재 발생시 대피경로와 방법에 대한 지침을 마련해 평소 정기적으로 대피훈련을 실시해야 한다. 교육현장에서 활용할 수 있는 교육방법으로는 실제화재 현장을 녹화한 동영상 자료를 통한 가상경험을 통한 교육과 화재발생 시 적절한 대처방법에 대한 안전교육 실시와 반복으로 화재상황을 가상으로 배우고, 익힌 대처방법을 실제로 반복 경험하게 함으로써 만약의 경우 아동이 실제 위급한 상황을 직면했을 때 침착히 대처함으로써 손상을 최소화 할 수 있도록 한다(김일옥 외, 2013). 여기서는 아동에게 알려주어야 하는 대피훈련을 원칙을 살펴본 다음, 서울시민안전체험관에서 제공하고 있는 화재관련 정보를 보면 불이 났을 때 행동요령, 연기속 대피요령, 불이나 건물 속에 갇혔을 때, 도움이 되는 소방시설 등을 살펴본다.

1) 대피훈련 원칙

정기적인 대피훈련을 통해 아동이 화재 상황과 직면했을 때 대피행동이 몸에 익도록 하기 위해 아동에게 알려 주어야 하는 대피훈련의 원칙은 첫째, 화재상황이 아닌데도 불구하고 화재 대피훈련을 하는 목적을 설명하고 이해를 구한다. 둘째, 대피훈련을 하는 것이 놀이가 아니므로 진지하게 참여해야 한다는 것을 알려준다. 셋째, 화재경보기의 소리를 식별하도록 교육하고, "불이야"하는 소리도 중요한 화재경보임을 인식시킨다. 넷째, 함께 대피하지 못하는 만약의 경우를 대비하여 화재가 났을 때 모일 바깥 장소를 평소에 정해두고 화재가 나면 즉시 그곳으로 가야한다는 것을 알려주고 주기적으로 상기시켜준다. 다섯째, 화재경보기가 울리거나 "불이야" 소리가 들리면 즉시 하던 행동을 멈추고, 자신이 있는 위치에서 평소 약속한 장소로 가도록한다. 여섯째, 교사의 지시대로 신속하게 움직이며 자기 소지품을 챙기는 데 시간을 소비하지 않도록 한다. 일곱째, 대피훈련을 할 때 장난을 하지 않아야 하며 진지하게 참여하고 친구들의 참여를 격려한다(김일옥 외, 2013).

화재시 대피가 원활히 진행되도록 하기 위해서는 정기적인 대피훈련의 실시가 무엇보다 중요하다. 첫째, 적어도 한 달에 한 번 대피훈련을 실시하고, 가끔 사전 고지 없이 훈련을 실시해보기도 한다. 둘째, 여러 경로를 번갈아가며 대피훈련을 실시한다. 셋째, 대피시 필요한 여러 가지 대처방법을 실제로 해본다. 넷째, 대피시 소요되는 시간을 측정하여 가능한 신속하게 대피할 수 있도록 개선책을 연구한다. 다섯째, 대피경로와 비상구 주위는 통행이 원활하도록 물건을 쌓아두거나 막아두지 말고 깨끗이 치워둔다(정미라, 배소연, 이영미, 2003).

2) 불이 났을 때 행동요령(출처 : 서울시민안전체험관)

(1) 화재 감지하기

불이 났을 경우 오감을 이용하여 불이 났다는 사실을 가능한 빨리 인식하는 것이 중요하다. 연기가 나면 눈이 따갑고, 사람들의 아우성 소리와 비상벨소리를 듣고도 불이 난 것을 알 수 있다. 또한 무엇인가 타는 냄새를 맡거나 피부로 뜨거움을 지각할 수 있다. 불이 난 것을 알게 되면 "불이야~~"라고 큰 소리로 외쳐서 다른 사람에게 알린다(서울시민안전체험관http://safe119.seoul.go.kr).

(2) 대피계획 세우기

교사와 아동은 어느 건물이나 건물에 들어갈 때 건물의 출구나 비상구를 확인하고 나오는 길을 익히고, 비상구의 유도등이 켜있는지 확인하는 등 화재시 대피계획을 세우도록 한다.

서울시민안전체험관(http://safe119.seoul.go.kr/)에서 제시하고 있는 화재 대피계획에는 평소 화재시 대피계획을 세워 두고 함께 피난훈련을 실시하며 대피계획을 숙지해 두면 불이 났을 때 우리의 생명과 재산을 보호할 수 있으므로 어떤 장소든 항상 가까운 비상구의 위치를 확인할 것을 당부하고 있다.

화재 대피훈련을 계획할 때는 대피의 기본지침을 평소에 준비해두고, 건물 밖에서 만날 장소를 정해두며, 화재 대피훈련을 정기적으로 실시한다는 세 가지 지침을 준수하는 것이 좋다(정미라 외, 2003). 평소 대피의 기본지침 준비를 위해서 할 수 있는 방법으로 첫째, 미리 각 교실에서 여러 대피 경로를 생각해 본다. 둘째, 화재 시 대피경로, 역할분담 등을 크고 정확하게 적어 교실 문에 붙인다. 셋째, 교사는 대피의 기본지침을 잘 숙지하고 있어야 한다. 넷째, 화재 발생시 교사의 역할을 미리 분담해둔다(소방서에 신고하는 역할, 아동을 대피시키는 역할, 다친 아동을 돌보는 역할, 남은 아동이 없는지 살피는 역할 등[1]).

(3) 화재가 났을 때 대피하는 방법

아동은 화재가 났을 때 책상 밑이나 옷장 속에 숨으면 불을 피할 수 있다고 생각하는 경우가 있으므로, 교사는 불길이 없는 곳으로 도망해야만 불을 피할 수 있다는 것을 반

---

1) - 신고하는 역할 : 정확한 주소와 이름을 대고 어디에 불이 났는지, 상황이 어떠한지를 신속하고 정확하게 이야기 할 수 있어야 한다. 소방서에서 모든 정보를 알고 전화를 끊을 때까지 신고자는 전화를 끊으면 안된다.
- 아동을 대피시키는 역할 : 교실, 화장실, 복도 등에 있는 아동을 모아 안전한 경로를 통해 건물 밖으로 대피시킨다. 화재의 발생 위치에 따른 다양한 대피 경로를 잘 알고 있어야 한다. 어두운 계단을 나와야 하는 경우나 정전을 대비해 손전등을 준비하고 각 반 아동의 명단을 반드시 지침하고 대피한 다음 모든 아동이 디피했는지 확인한다.
- 다친 아동을 돌보는 역할 : 대피시 상비의약품을 가지고 대피하고, 건물 밖에서 다친 아동을 응급처치하고 돌본다.
- 남은 아동이 없는지 살피는 역할 : 아동은 의자나 책상 아래, 또는 구석진 곳에 숨어서 화재를 피할 수 있다고 생각한다. 아동의 이러한 발달 특성을 고려하여 마지막 아동을 따라 나오면서 교실, 화장실, 복도 등에 남아 있는 아동이 없는지 확인하며 가능하면 대피할 때 불을 끄고 문을 닫고 나온다.

드시 가르쳐주고 평소 여러 경로의 대피용 출구를 인지시켜야 한다(김일옥 외, 2013).

어린이안전교육관에서는 화재가 났을 때 대피방법으로 다음과 같은 네 가지 내용을 제시하고 있다. 첫째, 불이야!!라고 큰 소리로 외친다. 둘째, 젖은 수건으로 코와 입을 막는다. 셋째, 벽을 두드리며 바닥에서 30cm~60cm의 높이에 얼굴이 들어 올 수 있게 몸을 낮춰 비상구를 찾아 대피한다. 넷째, 엘리베이터는 절대로 이용하지 않는다와 같은 방법을 제시하고 있다.

건물 밖에서 만날 장소를 정할 때 평소에 대피 후 건물 밖 어디에서 만나기로 할지 정해두고 교사는 모든 아동이 대피 장소로 대피하였는지 확인한다. 대피 후 건물 안으로 다시 들어가지 않고, 아동이 건물 안에 있다고 판단되면 소방대원에게 부탁한다(정미라 외, 2003).

대피 도중 옷에 불이 붙었을 경우 절대로 뛰지 말고 눈과 입을 손으로 가리고 바닥에 뒹굴어 끈다. 만약 옆 사람의 옷에 불이 붙었으면 전기에 의해 불이 붙은 경우를 제외하고는 바닥에 눕히고 물을 부어 불을 끈다(김일옥 외, 2013).

옷에 불이 붙으면 어떻게 해야 하나요
- 달리면 화염전파가 빨라진다!

– 옷에 불이 붙은 채로 달리게 되면 더 빠르게 확산되므로 바닥에 구르면서
끄는 것이 좋은 방법이다. 교육과 훈련이 되어 있지 않다면 당황해서 달리거나 옷을 벗으려고 지체하다가 큰 화상을 입게 된다. 따라서

- 불이 붙으면 당황하여 달리지 않고 멈추도록 한다. (멈추고)
- 멈춘 상태에서 바닥에 엎드린다. (엎드리고)
- 손으로 얼굴을 가리고 바닥에서 구르도록 한다. (구른다)
- 친구들은 옷을 벗어서 불을 꺼주고, 물을 가져다 뿌려준다.

출처 : 서울시교육청 학생안전 매뉴얼(송숙경 외, 2014)

3) 연기속 대피요령

불이 났을 때 행동 요령으로는 소리를 지르거나 비상버튼을 눌러 주위에 큰 소리로 불이난 사실을 알리고, 신속히 건물 밖으로 대피한다. 불이 났을 때 무섭다고 숨으면 절대 안되고, 아끼는 물건을 챙기려고 시간을 지체해서도 안된다. 일단 밖으로 나가면 다시 화재장소로 들어가려 하지 말고, 엘리베이터를 타지 말고 비상구를 이용해 대피한다. 안전한 곳으로 대피한 다음 불이 난 곳(주소나 주변의 큰 건물 이름 등)을 또박또박 알

리며 119에 신고한다. 평소 주위에 있는 큰 건물을 알아둬 소방관들이 쉽게 찾을 수 있도록 안내한 다음 주위 사람과 협력하여 소화기, 소화전을 이용하여 초기소화를 한다(http://safe119.seoul.go.kr/).

뜨거운 연기를 마시는 것은 매우 위험하다. 화재시 주요 사망원인은 연기에 의한 질식으로 연기 속에 있는 유독성 물질이 기도와 폐를 손상시켜 생명을 잃게 하므로 연기를 들이 마시지 않도록 한다. 연기가 꽉 찬 곳에서는 팔과 무릎으로 기어서 나가고(바닥에서 30~60cm 사이의 공기가 더 맑다. 배로 기어 나가서는 나쁜 공기에 의해 질식할 수도 있다), 수건이나 옷을 물에 적셔 코에 대고 숨을 쉬면서 기도가 유독가스에 의해 손상을 덜 받도록 하며 자세를 최대한 낮춰 다른 손으로 벽을 잡고 비상구방향으로 신속하게 대피한다(김일옥 외, 2013).

4) 불이 난 건물 속에 갇혔을 때

불이 났을 때 문을 열고 나오기 전에 손잡이에 손등을 살짝 대 손잡이가 뜨거울 경우 불이 가까이 있다는 것이므로 다른 출입구를 사용해 대피하도록 한다(http://safe119.seoul.go.kr/).그러나 불이 난 건물 속에 갇혔을 때는 당황하지 말고 불길이 번져 들어오지 못하게 문을 닫고, 연기가 들어오지 못하게 문 틈새를 이불이나 옷(젖은 것이면 더 좋다) 등으로 막은 후 창문을 통해 도움을 청한다. 이때 밝은 색의 수건이나 옷을 흔들며 소방관이 잘 볼 수 있게 한다(김일옥 외, 2013).

5) 도움이 되는 소방시설

소화기와 소화전 외에 도움이 되는 소방시설로는 피난구 유도등, 통로 유도등, 발신기/비상벨, 시각 경보기 등이 있다. 피난구 유도등은 지상으로 통하는 출입구와 직통 계단의 계단실에 설치되어 있다. 통로 유도등은 피난통로를 안내하기 위한 유도등으로 복도 및 계단에 설치되어 있다. 발신기/비상벨은 화재시 벨이 울려 화재를 인지할 수 있다. 시각 경보기는 비상벨을 대신하여 화재를 인지할 수 있도록 조명이 깜빡거린다.

2. 소화 방법

1) 소화의 분류

소화는 가연물 연소에 필요한 산소를 차단하는 질식소화법, 가연물의 조성을 연소범위 이하로 희석시켜 소화할 수 있도록 하는 희석소화법, 연소물이나 화원을 제거하는 제거소화법, 소화제의 냉각효과에 의해 연소물을 냉각시키고 그 온도를 발화점이하로 내려 소화하는 냉각속화법이 있다(강영숙 외, 2008).

2) 소화기의 종류

① 소화기는 조작여부에 따라 조작과정 전부를 사람이 행하는 소화기는 수동식소화기라고 하고, 사람이 없어도 일정 온도 이상의 열을 감지하여 자동으로 동작하는 소화기는 자동식소화기라고 한다.
② 크기에 따라 소화기는 대형소화기와 소형소화기로 분류한다. 소형소화기와 달리 대형소화기는 크고 무거워서 바퀴를 달아 사람이 운반할 수 있도록 되어 있다.
③ 가압방식에 따라 축압식과 가압식으로 구분된다.
④ 소화약제에 따라 분말소화기(우리나라에 가장 많이 보급됨)와 이산화탄소 소화기, 하론 소화기가 있다.

3) 소화기 설치 및 취급법

소화기는 통행에 지장을 주지 않는 곳에 습기나 직사광선을 피해 보기 쉽고 사용하기 편리하도록 비치한다. 흔히 사용하는 분말소화기는 이산화탄소 소화기로 지하층, 창문이 없는 곳에서는 질식의 위험이 있으므로 사용하지 않도록 하고 방시 노즐 부분 취급에 주의한다.

4) 소화기 관리 및 점검요령

가압식 소화기는 안전핀과 노즐을 확인하여 이상 유무를 확인하고, 소화기를 거꾸로 들어 약제의 유동여부(소리)를 귀로 확인한다. 이때 소리가 안나면 사용이 불가능한 상태이므로 약제를 교환한다. 축압식 소화기는 안전핀과 노즐을 확인하여 이상 유무를 확인하고, 압력게이지를 확인한다. 바늘이 녹색부분에 위치하면 정상이고, 적색부분에 위치하고 있으면 과충전 상태를, 황색부분에 위치하면 압력이 충분하지 못한 상태임을 의미한다. 바늘이 황색과 적색을 가리킬 경우 가스와 약제를 재충전한다(강영숙 외, 2008).

5) 소화기 사용법

(1) 일반소화기

일반소화기인 분말소화기의 사용법 및 보관법을 살펴보면 첫째, 소화기를 불이 난 곳으로 옮긴다. 둘째, 손잡이 부분의 봉인 줄을 제거하고 안전핀을 뽑는다. 셋째, 바람을 등지고 서서 호스를 불쪽으로 향하게 한다. 넷째, 손잡이를 힘껏 움켜주고 빗자루로 쓸듯이 소화약제를 골고루 뿌린다. 마지막으로 소화기는 잘 보이고 사용하기에 편리한 곳에 두되 햇빛이나 습기에 노출되지 않도록 한다.

(2) 투척용소화기 사용법

커버를 벗긴다 → 약재를 꺼낸다 → 불을 향해 던진다

(3) 옥내소화전 사용방법

첫째, 화재가 발생하면 화재를 알리고자 발신기 스위치를 누른 다음 소화전 문을 열고 관창(물을 뿌리는 부분, 노즐)과 호스를 꺼낸다. 이때 호스가 꼬이지 않도록 길게 펴주고 불이 난 곳까지 다가간다. 둘째, 다른 사람은 호스의 접힌 부분을 펴주고 관창(노즐)을 가지고 간 사람이 물 뿌릴 준비가 되었으면 소화전함 개폐밸브를 돌려 개방한다. 셋째, 호스에 물이 차서 나오는 것이 확인되면 노즐 끝부분을 돌려 관창(노즐)을 잡고 불을 향해 물을 뿌린다.

화재진압이 끝나면 개폐벨브를 잠그고, 호스를 빼서 잘 세척하고 물을 뺀 후 서늘한 곳에 말려 소화전 함에 잘 말아서 원래대로 정리한다.

화재로부터 아동을 보호가 위해 교사는 화재관련 시설물을 정기적으로 점검하여 시설을 관리하고 정기 · 비정기 대피훈련을 통해 아동이 화재시 신속하고 안전하게 대피할 수 있도록 지도한다. 이와 더불어 평소 화재훈련에 대한 방송이나 뉴스 등을 녹화했다 가상경험을 갖게 지도하고, 아동과 함께 각 교실과 복도에 소화기 배치 여부를 조사하고 이를 알리는 표지판 부착하고 교실과 학교건물 내외부를 살펴 대피경로를 파악하고 이를 시각화한 알림판을 제작하여 게시하여 안전에 관심을 갖게 한다. 소화기 사용법과 화재시 상황별 대피의 간접체험을 위해 정기적인 안전체험관 견학으로 이를 구체화한다.

3장 지진 대처

1. 지진 발생현황

소방방재청(2014)에서 발표한 2001년 이후 우리나라에서 발생한 진도 4.0이상의 지진은 총 15회로 보고되었고, 2013년 한해 동안 발생한 지진은 총 93회로 보고되어 더 이상 지진 안전지대가 아님을 통계적으로 보여주고 있다. 진앙지 분포를 보면 내륙뿐 아니라 해양에서의 지진이 다수 보고되고 있고, 최근에 지진사례가 해양인 점을 들 때 지진해일에 대한 발생 가능성을 배제할 수 없다. 이러한 보고는 지진 안전에 대한 교육적 기반 마련과 사회적 대비의 필요성을 제기한다.

2. 지진 발생원인

1) 지진 발생 원인과 규모

지진은 지하에 축적된 탄성에너지의 급격한 방출에 의해 지구가 진동하는 현상을 말한다. 지진의 크기를 나타내는 개념 단위인 진도는 지진의 정도의 건물의 피해 정도를 나타내는 기준이 되고, 기진의 강도를 나타내는 절대적 개념 단위인 규모는 지진발생시 방출되는 에너지의 양을 나타내는 척도가 된다. 우리나라의 경우 환대평양 조산대 가장자리에 위치해 있어 최근 움직임이 활발한 이 지역의 지각판 움직임의 영향에서 자유롭지 못한 실정이다. 또한 그동안 우리나라가 유라시아판이라는 거대한 대륙지각 위에 있어서 지진으로부터 안전하다고들 말해 왔지만 한반도에 대형 지진의 가능성도 있다는 조사도 보고되고 있다. 이러한 보고는 우리나라에서 발생하는 지진의 발생 원인에 대한 다각적인 조사가 이루어져야 하고, 그에 따른 안전대책 마련이 함께 이루어져야 함을 제기한다.

해양에서 발생한 지진은 지진해일을 유발할 수 있다. 지진해일이란 지진에 의해 해저가 융기하거나 침강하여 해수위의 변화기 생겨 큰 물결이 사방으로 퍼지고 해안에 높은 물결로 도달하는 것을 말한다(이재수, 2010). 지진해일이 발생하면 수m에서서 수십m에 이르는 산더미 같은 파도가 인근 해안을 덮쳐 큰 피해를 입힌다.

2) 지진 규모에 따른 대응현상

규모	진도 (MM)	인체, 구조물, 자연계 등에 대한 영향
2.9미만	I	특별히 좋은 상태에서 극소수의 사람을 제외하고는 전혀 느낄 수 없다.
3.0~3.9	II	소수의 사람들, 특히 건물의 윗층에 있는 소수의 사람들에 의해서만 느낀다. 섬세하게 매달린 물체가 흔들린다.
	III	실내에서 현저하게 느끼게 되는데 특히 건물의 윗층에 있는 사람에게 더욱 그렇다. 그러나 많은 사람들은 그것이 지진이라고 인식하지 못한다. 정지하고 있는 차는 약간 흔들린다. 트럭이 지나가는 것과 같은 진동, 지속시간이 산출된다.
4.0~4.9	IV	낮에는 실내에 있는 많은 사람들이 느낄 수 있으나 옥외에서는 거의 느낄 수 없다. 밤에는 일부 사람들이 잠을 깬다. 그릇, 창문, 문 등이 소란하며 벽이 갈라지는 소리를 낸다. 대형트럭이 벽을 받는 느낌을 준다. 정지하고 있는 자동차가 뚜렷하게 움직인다.
	V	거의 모든 사람들이 느낀다. 많은 사람들이 잠을 깬다. 약간의 그릇과 창문 등이 깨지고 어떤 곳에서는 석고에 금이 간다. 불안정한 물체는 넘어진다. 나무, 전신주 등 높은 물체의 교란이 심하다. 추시계가 멈춘다.

5.0~5.9	Ⅵ	모든 사람들이 느낀다. 많은 사람들이 놀라서 밖으로 뛰어 나간다. 무거운 가구가 움직인다. 떨어진 석고와 피해를 입은 굴뚝이 일부 있다.
	Ⅶ	모든 사람들이 밖으로 뛰어 나온다. 설계 및 건축이 잘된 건물에서는 피해가 무시될 수 있고, 보통 건축물에서는 약간의 피해가 있으며, 열등한 건축물은 상당한 피해를 입는다. 굴뚝이 무너지고 운전하고 있는 사람들이 느낄 수 있다.
6.0~6.9	Ⅷ	특별히 설계된 구조물에는 약간의 피해가 있고, 일반 건축물은 부분적인 붕괴와 더불어 상당한 피해를 일으키며, 열등한 건축물에서 아주 심하게 피해를 준다. 창틀로부터 창문이 떨어져나간다. 굴뚝, 공장 재고품, 기둥, 기념비, 벽들이 무너진다. 무거운 가구가 넘어진다. 모래와 진흙이 소량 쏟아져 나온다. 우물울의 변화가 있고, 운전자가 방해를 받는다.
	Ⅸ	특별히 설계된 구조물에도 상당한 피해를 준다. 잘 설계된 구조물은 기울어진다. 구조물에는 큰 피해를 주며, 부분적으로 붕괴한다. 일반 건물은 기초에서 벗어난다. 땅에는 금이 명백하게 간다. 지하 파이프도 부러진다.
7.0 이상	Ⅹ	잘 지어진 목조 구조물이 파괴된다. 대개의 석조 건물과 그 구조물이 기초와 함께 무너진다. 땅에 심한 금이 간다. 철도가 휘어진다. 산사태가 강둑이나 가파른 경사면에서 생기며 모래와 진흙이 이동된다. 물이 튀어나오며, 둑을 넘어 쏟아진다.
	i	남아 있는 석조 구조물은 거의 없다. 다리가 부서지고 땅에 균열이 간다. 지하 파이프가 완전히 파괴된다. 연약한 땅이 푹 꺼지고 지층이 어긋난다. 기차선로가 심하게 휘어진다.
	ii	전면적 피해 발생. 지표면에 파동이 보인다. 시야와 수평면이 뒤틀린다. 물체가 하늘로 던져진다.

출처 : 2013 소방방재통계연보(소방방재청, 2014)

지진은 발생 규모에 따라 대응양상이 달라진다. 위에 제시된 내용은 지진 규모별 영향력을 제시하고 있는데 이런 자료는 진도별 영향력을 고려한 지진과 관련한 대책마련을 가능하게 한다. 특히 진도 7.0이상은 건물이 금이 가고 붕괴현상이 나타나므로 안전을 확보하기 위해서는 이를 기준으로 대처방법과 체험훈련이 달라져야 함을 의미한다.

3. 지진발생시 안전사고 예방대책

1) 안전교육

지진 안전교육은 지진이 왜 일어나는지 알려주고, 진도에 따른 피해 현황자료 교육을 통해 대피의 중요성을 인지시키도록 한다. 지진을 체험할 수 있는 전문교육기관의 체험활동을 정기적으로 계획하여 유사상황에 처했을 때 몸이 반사적으로 반응할 수 있도록 이론교육과 함께 실천력을 함양하는 것이 매우 중요하다. 특히 지진의 발생이 불규칙하기 때문에 지진체험관 방문은 학교에서의 체험활동뿐만 아니라 가정에서 가족이 함께 전문교육기관의 체험활동에 참여해 지진에 대비한 훈련을 받도록 한다. 방송을 통한 상황별 지진관련 방송자료를 적극 활용한다.

서울시교육청 안전교육메뉴얼에 따르면 지진 대피절차와 행동요령을 사전에 숙지하도록 교육한다. 구체적으로 가정에서는 비상용품을 항상 준비해두고, 평소에 대피경로, 대피장소를 익혀두며, 항상 비상연락망(119, 가족, 담임선생님 등)을 챙겨두도록 한다(송숙경 외, 2014).

일정시간 동안 대피가 가능한 지진해일의 경우 지진해일의 전조증상이 있으므로 지진해일의 특징을 교육한다. 지진해일의 특징은 다음과 같다.

지진해일이 발생하기 전에 물이 빠져 바닥이 드러난다. 내습속도는 사람의 움직임보다 빠르고 힘이 강력하다. 30cm 정도의 해일파고에서도 성인이 걷기 어렵고, 1m정도의 해일은 건물이 파괴될 수도 있다. 해일로 해안가 선박 등 다른 물건이 육지로 운반되어 주택에 충돌하거나 화재를 발생시키기도 한다. 또한 바다로 통해 있는 하천을 통해 역상하기도 한다.

기상청에서는 지진해일 주의보와 지진해일 경보를 발령하는데 주의보는 한반도 주변해역(21N~45N,110E~145E)등에서 규모 7.0 이상의 해저지진이 발생하여 우리나라 해안가에 해일파고 0.5~1.0m 미만의 지진해일 내습이 예상될 때 발령하고, 지진해일 경보는 한반도 주변해역(21N~45N, 110E~145E)등에서 규모 7.0 이상의 해저지진이 발생하여 우리나라 해안가에 해일파고 1.0m 이상의 지진해일 내습이 예상될 때 발령한다(송숙경 외, 2014).

2) 환경조성

국가는 지진발생 예측시스템을 강화하도록 하고, 지진이 발생하면 즉각적인 경보발령과 동시에 적절한 대처방법을 안내한다. 해상에서는 지진이 발생할 경우 해일주의보 또는 해일경보를 발령하고, 지진해일 내습이 확인되면 모든 수단을 동원하여 사람들에게 알리고 신속히 고지대로 대피하도록 알린다. 건물인허가시 내진설계가 제대로 반영되도록 한다. 지진과 관련해 우리나라도 더 이상 지진으로부터 안전한지역이 아님을 적극적으로 알리고 지진대피 훈련도 정기적으로 실시해 안전사고에 대비하도록 국민의 지진관련 안전의식을 고취시킨다.

안전교육의 중요성과 필요성에 대한 사회적 인식이 높아지고 그에 따라 실제 가상상황을 체험해 볼 수 있도록 안전체험관의 수를 늘려야 한다. 또한 기존의 안전체험관은 사회적 수요와 국민의 근무 및 활동시간을 고려해 교육시간을 탄력적으로 운영 · 연장함으로써 증가한 안전교육에 대한 수요를 충족시켜 나간다. 다양한 이동식 안전체험행사를 통해 찾아가는 안전교육서비스를 제공한다. 평소 건물에 금이 갔는지 살피고, 금간 건물의 경우 안전성 진단을 통해 적절한 안전대책을 세울 수 있도록 관리 감독한다. 진도측정기를 사용하도록 한다.

3) 안전수칙 및 대처행동

(1) 안전수칙

지진이 나면 꼭 지켜야 할 안전수칙으로는 첫째, 머리를 보호하고 위험물로부터 몸을 피한다. 둘째, 화재 발생시 침착하고 빠르게 불을 끈다. 지진 발생시 진동 중에 밖으로 나가면 유리창이나 간판 등이 떨어져 매우 위험하므로 서둘러 밖으로 뛰어나가지 않는다. 셋째, 지진이나 화재 발생시에는 엘리베이터를 이용하지 않는다. 넷째, 여진은 지진에 의해 취약해진 건물에 치명적인 손상을 줄 수 있으므로 여진에 대비한다. 다섯째, 문을 열어 출구를 확보한다(이재수, 2010) 등이 있다.

(2) 대처행동

지진이 나면 먼저 안전을 확인한 다음 문을 열어 출구를 확보해 두고, 갇히는 경우를 대비해 대비방법을 미리 준비해 두도록 한다. 2013년도 안전행정부의 위기관리 표준매뉴얼 개정내용 중 지진과 관련해서는 진동이 완전히 멈춘 후 공터나 공원 등 넓은 공간으로 대피하도록 하고 있다(소방방재청 홈페이지).

소방방재청(www.nema.go.kr)에서는 대국민 지진 안전 대처행동을 크게 물건낙하 및 화재, 서둘러 뛰쳐나가지 않기, 지진이 멈춘 후 3가지로 나누어 상황에 따른 대처행동을 보다 세부적으로 제시하고 있다.

먼저 물건낙하 및 화재의 경우 첫째, 튼튼한 테이블 밑에 들어가서 몸을 보호한다. 둘째, 테이블 등이 없을 때는 방석 등으로 머리를 보호한다. 셋째, 머리를 보호하고 위험물로부터 몸을 피한다. 넷째, 낙하물, 자동판매기, 블록담, 대문기둥은 피해야 한다. 다섯째, 대지진 발생 때는 구조대에 의한 구조가 어려울 수 있으므로 침착하게 대처해야 한다. 여섯째, 화재 발생시 침착하고 빠르게 불을 끈다. 일곱째, 주변 사람들과 협력하여 초기에 불을 끄도록 한다.

서둘러 뛰쳐나가지 않아야 하는 이유는 지진 발생시 크게 흔들리는 시간은 길어야 1분이다. 그러므로 서둘러 뛰어 나가면 위험하다. 첫째, 지진이나 화재 발생시에는 엘리베이터를 이용해서는 안되며, 갇혔을 경우에는 도움을 청하고 당황하지 않는다. 둘째, 공공장소에서는 당황하지 말고 안내자의 지시를 따른다. 셋째, 지진 발생시 진동 중에 밖으로 나가면 유리창이나 간판 등이 떨어져 매우 위험하다. 넷째, 운전시에는 도로의 오른쪽에 차를 정차하고 도로의 중앙을 비운다. 다섯째, 블록담, 자동판매기 등 고정되지 않은 물건 가까이에는 가지 않는다. 여섯째, 문을 열어서 출구를 확보한다. 일곱째, 갇힌 사태를 대비하여 대피방법을 미리 준비해 둬야 한다.

마지막으로 지진이 멈춘 다음에는 먼저, 부상자를 살펴보고 즉시 구조를 요청한다. 만약 부상자를 옮겨야만 한다면 머리와 부상부위를 고정한 후 안전한 곳으로 옮긴다. 둘째, 만약 부상자의 호흡이나 심장이 멈추었으면 신속하고 조심스럽게 심폐소생술을 실시한다. 셋째, 정전이 되었다면 손전등을 사용하고 불은 누출된 가스가 폭발할 위험이 있으므로 안전을 확인하고 사용한다. 전기에 문제가 있을시에는 전기차단기를 내린다. 넷째, 유리파편 등에 대비하여 견고한 신발을 신도록 한다. 다섯째, 가스가 누출되면 가스 밸브를 잠근 후 관계기관에 신속히 신고하고 전문가의 조치를 받은 다음 재사용한다. 여섯째, 여진은 지진에 의해 취약해진 건물에 치명적인 손상을 줄 수 있으므로 여진에 대비한다.

야외에 있을 경우 가방 등으로 낙하물로부터 머리를 보호하고, 블록 담 등에 가까이 가지 않는다. 공공장소에 있을 경우 안내방송을 따른다. 평소 비상소지품을 간단히 챙겨둔다. 해안에서 진동을 느끼거나 지진해일 경보를 들으면 즉시 높은 곳으로 대피한다(이재수, 2010).

서울시교육청에서는 지진에 대한 대처행동을 등하교시, 수업 중, 엘리베이터 이용시,

지진이 지나간 후로 나누어 제시하고 있다. 먼저 등하교시에 주택가는 담이 붕괴되어 다칠 수 있으므로 실내로 들어가지 말고 넓은 곳으로 대피한다. 둘째, 건물로부터 떨어져 인근의 공원이나 광장으로 대피한다. 셋째, 사람이 많은 장소에서는 안내자의 지시에 따라 질서를 유지하고 침착하게 대피한다. 넷째, 바닷가 지역에서는 지대가 높은 곳으로 신속히 대피한다.

수업 중에 지진이 발생하면 첫째 자신의 책상 밑으로 재빨리 들어가 방석, 책가방·책 등으로 머리를 보호한다. 둘째, 선생님의 지시에 따라 당황하지 않고 침착하게 피난경로를 따라 안전한 장소로 대피한다. 셋째, 대피장소로 이동 시에는 항상 방석, 책가방, 책 등으로 머리를 감싸서 낙하물로부터 보호하도록 한다. 넷째, 교실 밖에서는 최대한 건물로부터 멀리 떨어져 운동장과 같은 넓은 공터로 대피한다.

엘리베이터 이용시 지진이 발생하면 첫째 엘리베이터를 사용해서는 안 된다. 둘째, 엘리베이터를 타고 있을 때 지진을 느끼면 버튼을 눌러 엘리베이터가 정지하면 신속하게 내려서 안전을 확인한 후 대피한다. 셋째, 만일 갇힌 경우 인터폰으로 구조를 요청한다. 지진이 지나간 후 대처법으로는 여진은 지진(본진)보다 진동은 작지만 지진으로 취약해진 건물에 치명적인 손상을 줄 수 있으므로 조심한다. 둘째, 부상자를 살펴보고 즉시 구조를 요청한다. 셋째, 의식을 잃은 부상자에게는 물을 주지 않는다. 넷째, 캐비닛은 물건이 쏟아질 수 있으므로 문을 조심히 연다. 다섯째, 긴급사태 관련 뉴스를 주의 깊게 듣는다(송숙경 외, 2014).

일본 서해안에서 규모 7.0 이상의 지진이 발생하면 약 1~2시간 후 동해안에서 지진해일이 발생할 위험이 있으므로 고지대로 피난한다. 지진해일 내습 속도는 사람의 움직임보다 빠르고 그 힘이 강력해서 약 30cm의 해일 파고(물결의 높이)라도 성인이 걷기 어렵다는 것을 알아야 한다.

지진해일이 발생할 경우 대처행동으로는 지진해일 내습이 확인되면 모든 통신수단을 동원하여 모두에게 알린다. 둘째, 해안에 있다가 강한 지진동을 느끼면, 약 2~3분 이내에 해일이 내습할 수 있으므로 해일 경보 등이 없더라도 신속히 고지대로 이동한다. 셋째, 지진해일 특보가 발표되면 수영, 낚시, 야영 등을 즉시 중단하고 높은 곳으로 대피한다. 넷째, 대피할 때는 차량보다는 걸어서 이동한다. 다섯째, 지진해일은 몇 번이고 반복해서 일어나는 것으로 한 번에 끝난다고 볼 수 없으므로 대피 후 안전하다는 정보가 있을 때까지 바닷가 근처는 가지 않도록 주의한다(송숙경 외, 2014).

4장 기타 자연재난 대처

1. 황사 · 미세먼지

1) 황사 미세먼지 발생현황

황사는 중국 대륙의 황토 지대에서 강한 바람으로 위로 올라간 많은 미세한 모래 먼지가 하늘을 뒤덮고 있다가 점차 내려오는 현상을 말한다. 최근 10년간 발표된 황사관련 기상특보는 총 246회였고, 3~5월 사이에 주로 발생하며 11월과 12월, 2월에도 발생하여 황사가 더 이상 봄철에만 주의를 기울여야 하는 자연재해가 아님을 나타내고 있다.

2) 황사 · 미세먼지 안전 예방대책

어린이나 청소년은 황사나 미세먼지에 취약해 호흡기 질환의 위험성이 높은 연령층으로 황사가 자주 발생하는 계절에 교사, 부모 등 보호자의 각별한 주의와 안전수칙의 숙지가 무엇보다 중요하다.

(1) 안전교육

황사가 발생하는 이유를 제시하고, 자연환경 보전을 위한 노력과 자연의 고마움을 알게 한다. 황사나 미세먼지가 발생할 경우 소방방재청이나 서울시교육청에서 제시한 황사 · 미세먼지 안전수칙과 대처행동을 교육한다. 손씻기와 이닦기 등 기본생활습관 교육을 철저히 하고 이를 실천하도록 지도함으로써 스스로 건강한 환경 조성을 할 수 있도록 지속적으로 교육한다. 또한 황사나 미세먼지 주의보가 발령될 경우 위험지수에 따라 외출 여부를 판단하도록 안전지식을 교육을 하고, 용도에 맞는 마스크를 올바르게 착용하도록 지도한다. 청소지도를 통해 실내환경을 청결하게 유지하고 공기청정기를 청결하게 유지하도록 지도하고, 습도계와 가습기를 올바로 관리하여 적정 습도를 유지하도록 교육한다.

(2) 환경조성

황사나 미세먼지가 발생하면 호흡기 질환을 유발하게 되므로 청결하고 깨끗한 실내환경을 제공하도록 해야 한다. 이를 위해 먼저 개인위생 교육을 통해 기본생활습관 교육을 점검하고 지도하도록 한다. 개인위생을 위해 긴 옷을 착용하여 피부가 황사에 노출되지 않도록 하고, 호흡기 보호를 위해 황사방지 마스크를 착용하고, 눈을 보호하기 위해 고글을 착용한다. 호흡기 질환이 있는 경우 황사나 미세먼지 농도가 심하면 외출을 자제할 수 있도록 뉴스에 관심을 기울인다.

학교와 가정에서는 기상 정보에 관심을 기울여 황사에 대비한다. 학교장과 교사는 미세먼지 농도가 심할 경우 등하교 시간을 조정하거나 단축수업을 실시하도록 하고, 황사나 미세먼지가 발생할 경우 실내로 유입되지 않도록 안전점검을 실시한다. 황사나 미세먼지 주의보와 경보가 발령되면 창문을 닫고, 공기청정기를 가동하여 실내 미세먼지 농도 측정을 통해 실내공기의 질을 관리하며, 음용수를 제공하고 가습기를 틀어 수분을 적절하게 공급한다. 학교에서는 아동에게 황사가 자주발생하는 계절에 황사마크스를 나눠주어 휴대하고 다니다 유사시에 사용할 수 있도록 한다. 황사나 미세먼지 발생 중에는 실내청소에 신경을 쓰고, 황사가 지나간 뒤 실외의 청결관리를 통해 안전한 환경 조성을 위해 노력한다.

기상청은 황사발생 지역을 예의주시하며 각종 미디어를 통해 기상보도를 하고 미세먼지 농도에 따라 주의보와 경보를 발령하며 국민행동 매뉴얼도 함께 공지한다. 황사 발생지역에서 시행되고 있는 국제 녹화사업에 동참하도록 한다.

(3) 안전수칙 및 대처행동

① 안전수칙

소방방재청(http://www.nema.go.kr)에서 제시한 황사 국민행동요령 매뉴얼에 따르면 첫째, 텔레비전, 인터넷, 라디오를 통해 기상 정보를 확인한다. 둘째, 황사가 실내로 들어오지 못하도록 창문을 닫는다. 셋째, 황사는 알레르기성 결막염, 비염, 기관지 천식 등을 유발하므로 노약자, 어린이는 가능한 한 외출을 삼간다. 넷째, 어쩔 수 없이 외출할 때에는 긴소매 옷을 입고 마스크, 보호용 안경 등을 착용한다. 다섯째, 귀가하면 손발을 깨끗이 씻는다. 여섯째, 채소나 과일은 더욱 깨끗이 씻는다. 일곱째, 가습기 등으로 집안의 습도를 일정하게 조절한다 등이 있다.

서울시교육청에서 제시한 학생안전 매뉴얼에 제시된 황상관련 안전수칙으로는 첫째, 텔레비전, 인터넷, 라디오를 통해 기상 정보를 확인한다. 둘째, 황사가 실내로 들어오지 못하도록 창문을 닫는다. 셋째, 황사는 알레르기성 결막염, 비염, 기관지염, 천식 등을 유발하므로 가능한 한 외출을 삼간다. 넷째, 어쩔 수 없이 외출할 때에는 긴소매 옷을 입고 마스크, 보호용 안경 등을 착용한다. 다섯째, 가습기 등으로 집안의 습도를 일정하게 조절한다(송숙경 외, 2014).

② 대처행동

소방방재청(http://www.nema.go.kr)에서 제시한 황사 국민행동요령 매뉴얼에서 제시한 황사가 발생하려 할 때 교육기관에서 대처행동으로 첫째, 기상청에서 발표한 기상예보를 분석하여 지역실정에 맞게 휴업 또는 단축수업을 신중히 검토한다. 이때 학생들의 비상연락망을 점검 · 연락체계를 유지하고, 휴업 조치 시 맞벌이부부 자녀에 대해서는 학교에서 자율학습을 하도록 한다. 둘째, 학생과 학부모를 대상으로 황사 피해 예방 행동요령을 지도 · 홍보한다. 황사가 발생했을 경우 유치원생과 초등학생들의 실외활동을 금지하고 수업단축 또는 휴업한다. 이때 실외학습과 운동경기는 중지하거나 연기한다. 황사가 지나가면 첫째, 학교의 실내 · 외를 청소하여 먼지를 제거한다. 둘째, 학생들의 건강을 살펴서 감기 · 안질환자 등은 쉬게 하거나 일찍 귀가 시킨다. 셋째, 황사 후 발생할 수 있는 전염병에 대한 예방접종을 실시하거나 식당 등에 대한 소독을 실시한다.

서울시교육청에서 제시한 황사와 미세먼지에 대한 대처행동으로는 첫째, 등교 전 학교의 임시휴교 등의 비상연락 내용을 확인한다. 둘째, 황사 · 미세번지 발생 시 실외 · 야외학습은 선생님의 안내에 따른다. 셋째, 손수건이나 휴지, 마스크 등을 준비한다. 넷째, 황사가 짙을 경우 교차로, 횡단보도, 둑길 등을 걸을 때 안전에 유의한다. 다섯째, 창문을 닫고 야외활동을 자제한다. 여섯째, 손을 깨끗이 씻고 양치질을 하여 황사질환을 예방한다. 일곱째, 눈이 가렵다고 손으로 만지지 말고 물로 씻거나 점안제를 사용한다. 여덟째, 물을 자주 마신다. 아홉째, 목, 눈, 코에서 황사 관련 이상 증상이 심할 경우 선생님께 알린다. 열째, 황사 종료 후 실내공기를 환기시킨다(송숙경 외, 2014). 미세먼지는 황사용 마스크로 예방이 어려우므로 미세먼지주의보가 발령되면 방진마스크를 착용하는 것이 좋다. 황사에 소금의 하얀색이 섞인 백사도 마찬가지로 대처한다.

2. 태풍 · 호우 · 강풍

1) 태풍, 호우, 강풍 발생 현황

태풍은 북태평양 남서부에서 발생하여 아시아 대륙 동부로 불어오는 맹렬한 열대성 저기압으로 강풍과 비바람 또는 호우를 동반한다. 최근 10년간 발생한 태풍과 우리나라에 영향을 준 태풍은 총 261개고, 피해발생 회수는 16건이며 인명피해는 51명이다. 최근 10년간 호우로 인한 피해는 총 80건 발생, 사망 · 실종 205명, 재산피해 38,240억원으로 나타났다.

2) 태풍 · 호우 · 강풍 안전

(1) 안전교육

태풍 · 호우 · 강풍이 발생하는 이유를 제시하고, 자연의 경이로움과 위험한 두 얼굴을 소개하며 자연환경 보전을 위한 노력과 자연의 고마움을 알게 한다. 전문가를 초빙하여 태풍 · 호우 · 강풍이 발생할 경우 소방방재청이나 서울시교육청에서 제시한 안전수칙과 대처행동을 교육하고, 안전체험관 체험을 통해 태풍 · 호우 · 강풍의 위력을 경험하고 안전한 생활태도를 갖도록 교육한다. 평소 기상 뉴스에 관심을 갖도록 하고, 태풍 · 호우 · 강풍 발생 뉴스가 보도될 경우 이동 경로와 강도 등을 통해 개인의 신변과 주위 환경을 안전하게 관리하고 점검할 수 있도록 지도한다. 호우시 적절한 우의와 우산 착용법을 교육한다. 또한 위험 요소를 발견한 경우 부모와 교사에게 알려 보수할 수 있도록 하고, 위험상황에 처하거나 위험요소를 발견할 경우 119에 알리도록 교육한다.

(2) 환경조성

태풍은 호우와 강풍을 동반하며 큰 피해를 유발하기 때문에 사전 대비에 따라 피해를 최소화할 수 있다. 먼저 개인은 평소 태풍 · 호우 · 강풍 예보에 귀를 기울이고 방송에서 안내하는 안전수칙과 대처행동을 준수하도록 한다. 평소 시설을 꼼꼼하게 점검하고 보수가 필요한 곳은 없는지 살피며, 태풍 · 호우 · 강풍 예보가 있는 날은 가능한 외출을 자제하여 개인안전관리에 힘쓴다. 외출할 경우 우의와 장화를 착용하고 우산은 투명한 것을 착용하도록 하여 시야를 확보하도록 한다. 또한 태풍 · 호우 · 강풍으로 인한 위험 요소를 발견하면 즉시 119에 신고한다.

학교장은 학교 관계자와 지자체 전문가와 함께 안전매뉴얼에 따라 배수관리, 붕괴위험 구역 파악, 웅덩이 관리, 시설물 점검 및 정비, 낙하위험물 철거, 창문 잠그기 등 사전 시설 정밀안전점검을 실시한다.

국가와 지자체는 관계법령 강화 및 정비를 통해 안전기준을 상향조정하고, 재난대비 및 복구 예산을 확보해 유사시에 대비하도록 한다. 공무원과 관계기관 담당자가 공조하여 태풍 · 호우 · 강풍 발생 전, 중, 후로 나누어 안전매뉴얼에 따라 각종 시설과 환경을 점검하고 보수하도록 한다. 피해 발생시 유관기관의 공조를 통해 빠른 복구와 지원에 협조한다.

미디어는 태풍 · 호우 · 강풍 관련 기상 보도를 하고, 안전수칙과 대처행동을 고지한다. 태풍 · 호우 · 강풍 주의보와 경보에 따라 피해가 속출할 경우 재난방송을 실시하여 온 국민이 재난관련 시설물 안전점검에 동참하고 도움이 필요한 경우 신고 번호를 알림으로써 피해를 최소화하도록 한다.

(3) 안전수칙 및 대처행동

① 안전수칙

소방방재청에서 발표한 태풍 주의보 발령시 안전수칙을 도시, 농촌 산간, 해안지역으로 나누어 살펴보면 아래와 같다.

도시지역	• 저지대 및 상습침수지역 등 재해위험지구 주민대피 준비 • 노후가옥, 위험축대, 대형공사장 등 시설물 점검 및 정비 • 가로등, 신호등 및 고압전선 접근 금지 • 옥내 · 외 전기수리 금지 • 각종 공사장의 안전 조치 • 고속도로 이용 차량의 감속 운행 • 낙뢰시 낮은지역 또는 건물안 등 안전지대로 대피 • 입간판, 창문틀 등 낙하위험시설물의 제거 또는 결속 • 송전철탑 도괴 또는 누전, 방전 발견 시 인근기관이나 한전에 즉시 연락 • 출입문, 창문 등은 굳게 닫고 잠글 것 • 노약자 외출 자제 • 라디오, TV 등에 의한 기상예보 및 태풍상황 청취 • 하수도 및 배수로의 정비 점검
농촌 · 산간지역	• 저지대 및 상습침수지역 등 재해위험지구 주민대피 준비 • 노후가옥, 위험축대, 대형공사장 등 시설물 점검 및 정비 • 가로등, 신호등 및 고압전선 접근 금지 • 옥내 · 외 전기수리 금지 • 각종 공사장의 안전 조치 • 고속도로 이용 차량의 감속 운행 • 낙뢰시 낮은지역 또는 건물안 등 안전지대로 대피 • 입간판, 창문틀 등 낙하위험시설물의 제거 또는 결속 • 송전철탑 도괴 또는 누전, 방전 발견 시 인근기관이나 한전에 즉시 연락 • 출입문, 창문 등은 굳게 닫고 잠글 것 • 노약자 외출 자제 • 라디오, TV 등에 의한 기상예보 및 태풍상황 청취 • 하수도 및 배수로의 정비 점검 • 주택주변의 산사태 등 점검 및 주민대피준비 • 농작물 보호조치 • 용 · 배수로 점검 • 소하천 및 간이 취입보 등의 정비 • 산간계곡 야영객 대피 • 농촌 · 산간지역의 제반시설 보호 및 보강 • 배수문 · 양수기의 점검 및 수문조작 검토
해안지역	• 저지대 및 상습침수지역 등 재해위험지구 주민대피 준비 • 노후가옥, 위험축대, 대형공사장 등 시설물 점검 및 정비 • 가로등, 신호등 및 고압전선 접근 금지 • 옥내 · 외 전기수리 금지 • 각종 공사장의 안전 조치 • 고속도로 이용 차량의 감속 운행 • 낙뢰시 낮은지역 또는 건물안 등 안전지대로 대피 • 입간판, 창문틀 등 낙하위험시설물의 제거 또는 결속 • 송전철탑 도괴 또는 누전, 방전 발견 시 인근기관이나 한전에 즉시 연락 • 출입문, 창문 등은 굳게 닫고 잠글 것 • 노약자 외출 자제 • 라디오, TV 등에 의한 기상예보 및 태풍상황 청취 • 하수도 및 배수로의 정비 점검

해안지역	• 해안저지대 및 위험지구에 대한 경계강화 및 주민 안전지대 대피 준비 • 침수가 예상되는 건물의 지하공간 영업자제 및 대피조치 • 해안도로 운행제한 • 조업중인 어선 및 항해중인 선박 신속 대피 • 선박출항의 엄격한 통제와 안전 결박 • 철거 가능한 어로시설 및 수산증식 시설의 철거 • 해수욕장 폐쇄 및 가 시설물 철거

출처 : 소방방재청(http://www.nema.go.kr)

소방방재청은 호우 주의보가 발령시 안전수칙을 도시, 농촌 산간, 해안지역으로 나누어 제시하였다.

도시지역	• 저지대 및 상습침수지역 등 재해위험지구 주민대피 준비 • 노후가옥, 위험축대, 대형공사장 등 시설물 점검 및 정비 • 가로등, 신호등 및 고압전선 접근 금지 • 옥내 · 외 전기수리 금지 • 각종 공사장의 안전 조치 • 고속도로 이용 차량의 감속 운행 • 낙뢰시 낮은지역 또는 건물안 등 안전지대로 대피 • 송전철탑 도괴 또는 누전, 방전 발견 시 인근기관이나 한전에 즉시 연락 • 노약자 외출 자제 • 라디오, TV 등에 의한 기상예보 및 특보상황 청취 • 하수도 및 배수로의 정비 점검
농촌 · 산간지역	• 저지대 및 상습침수지역 등 재해위험지구 주민대피 준비 • 노후가옥, 위험축대, 대형공사장 등 시설물 점검 및 정비 • 가로등, 신호등 및 고압전선 접근 금지 • 옥내 · 외 전기수리 금지 • 각종 공사장의 안전 조치 • 고속도로 이용 차량의 감속 운행 • 낙뢰시 낮은지역 또는 건물안 등 안전지대로 대피 • 송전철탑 도괴 또는 누전, 방전 발견 시 인근기관이나 한전에 즉시 연락 • 노약자 외출 자제 • 라디오, TV 등에 의한 기상예보 및 특보상황 청취 • 하수도 및 배수로의 정비 점검 • 주택주변의 산사태 등 점검 및 주민대피준비 • 농작물 보호조치 • 용 · 배수로 점검 • 소하천 및 간이 취입보 등의 정비 • 산간계곡 야영객 대피 • 농촌 · 산간지역의 제반시설 보호 및 보강 • 배수문 · 양수기의 점검 및 수문조작 검토
해안지역	• 저지대 및 상습침수지역 등 재해위험지구 주민대피 준비 • 노후가옥, 위험축대, 대형공사장 등 시설물 점검 및 정비 • 가로등, 신호등 및 고압전선 접근 금지

	• 옥내 · 외 전기수리 금지 • 각종 공사장의 안전 조치 • 고속도로 이용 차량의 감속 운행 • 낙뢰시 낮은지역 또는 건물안 등 안전지대로 대피 • 송전철탑 도괴 또는 누전, 방전 발견 시 인근기관이나 한전에 즉시 연락 • 노약자 외출 자제 • 라디오, TV 등에 의한 기상예보 및 특보상황 청취 • 하수도 및 배수로의 정비 점검 • 해안저지대 및 위험지구에 대한 경계강화 및 주민 안전지대 대피 준비 • 침수가 예상되는 건물의 지하공간 영업자제 및 대피조치

출처 : 소방방재청(http://www.nema.go.kr)

② 대처행동

태풍 · 호우 · 강풍에 대한 대처행동은 태풍 · 호우 · 강풍이 예상될 경우 사전행동과 태풍 · 호우 · 강풍이 발생했을 때, 그리고 태풍 · 호우 · 강풍이 지나간 후로 나뉜다.

태풍 · 호우 · 강풍이 예상될 경우 사전 대처행동은 첫째, 비상 시 대피장소와 대피통로를 익혀둔다. 학교 내 대피장소를 알아두는데 침수가 될 경우는 옥상 등 높은 곳으로, 벼락이 칠 때는 건물 안 또는 낮은 곳으로 대피한다. 둘째, 우산, 우비, 장화 등 우천 대비 용품을 사전에 준비한다. 이때 우산은 시야를 확보할 수 있는 투명 우산을 권장한다. 셋째, 태풍, 강풍 예보가 있는 경우 강풍에 날아갈 수 있는 물건은 실내(집안)로 옮기고, 유리창과 출입문을 꼭 잠그며, 유리창에 젖은 신문지 또는 테이프를 부착하고, 방송매체(TV, 라디오, 인터넷)로 기상 상황을 확인한다. 넷째, 119, 학교, 선생님 등 긴급연락 전화번호를 휴대폰에 저장하거나 메모해둔다(송숙경 외, 2014).

태풍 · 호우 · 강풍이 있을 경우 대처행동으로는 첫째, 등교시간 조정 및 임시휴업 등에 관한 사항은 학교 안내에 따른다. 둘째, 방송매체(TV, 라디오, 인터넷)로 기상상황 및 재난상황에 주의를 기울인다. 셋째, 위험시설(지역)에 접근을 금지하거나 주의한다. 예를 들어, 공사장, 하천, 배수로 주변, 지대가 낮은 곳, 상습침수지역, 지하시설은 익사 위험지역이고, 전신주, 가로등, 신호등, 고압전선은 감전의 위험이 있으니 주의한다. 또한 강풍에 날리는 물건(간판 등), 붕괴우려지역(공사장, 옹벽, 경사지 등)을 주의한다. 넷째, 가급적 혼자서 다니지 않는다. 다섯째, 천둥, 번개가 칠 경우 건물 안이나 낮은 곳으로 대피한다. 이때 나무 밑은 위험하므로 나무 밑으로 피하면 안된다. 다섯째, 가급적 외축을 삼가고 외출시 강풍, 호우로 걷기가 어려운 경우 가까운 안전한 건물로 대피한다. 여섯째, 강풍이 불 때 실내에서는 현관, 창문 등 유리파편 위험이 없는 곳에 대피한다. 일곱째, 침수되거나 고립된 경우 옥상 등 안전한 곳으로 피하여 구조를 요청한다(송숙경 외, 2014).

태풍과 호우 중에는 뇌우가 치기도 한다. 국가재난정보센터(http://www.safekorea.go.kr)에서 제시한 뇌우 중 대처행동을 보면 번개는 천둥 번개, 태풍이 발생할 때 일어나는 재해로서 경미한 것이기는 하지만 때로는 목숨을 앗아가기도 한다. 천둥번개가 발생한 경우, 신속하게 집, 건물, 또는 자동차(다만, 무개차는 제외)안으로 들어가고, 집안에 대피한 경우 금속관을 통해 감전될 수 있으므로 욕조, 수도꼭지, 그리고 개수대 (싱크대)를 만져서는 안 된다. 긴급사태를 제외하고는 전화는 삼가한다. 야외에 위치하여 안전한 건물이나 자동차로 대피할 시간적인 여유가 없을 경우 숲 속인 경우, 작은 나무가 자라는 저지대로 대피하라고 안내하고 있다.

태풍 · 호우 · 강풍이 지난 간 다음에도 여전히 위험 요소가 있으므로 다음 사항에 주의한다. 첫째, 강풍이 지나간 후 땅바닥에 떨어진 전깃줄에 접근하거나 만지지 말아야 한다. 둘째, 안전이 확보되기 전까지는 위험, 피해지역에 접근을 금지한다. 셋째, 치료가 필요한 경우 119, 보호자, 학교(담임선생님, 교무실) 등에 신고하여 도움을 요청한다.

■ 정리

1. 화재가 발생하면 유독가스와 산소부족을 초래하는 연기의 위험성을 간과해서는 안 된다. 연기는 화재시 연소로 산소가 소비되어 이산화탄소의 농도가 증가하고 사람이 당황하면 호흡량이 평소보다 3배 많아져 다량의 유독가스를 흡입한다. 연기는 수직방향으로 이동속도가 빠르기 때문에 신속히 아래층으로 대피하거나 반드시 옥상으로 탈출하여 구조를 기다린다.

2. 화재발생에 대비해 평상시에 대피경로를 파악하고, 화재 발생 시 만날 대피장소를 미리 정해둔다. 화기를 소지하지 않고, 불을 사용한 후에는 불씨가 꺼진 것을 꼭 확인한다. 불놀이를 하지 않으며, 문어발식 콘센트 사용을 금한다. 플러그는 몸체를 잡고 뽑고, 사용하지 않는 코드는 빼둔다. 난로 근처에 인화성 물건을 두지 않고, 가스레인지 사용 후 가스 밸브를 잠근다. 열한째, 소화기를 적당한 장소에 비치하고, 사용법을 익혀둔다.

3. 화재대피훈련을 위해서는 먼저 화재상황이 아닌데도 불구하고 화재 대피훈련을 하는 목적을 설명하고 이해를 구한다. 대피훈련을 하는 것이 놀이가 아니므로 진지하게 참여하도록 한다. 화재경보기의 소리를 식별하도록 교육하고, "불이야"하는 소리도 중요한 화재경보임을 인식시킨다. 함께 대피하지 못하는 경우를 대비하여 대피 후 모일 바깥 장소를 평소에 정해두고 화재가 나면 즉시 그곳으로 가야한다는 것을 알려주고 주기적으로 상기시켜준다. 화재경보기가 울리거나 "불이야" 소리가 들리면 즉시 하던 행동을 멈추고, 자신이 있는 위치에서 평소 약속한 장소로 가도록한다. 교사의 지시대로 신속하게 움직이며 자기 소지품을 챙기는 데 시간을 소비하지 않도록 한다. 대피훈련을 할 때 장난을 하지 않아야 하며 진지하게 참여하고 친구들의 참여를 격려한다.

4. 지진이 나면 먼저 안전을 확인한 다음 문을 열어 출구를 확보해 두고, 갇히는 경우를 대비해 대비방법을 미리 준비해 두고, 진동이 완전히 멈춘 후 공터나 공원 등 넓은 공간으로 대피한다.지진이 발생하면 머리를 보호하고 위험물로부터 몸을 피하고, 화재 발생시 침착하고 빠르게 불을 끈다. 지진 발생시 진동 중에 밖으로 나가면 유리창이나 간판 등이 떨어져 매우 위험하므로 서둘러 밖으로 뛰어나가지 않고, 엘리베이터를 이용하지 않는다. 여진은 지진에 의해 취약해진 건물에 치명적인 손상을 줄 수 있으므로 여진에 대비하며 문을 열어 출구를 확보한다.

5. 황사안전수칙으로는 미디어로부터 기상 정보를 확인하고, 황사가 실내로 들어오지 못하도록 창문을 닫는다. 노약자, 어린이는 가능한 한 외출을 삼가고, 어쩔 수 없이 외출할 때에는 긴소매 옷을 입고 마스크, 보호용 안경 등을 착용하도록 한다. 귀가하면 손발을 깨끗이 씻고, 채소나 과일은 평소보다 더욱 깨끗이 씻는다. 가습기 등으로 집안의 습도를 일정하게 조절한다 등이 있다.

6. 태풍 · 호우 · 강풍 예보가 발효되면 교사는 아동의 안전을 위해 실외활동을 자제하고 체험활동을 연기하며, 안전점검 매뉴얼에 따라 시설물 안전점검을 실시한다. 발견한 위험요소는 전문가에게 보수를 의뢰하고, 아동에게 안전수칙과 대처행동을 교육하고, 태풍 · 호우 · 강풍이 지나간 후 발생한 피해여부를 파악하여 보고한다.

제6절 응급처치

1장 응급처치원칙과 행동요령

1. 응급처치

1) 개념 및 목적

응급처치는 위급한 상황으로부터 자기 자신을 지키고 뜻하지 않은 사고가 발생했을 때 전문적인 의료서비스를 받기 전까지 적절한 처치와 보호를 해주어 고통을 덜어주고 생명을 구할 수 있게 하는 처치를 말한다. 뿐만 아니라 응급환자가 발생하면 응급의료체계에 신고한 후 현장에서의 신속한 응급처치로 환자의 생명을 구하고 장애를 경감시키며 치료기간을 단축시키는 것을 지칭한다.

응급처치의 목적은 첫째, 응급환자의 생명을 구한다. 둘째, 통증을 감소시키며 손상의 악화를 방지하여 장애를 경감시킨다. 셋째, 응급환자의 가치 있는 삶을 영위할 수 있도록 회복을 돕는다(서길준 외, 2011) 등이 있다. 이와 아울러 응급처치 교육은 사고 및 질병의 예방, 적절한 응급처치 기술 습득, 높은 안전생활 의식 함양을 목적으로 한다.

응급의료 체계는 병원전 처치 → 이송 → 병원진료 → 통신체계 단계로 구분한다. 일반적으로 교사와 학생이 처하게 되는 상황은 1단계인 병원전 처치단계인데, 1단계 병원전 처치는 응급상황을 처음 목격한 사람이 응급의료체계에 즉시 연락하고, 응급환자 상태와 응급처치 필요 여부를 평가한 다음 응급의료종사가자 도착하기 전까지 현장 응급처치를 하는 단계이다. 1단계의 인적요소로는 심폐소생술 훈련을 받은 일반인, 최초반응자, 구조대원, 응급구조사 등이 있다 (서길준 외, 2011).

2) 필요성

응급처치 교육이 필요한 이유를 살펴보면 먼저 발생한 위기에 대처하는 사람의 신속 · 정확한 행동 여부에 따라 부상자의 삶과 죽음이 좌우되기 때문이다. 또한 생명을 구하는 일은 무엇보다 중요하고 소중하므로 이러한 필요성에 따라 교사와 아동 모두 평소 응급처치법을 익혀두는 것이 필요하다. 특히 모든 교사는 기도 확보와 심폐소생술 등의 응급처치법과 손상 예방, 감염성 질병 예방 교육을 받아야 한다(서길준 2011). 구체적으로는 첫째, 학교 교육활동시 발생한 사고로 인해 병원 전 현장 응급처치 수요가 존재하고, 둘째 환자 발생 상황 접수로부터 119 구급대가 현장에 도착해 초기대응하는 데 걸리는 시간을 최소화하고, 세째 사망환자 발생율을 낮추고, 아동 심정지환자의 생종률 향상을 위해 조기 응급처치를 위한 교육이 필요하다.(윤선화 외, 2012). 응급처치교육을 통해 교사와 아동의 안전사고 방지 및 응급상황 대처능력을 향상시킬 수 있다

3) 응급상황

대표적인 응급상황은 아래에 제시된 내용과 같다. 이러한 상황에 처한 환자를 응급환자라 하는데 보건복지부령이 정하는 응급환자는 질병, 분만, 각종사고 및 재해로 인한 부상이나 위급한 상태로 인하여 즉시 필요한 응급처치를 받지 아니하면 생명을 보존할 수 없거나 심신상의 중대한 위해가 초래될 가능성이 있는 환자 또는 이에 준하는 자를 말한다.

• 심장마비 • 심장질환이나 흉통 • 물에 빠졌을 때 • 척수 손상이 의심되는 경우 • 호흡곤란이나 숨을 쉬지 않는 경우 • 심한출혈	• 의식이 없는 경우 • 중등도 이상의 화상 • 경련이나 마비를 일으키는 경우 • 혈액이 섞인 구토를 할 때 • 불분명한 말투, 발작증세

2. 응급처치 행동 요령

1) 응급상황에서 지켜야 할 원칙

응급상황을 목격할 경우 교사나 학생 모두 당황하지 않고 신속. 침착 질서있게 대처해야 하며, 응급상황을 정확하게 인식하고 상황을 판단할 수 있는 능력을 갖추어야 한다. 응급처치를 실시함에 있어서 지켜야 할 원칙(서길준외 2011)에는 먼저 응급처치를 하는 사람이 위험에 노출되지 않도록 주의를 기울이면서 어떤 상황인지, 무엇을 할 수 있는지 판단하도록 한다. 현장의 안전여부와 함께 부상자와 응급처치가 가능한 사람이 있는지 파악한다. 이와 동시에 119에 구조요청을 하고 응급처치를 실시한다. 여러 환자가 있는 경우 긴급한 환자부터 처치하도록 하고, 응급의료진이 도착하면 환자 상태에 대해 정확히 알려준다. 아동이 쓰러졌을 때 교사는 의식이 있는지를 확인하고, 의식이 없는 환자는 숨을 쉬고 있는지 확인한다. 의식이 없을 경우엔 음식물 제공은 기도를 막아 숨을 쉬지 못하게 할 수 있으므로 절대 금지해야 한다.

2) 올바른 신고 요령

응급상황이 발생하면 당황하지 않고 핸드폰이나 전화를 사용해 119에 신고한다. 이때 신고방법이 중요한데 간명하고 정확한 정보전달을 위해 평소 올바른 신고 요령을 숙지하도록 교육하거나 전화기 옆에 올바른 신고방법을 게시해 두도록 한다. 응급상황이 발생하여 119에 신고할 경우 전화상담원에게 응급상황이 발생한 위치, 상황, 환자상태, 위험요소를 알리고, 전화상담원이 전화를 끊을 때까지 전화를 끊지 않고 계속 연락을 취하며 도움을 받도록 한다.

표 6-1 올바른 신고요령

위치	1. 부상자의 위치를 알린다. 장소를 구체적으로 말한다. 주소 또는 근처의 큰 건물 이름 등 위치를 확인할 수 있는 지형물을 알린다.
상황	2. 무슨 일이 일어났는지 정확하게 설명한다.
환자상태	3. 부상자의 상태를 구체적으로 알린다. 환자의 상태를 구체적으로 알리고, 실시한 응급처치에 대해서도 설명한다.

위험요소	4. 주위의 위험요소 유무를 알린다. 주변의 화재, 구조물 붕괴 위험성, 독성 먼지나 가스, 폭발의 위험성, 감전 가능성, 교통사고 위험성 등을 알린다.
연락	5. 연락을 계속 유지한다. 전화번호와 이름을 남기고, 구급차가 도착하기 전까지 119로부터 부상자의 응급처치법에 대한 도움을 받을 수도 있으므로 전화를 끊지 않는다.

출처 : 현장체험학습 안전 길라잡이(교육부 초등용, 2014)

3. 선한 사마리아인 법(good samaritan law)

응급의료에 관한 법률에 선의의 응급의료에 대한 면책조항으로서 생명이 위급한 응급환자에

게 해당하는 응급의료 또는 응급처치를 제공하여 발생한 재산상 손해와 사상에 대하여 고의 또는 중대한 과실이 없는 경우, 해당 행위자는 민사 책임과 상해에 대한 형사 책임을 지지 아니하고 사망에 대한 형사 책임은 감면한다."로 규정함으로써, 선의의 구조자를 보호할 수 있는 법적 근거를 제공하고 있다.

■ 정리

1. 응급처치 교육은 사고 및 질병의 예방, 적절한 응급처치 기술 습득, 높은 안전생활 의식 함양을 목적으로 한다. 응급처치 교육이 필요한 이유는 첫째, 학교와 가정 내 아동안전사고 발생으로 병원 전 현장 응급처치 수요가 존재하고, 둘째, 환자 발생 상황 접수로부터 119 구급대가 현장에 도착해 초기대응하는 데 걸리는 시간을 최소화하며, 셋째, 사망환자 발생율을 낮추고, 넷째, 심정지 발생 후 소생술을 높이고, 다섯째, 아동 심정지 환자의 생존율을 향상시키기 위해서다.

2. 응급상황 발생시 올바른 신고방법은 119 전화상담원에게 응급상황이 발생한 위치, 상황, 환자상태, 위험요소를 알리고, 전화상담원이 전화를 끊을 때까지 전화를 끊지 않고 계속 연락을 취하며 도움을 받도록 한다.

2장 기본 인명 구조술

1. 심폐소생술

1) 개념 및 의의

대한심폐소생협회에서 제시하는 심폐소생술의 개념과 의의를 살펴보면 심폐소생술은 심장마비가 발생했을 때 인공적으로 혈액을 순환시키고 호흡을 돕는 응급치료 법으로, 심폐소생술은 심장이 마비된 상태에서도 혈액을 순환시켜, 뇌의 손상을 지연시키고 심장이 마비 상태로부터 회복하는데 결정적인 도움을 준다. 심장마비를 목격한 사람이 즉시 심폐소생술을 시행하게 되면 심폐소생술을 시행하지 않은 경우에 비해 심장마비 환자의 생명을 구할 수 있는 확률이 3배 이상 높아지고, 심폐소생술을 효과적으로 시행하면 그렇지 않은 경우에 비해 심장마비 환자의 생존율이 3배가량 높은 것으로 조사되었다.

따라서 모든 사람이 심폐소생술을 배운 후 응급상황에서 이를 효율적으로 시행한다면 수많은 심장마비환자의 생명을 구할 수 있을 것이다. 심장마비로부터 살아나는 사람 중 적절한 시기에 효과적으로 심폐소생술을 받지 못하는 경우에는 비록 생존하더라도 대다수가 심한 뇌손상으로 고통을 받는다. 뇌손상으로 인해 회복된 후에도 의식이 없거나 심장마비 이전의 지능을 회복하지 못해 직장이나 사회생활로 복귀하지 못하는 경우가 많다. 심폐소생술은 심장마비환자의 뇌손상을 줄이는데 결정적인 역할을 하며, 궁극적으로는 심장마비환자의 생명을 구하는 소중한 치료법이다.

교사가 먼저 생명을 구하는 소중한 치료법인 심폐소생과 제세동기 사용법을 익힌 다음 아동을 위해 교육기관으로 전문가를 정기적으로 초빙하여 전문장비를 가지고 실천력을 기를 수 있도록 기획하도록 한다.

2) 심정지 원인 및 심폐소생술 시행 현황

심장마비를 일으키는 질환은 다양하지만, 특히 급성 심근경색은 심장마비를 유발하는 가장 중요한 원인이다. 심장이 원활한 펌프의 역할을 하려면 심장 근육으로 충분한 산소와 영양분이 공급되어야 한다. 이 때, 심장근육으로 혈액을 공급하는 혈관(관상동맥)이 완전히 막혀 혈액 공급이 되지 않는 상태를 급성 심근경색이라고 한다. 만약 자신이나 주변 사람에게 급성 심근경색의 증세가 있으면, 즉시 119에 도움을 요청해야 한다.

갑자기 심장박동이 멈춘 급성심상정지 환자의 경우 3분 이내 신속한 응급처치가 매우 중요하지만 현장에서부터 심폐소생술을 시행해 병원으로 이송된 사례는 절반에도 미치지 못하는 것으로 나타났다(경기매일, 2014.9.28.).

2014년 9월 27일 질병관리본부가 발표한 급성심장정지조사 결과에 따르면 2012년 기준으로 119 구급대를 통해 의료기관으로 이송된 급성심장정지 환자는 총 2만6531명이었다. 남성 1만6995명(64.1%), 여성 9536명(35.9%)으로 남성이 약 2배 많았다. 연령별로는 70대 25%, 80세 이상 21%, 50대 16.1%, 60대 16% 등으로 고령자가 많음을 알 수 있다.

그러나 신속한 응급처치와 치료는 미비했다. 심장이 정지한 상태에서 3분이 경과하면 비가역적 뇌손상이 발생하고 4-6분 이상이 경과하면 사망에 이른다. 현장에서부터 지속적으로 심폐소생술을 시행해 병원으로 이송된 사례는 지난 2010년 8212건(33.5%), 2011년 1만175건(40.9%), 2012년 1만2222건(46.1%)으로 매년 점진적으로 증가하고 있지만 여전히 50%를 밑돌았다.

일반인이 현장에서 심폐소생술을 시행한 사례는 지난 2012년 1730건(6.5%)으로 한 자릿수에 머물렀다. 이런 이유에서 생존해서 퇴원한 환자의 비율은 지난 2010년 3,3%, 2012년 4.4%로 극히 드물었다. 현장에서 심폐소생술을 적용해 생존한 상태로 응급실에 도착한 환자의 비율이 3.5%에 불과했기 때문이다.

응급실 도착 후 심폐소생술을 적용해 심박동을 회복한 후 입원한 사례는 지난 2010년 13.6%, 2011년 15.5%, 2012년 15.7%로 다소 증가했다. 급성심장정지환자 발생 후 신속한 신고와 대응이 생존율 향상에 매우 중요한 영향을 미친다는 것은 통계로 확인할 수 있다.

지난 2012년 자료를 활용해 목격자의 심폐소생술 시행에 따른 퇴원 시 생존여부를 분석한 결과 전체 1만2222건 중 119가 도착할 때까지 목격자가 심폐소생술을 시행해 생존사슬이 끊어지지 않았던 환자의 생존율은 21.8%였지만 구급대가 도착한 이후 심폐소생술을 적용받은 환자의 생존율은 12.9%로 10% 가량 낮았다. 2011년 보건복지부의 응급의료서비스 인지도 조사 결과 심폐소생술 인지율(92.5%)에 비해 실제 시행 가능비율은 18.4%로 매우 낮았다"며"우리나라의 일반인 심폐소생술 시행을 향상시키기 위한 지속적인 교육과 홍보가 필요하다.

2. 생존사슬

심정지 환자의 생존율을 높이기 위한 개념으로 1992년 미국 심장협회(AHA) 심폐소생술 지침에서 처음으로 병원 전 심정지 환자의 소생을 위하여 일련의 과정인 생존사슬을 강조하였다. 아래에 제시된 생존사슬 5단계는 20105 AHA 가이드라인을 보강한 2016년 한국 심폐소생술 단계로 심정지 환자가 소생되기 위해서는 생존사슬이 즉시, 그리고 쉼 없이 이어져야 한다.

심정지 예방과 조기발견 - 신속한 신고 → 신속한 심폐소생술 → 신속한 제세동 → 효과적 전문소생술 및 심정지 후 통합치료의 5단계로 구성된다. 1단계는 일단 심정지가 발생되면 사망의 가능성이 높기 때문에 누구나 심정지의 위험성을 인지하고 예방하기 위한 노력을 해야 한다. 아울러 심정지가 발생된 경우에는 목격자가 신속하게 심정지 상태를 인지 할 수 있어야 한다.

2단계는 심정지를 인지한 목격자가 심정지 환자가 발생하였음을 119에 신속하게 신고해야 한다. 3단계는 심정지 환자를 발견한 목격자가 신속하게 심폐소생술을 실시해야 한다. 뇌에 산소를 공급하여 뇌손상을 감소시켜 생존을 높여주는 단계이다. 4단계는 신속한 제세동으로 의료인이 없는 상태에서도 환자에게 전극을 붙여 자동으로 제세동 여부를 알려주는 자동제세동기를 사용하는 단계로 심실세동 상태에서 제세동이 4분 이내 실시될 때 최고의 생존율을 보이며 매 1분이 지날 때 마다 생존율이 7~10%씩 감소한다. 주위에 도움을 요청하고, 인공호흡과 흉부압박을 시행하며 자동제세동기를 사용하는 3단계까지를 기본생명소생술의 단계라고 하고, 심박동을 회복하기 위해 전문가가 개입하여 전문적 치료를 제공하고, 소생 후 치료를 시행하는 4단계 이후는 전문생명소생술의 단계라고 한다.

3. 심폐소생술 시행방법

심폐소생술을 시행하기 위해서는 연령구분을 살펴보는 필요하다. 왜냐하면 연령에 따라 압박 깊이가 달라지기 때문이다. 심폐소생술에서 구분하는 대상은 3개 범주로 1세미만의 영아, 1세이상~만8세까지의 소아, 8세 이후는 성인으로 구분한다(서길준 외, 2011).

표 6-2 심폐소생술 단계

심정지 확인 → 도움 및 119신고 요청 → 가슴압박 시행 → 회복자세

심정지 확인 단계에서는 환자의 양쪽 어깨를 가볍게 두드리며, 큰 목소리로 "여보세요, 괜찮으세요? 눈 떠 보세요."라고 소리친다. 환자의 몸 움직임, 눈 깜박임, 대답 등으로 환자의 호흡과 반응(심정지-무반응)을 확인한다.

심정지 상태를 인지하면 바로 119에 구조자 발생장소와 상황, 환자의 숫자와 상태를 알리고 필요한 도움에 대답할 준비를 한다. 현장에 2명 이상이 있을 때 한 명은 신고와 함께 제세동기를 가져오도록 한다.

환자를 바닥이 단단하고 평평한 곳에 등을 대고 눕힌 뒤에 가슴뼈(흉골)의 아래쪽 절반 부위에 깍지를 낀 두 손의 손바닥 뒤꿈치를 댄다. 손가락이 가슴에 닿지 않도록 주의하면서, 양팔을 쭉 편 상태로 체중을 실어서 환자의 몸과 수직이 되도록 가슴을 압박하고, 압박된 가슴은 완전히 이완되도록 한다. 가슴압박은 성인에서 분당 100~120

회의 속도와 약 5cm 깊이(소아 4~5 cm)로 강하고 빠르게 시행한다. '하나', '둘', '셋', …, '서른'하고 세어가면서 규칙적으로 시행하며, 환자가 회복되거나 119 구급대가 도착할 때까지 지속한다. 심정지 초기에는 가슴압박만을 시행하는 가슴압박 소생술과 인공호흡을 함께 실시하는 심폐소생술의 효과가 비슷하기 때문에 일반인 목격자는 지체 없이 가슴압박 소생술을 시행해야 한다. 이때 소아는 한 손으로, 성인은 양손으로 가슴압박을 실시한다.

가슴압박 소생술을 시행하던 중에 환자가 소리를 내거나 움직이면, 호흡도 회복되었는지 확인한다. 호흡이 회복되었다면, 환자를 옆으로 돌려 눕혀 기도(숨길)가 막히는 것을 예방한다. 그 후 환자의 반응과 호흡을 관찰해야 한다. 환자의 반응과 정상적인 호흡이 없어진다면 심정지가 재발한 것이므로 신속히 가슴압박 소생술을 다시 시작해야 한다

4. 제세동기 사용

1) 제세동기 사용방법

자동제세동기는 반응과 정상적인 호흡이 없는 심정지 환자에게만 사용하여야 하며, 심폐소생술 시행 중에 자동제세동기가 도착하면 지체 없이 적용해야 한다.

1단계 전원켜기 : 먼저 자동제세동기를 심폐소생술에 방해가 되지 않는 위치에 놓은 뒤에 전원 버튼을 누른다.

2단계 패드부착 : 패드 부착부위에 이물질이 있다면 제거하며, 패드와 제세동기 본체가 분리되어 있는 경우에는 연결한다. 패드 하나는 오른쪽 빗장뼈 바로 아래에, 나머지 하나는 왼쪽 젖꼭지 옆 겨드랑이에 부착한다.

3단계 심장 리듬분석 : "분석 중…"이라는 음성 지시가 나오면, 심폐소생술을 멈추고 환자에게서 손을 뗀다. 제세동이 필요한 경우라면 "제세동이 필요합니다"라는 음성 지시와 함께 자동제세동기 스스로 설정된 에너지로 충전을 시작한다. 자동제세동기의 충전은 수 초 이상 소요되므로 가능한 가슴압박을 시행한다. 제세동이 필요 없는 경우에는 "환자의 상태를 확인하고, 심폐소생술을 계속하십시오"라는 음성 지시가 나온다. 이

경우에는 즉시 심폐소생술을 다시 시작한다.

4단계 제세동 시행 : 제세동이 필요한 경우에만 제세동 버튼이 깜박이기 시작한다. 깜박이는 제세동 버튼을 눌러 제세동을 시행한다. 제세동 버튼을 누르기 전에는 반드시 다른 사람이 환자에게서 떨어져 있는지 다시 한 번 확인하여야 한다.

5단계 즉시 심폐소생술 다시 시행 : 제세동을 실시한 뒤에는 즉시 가슴압박과 인공호흡 비율을 30:2로 심폐소생술을 다시 시작한다. 자동제세동기는 2분마다 심장리듬 분석을 반복해서 시행하며, 이러한 자동제세동기의 사용 및 심폐소생술의 시행은 119 구급대가 현장에 도착할 때까지 지속한다.

2) 제세동기 설치

자동제세동기(AED)는 응급의료법에 따라 공공보건의료기관, 구급대에서 운용 중인 구급차, 여객 항공기 및 공항, 철도 객차, 20톤 이상 선박, 500세대 이상 아파트 · 경마장 등 다중이용시설 등을 설치대상으로 하고 있다.

한국소비자원의 보고에 따르면 자동제세동기(AED) 의무 설치 비율이 절반에도 미치지 못하는 것으로 나타났다. 한국소비자원은 AED 의무설치대상 장소 120곳에 대한 실태조사 결과, AED가 설치된 곳은 42.5%(51개)에 불과했으며 관리도 부실하다고 밝혔다. 특히 선박(10.0%), 철도 객차(20.0%), 500세대 이상 아파트(38.4%) 등의 설치율이 상대적으로 낮았고, AED가 설치된 51곳 중 58.8%(30개)가 단 1대만 설치돼 있다. 현재 AED 의무설치 장소로 지정되지 않은 찜질방, 어린이집, 영화상영관, 대형마트, 학교, 놀이공원, 500세대 미만 아파트 등으로 의무설치대상 범위를 확대할 필요가 있음을 강조하였다(서울 파이낸스 뉴스, 2014,8,12).

5. 일반인을 위한 심정지 국민행동 지침

그림 6-1 일반인을 위한 심정지 국민행동 지침 (출처 : 대한심폐소생협회)

■ 정리

1. 생존사슬은 신속한 심정지 확인과 신고 → 신속한 심폐소생술 → 신속한 제세동 → 효과적 전문소생술 → 심정지 후 통합치료의 5단계로 구성되며, 심폐소생술 실시 단계는 심정지 확인 → 도움 및 119신고 요청 → 가슴압박 시행 → 회복자세의 순으로 이뤄진다.

2. 자동제세동기는 반응과 정상적인 호흡이 없는 심정지 환자에게만 사용하며, 심폐소생술 시행 중에 자동제세동기가 도착하면 지체 없이 적용한다. 제세동기 사용 순서는 전원켜기 → 패드부착 → 심장 리듬분석 → 제세동 시행 → 즉시 심폐소생술 다시 시행 순으로 진행된다. 제세동을 실시한 뒤에는 즉시 가슴압박과 인공호흡 비율을 30:2로 심폐소생술을 다시 시작하고, 이러한 자동제세동기의 사용 및 심폐소생술의 시행은 119 구급대가 현장에 도착할 때까지 지속한다.

3장 응급처치

1. 기도폐쇄 응급처치

1) 원인

기도폐쇄는 이물질, 외상, 무의식 등이 원인이다. 아동의 경우 과일, 사탕, 고기, 땅콩 등을 삼키다가 기도가 막히거나, 입안이 손상되어 부러진 치아나 출혈 등 외상이나 사고에 의해 기도가 막히기도 하고, 혀가 뒤로 말리는 거나, 또는 구토물도 질식을 일으켜 기도폐쇄가 발생한다.

2) 증상

부분기도폐쇄의 경우 기침과 말을 하며 안절부절 하는 행동을 보이거나 청색증이 나타나기도 한다. 반면 기도가 완전히 막히면 말을 하지 못하고 양손으로 목을 감싸는 '촉킹-싸인(chocking-sign)'이 나타나면서 얼굴과 입술이 파랗게 변하는 청색증이 관찰된다.

3) 응급처치

기도폐쇄가 발생하면 일차적으로 상황에 맞게 응급처치를 실시한다. 부분기도폐쇄의 경우 계속 기침을 하도록 유도하며, 계속해서 기침을 해도 이물질이 배출되지 않을 때에는 즉시 119로 연락을 하여 도움을 요청한다.

기도가 완전히 막힌 경우 복부 밀쳐올리기 기법인 하임리히법을 실시하는데 이때 처치는 의식 유무에 따라 달라진다. 의식이 있는 경우 환자의 뒤에 서서 허리를 껴안고 한 손은 주먹을 쥐어 환자의 상복부, 즉 배꼽과 명치끝의 중간 부분에 대고 다른 손으로는 주먹 쥔 손을 감싼 후 환자의 복부를 당신의 가슴 쪽으로 강하게 끌어올린다. 5회 연속 압박을 실행한 후에는 환자의 입안을 살피고, 입안에서 이물질이 발견되면 제거하고, 이물질이 관찰되지 않으면 다시 복부 밀쳐 올리기를 5회 시행한다. 이때 복부비만이나 임산부와 같이 가슴 밀치기로 처치한다.

의식이 없는 경우 환자를 바닥에 눕히고, 구조요청을 한 다음 심폐소생술(가슴압박과 인공호흡을 30 : 2로 5회 반복 후 재평가)을 실시한다. 심폐소생술 1사이클마다 입을 열어 입안의 이물질을 확인하고 제거해주고, 환자의 호흡이 정상으로 회복될 때까지 심폐소생술을 실시한다. 응급처치자는 심폐소생술을 실시할 때 가슴압박은 연령 기준에 따라 저학년은 한손을 사용하고 고학년은 양손을 사용한다. 특히 저학년의 경우 체구에 따라 적절한 기도폐쇄 처치(하임리히법, 등두리기법, 흉부압박법 등)를 변형하여 적용하도록 한다

혼자 있다 기도가 폐쇄될 경우 의자나 난간을 이용하여 모서리에 복부를 밀착시킨 후 주목을 복부 중앙에 두고 다른 한 손으로 주먹을 감싼 채 상체를 의자쪽으로 향해 기침과 함께 몇차례 압박하여 스스로 하임리히법을 시행한다(서길준 외, 2011).

교사는 기도폐쇄를 예방하기 위해 기도폐쇄의 원인 되는 위험물을 제거하거나, 안전교육을 통해 기도를 확보하는 방안을 지도할 수 있다. 또한 외상이나 사고가 발생했을 때 기도를 확보하고, 아동이 발작하거나 구토할 경우 기도를 확보해 주도록 조치할 수 있다. 특히 토할 때 다른 사람의 등을 두드리지 않도록 지도한다.

2. 외상성 근골격계 손상 응급처치

외상으로 인해 근골격계가 손상했을 경우 외관, 호흡상태, 피부순환등에 대한 전반적 평가와 사지 순환평가를 통해 손상 정도를 파악할 수 있다. 손상을 확인하면 응급처치에 들어가는데 외상의 공통된 처치법은 첫째, 다친 부위를 움직이지 않는다. 둘째, 얼음이나 찬 것을 대준다. 셋째, 붕대 등을 감아 고정시킨다. 넷째, 다친 부위를 높게 올려준다가 있다. 이때 얼음 처치시 지나치게 오래 냉기에 피부를 노출시키면 동상의 위험이 있으므로 주의한다.

아동기에 주로 발생하는 외상성 근골격계 손상은 골절, 탈구, 염좌, 치아손상, 출혈 절단 등이다.

골절 : 골격의 연속성이 비정상적으로 손실된 상태
탈구 : 관절의 손상에 의해 양측 골단면의 접촉상태에 균형이 깨진 상태
염좌 : 골격계를 지지하는 인대의 일부가 늘어나거나 파열되어 관절에 부분 또는 일시적인 전위를 일으키는 손상
좌상 또는 근육이완 : 근육의 긴장이나 열상으로 염좌와 달리 인대와 관절 손상이 없는 근육만의 손상
염전력(뒤틀림) : 경골골절 또는 슬관절과 족관절 인대손상이 흔한 원인이 됨

출처 : 응급처치와 심폐소생술(서길준 외, 2011

1) 골절

(1) 원인

골절은 뼈가 부러지거나 금이 가는 것으로 교통사고, 추락사고 등이 주요 원인으로 활동성이 높은 아동의 경우 골절은 학교에서 많이 일어나는 아동손상 사고 중 하나다.

(2) 증상

골절은 증상에 따라 폐쇄성 골절과 개방성 골절로 나뉜다. 골절 발생시 증상으로는 압통, 변형, 반상출혈, 부종, 운동제한, 노출된 골편 등이 있다. 압통이란 손상부위를 누르면 호소하는 심한 통증이다. 변형은 외형상 정상적인 상태가 아닌 경우로 다치지 않은 쪽과 다친 쪽 비교로 확인이 가능하다. 반상출혈이란 조직 안에서 나온 혈액이 표면에서 자색으로 보이는 것이고, 부종은 손상부위가 부은 것을 말한다. 골절이 일어나면 손상부위를 움직일 수 없어 방어자세를 취하며, 개방성 골절의 경우 손상된 피부에서 골격이 관찰되기도 한다.

(3) 응급처치

아동은 성장과정에 있으므로 골절사고 발생시 뼈끝의 신경, 혈관, 근육손상에 주의하며 환자를 함부로 만지거나 옮기지 않는다. 골절이 의심될 경우 항상 골절로 간주하고 처치하며 함부로 눌러보거나 꺾어보지 않는다. 손상부위를 검진하기 위해 부상부위의 옷을 제거한다. 출혈시 직접 압박하고 부목으로 고정하고 지속적으로 관찰하는 처치를 실시한다.

골절 응급처치시 주의사항으로 첫째, 현장이 위험하지 않는 한 환자를 옮기지 않는다.

둘째, 손상이 의심되면 반드시 고정하고 뼈를 맞추려하지 않는다. 셋째, 개방성 골절로 인해 튀어나온 뼈는 다시 넣지 않도록 하며, 감염에 주의한다. 넷째, 고정 전 · 후에 손상 원부위의 순환, 감각, 운동기능을 검사한다. 다섯째, 부목은 가볍고 단단하며 신체의 폭과 비슷하고, 한 관절을 넘는 긴 길이를 사용한다. 부목을 댄 원부위의 혈액순환을 체크하여 이상이 있는 경우 붕대를 약간 느슨하게 해준다(서길준 외, 2011)

> 부목사용의 원칙은 첫째, 다친 부위가 보여야 한다. 둘째, 부목을 대기 전에 다친 곳 아래를 만져보아 감각이 있는지 맥박을 만져 피가 잘 통하는지 사지를 움직이게 하여 운동능력이 있는지 확인한다. 셋째, 개방된 상처는 부목을 대기 전에 깨끗하게 드레싱해 주고 부목은 개방상처의 반대편에 댄다. 넷째, 부목의 사용시 손상 받은 곳의 위, 아래 관절을 함께 고정하여 움직이지 않도록 한다.

교사는 매일 등하교시 교통지도를 비롯한 안전교육을 실시하고, 위험요인을 수시로 관리하며, 신체활동을 할 경우 준비운동을 철저히 시키고 응급처치도구 상태를 정기적으로 체크한다. 뿐만 아니라 골절환자가 발생했을 때 응급기관으로 빨리 이송하도록 조치하고, 아동을 안정시키며 사전에 응급처치능력을 갖춰 아동의 손상과 고통을 경감시켜주도록 한다.

2) 탈구

(1) 원인

탈구는 관절의 뼈가 제자리에서 벗어난 상태로 뼈를 연결하는 인대 및 관절 주위의 신경 및 혈관손상이 동반될 수 있는 상태다. 주로 타박을 당하거나 넘어졌을 때, 심한 근육운동을 할 때 탈구가 발생한다.

(2) 증상

수진관절, 견관절, 주관절, 고관절, 족관절 등에서 자주 발생하며, 심한 통증을 동반하며 관절의 모양이 변하면서 붓기 때문에 일반적인 관절운동이 불완전하다.

(3) 응급처치

탈구는 시간이 지날수록 신경과 혈관 손상의 가능성이 커지므로 탈구시 응급처치는 냉찜질을 하고, 무리하게 맞추지 않으며, 환자가 편안한 자세를 취해 탈구부위를 움직이지 않게 부목으로 고정한 뒤 즉시 병원으로 간다(서길준 외, 2011)..

3) 염좌

(1) 원인

염좌는 과도한 운동이나 심한 근육활동 혹은 무거운 물체 혹은 상자를 들거나 이동할 때 발생한다.

(2) 증상

손상과 동시에 통증을 느끼면서 손상부위가 아프고 붓기 시작한다. 피부색은 변하지 않고, 가벼운 통증에서 인대가 절단되는 심한 경우도 있어 골절과 구별하기 어려운 경우가 많다.

염좌가 생긴 경우 손상부위를 누르면 통증을 호소하고, 부종과 반상출혈이 생기며, 통증으로 인한 움직임 장애가 발생한다. 다치지 않은 쪽과 비교할 때 변형이 있고, 골절과 달리 마찰음은 없다.

(3) 응급처치

염좌시 응급처치는 기도 및 호흡과 순환을 먼저 확인하고 추가 손상을 막고 손상 범위를 최소화하기 위해 RICE(rest-ice-compression-elevation) 방법을 사용한다(서길준 외, 2011)..

4) 치아손상

(1) 원인

치아손상은 대부분 외부충격으로 인해 발생한다.

(2) 증상

치아가 손상되면 골절되거나 빠지고 출혈을 동반하기도 한다.

(3) 응급처치

치아가 빠졌을 주의사항으로는 첫째, 빠지 치아는 함부로 다루지 않는다. 둘째, 빠진 치아는 물이나 구강세정제, 알코올, 베타딘 등에 넣지 않는다. 셋째, 치아는 원래 있던 자리에 깨워 넣으려는 것이 아니라면 빠진 치아를 세척하지 않는다. 넷째, 치아 표면을 건조시키거나 손상시킬 수 있는 물체를 주위에 두지 않는다. 다섯째, 빠진 치아는 문지르거나 치아에 붙어 있는 조직들을 제거하지 않는다. 여섯째, 반쯤 빠진 치아는 빼지 않고, 제자리에 붙이고 치과에 찾아가 느슨한 치아를 고정시킨다(서길준 외, 2011).

치아가 빠졌을 경우 첫째, 아동의 입을 세척하고 이가 빠진 부위에 거즈를 대서 지혈한다. 둘째, 빠진 치아를 다시 넣기에 가장 좋은 자리는 원래 있던 자리이다. 치아는 부상당한 후 30분 이내에 원래 있던 자리에 다시 넣어주면 대체로 잘 붙는다. 셋째, 친접한 치아의 모양을 보고 빠진 치아를 원래 있던 자리에 끼워 넣는다. 넷째, 아동과 함께 치아를 가지고 즉시 치과의사에게 찾아간다(윤선화 외, 2012).

한편 부러진 치아는 소독거즈나 깨끗한 천 조각으로 상처 부위의 먼지나 혈액을 따뜻한 물을 사용해 부드럽게 닦아내고, 부상당한 치아 부위의 얼굴에 얼음주머니를 대어 부기를 가라앉히며, 턱뼈 골절이 의심되면 턱 아래에서 머리 위까지 붕대로 감아서 턱뼈를 고정시키고 즉시 치과의사를 찾아가 치료를 받도록 한다.

5) 출혈

(1) 원인

출혈은 베임, 찢김, 잘림, 골절, 기타 원인 등으로 인해 야기되는 손상증상으로 육안으로 관찰여부에 따라 외출혈과 내출혈로 구분한다.

(2) 증상

외출혈은 개방성 상처에 피가 나는 것으로 외출혈의 종류는 동맥출혈, 정맥출혈, 모세혈관 출혈이 있다. 내출혈은 출혈이 눈에 보이지 않는 경우로 첫째, 피부의 멍이나 타박상이 있을 수 있다. 둘째, 배가 아프거나 만지면 통증을 느끼고 단단하며 멍이 나타날 수 있다. 셋째, 갈비뼈 골절 혹은 가슴에 멍이 나타난다. 넷째, 피를 토하거나 기침을 할 때 피가 나온다. 다섯째, 대변이 검거나 선홍색 피가 섞여 있을 수 있다.

(3) 응급처치

출혈시 처치법(서길준 외, 2011)은 직접압박, 간접압박, 지혈대 사용법등 세 가지가 있다. 계속된 출혈은 상처 부위를 심장보다 높여서 지혈하고, 상처가 크거나 출혈이 심한 환자에게 물을 주는 것은 금한다. 지혈시 알아야 할 것으로 첫째, 직접압박으로 대부분의 출혈을 멈출 수 있고, 둘째, 두피의 출혈은 보기보다 심각하지 않으며, 셋째, 두피와 안면은 다른 곳에 비해 혈류 분포가 많아 상처 정도에 비해 출혈량이 많다는 것이다.

지혈시 출혈이 멈추지 않을 경우 쇼크 증후가 있는지 살피도록 한다. 또한 지혈시 주의할 점으로 첫째, 다른 방법이 없는 경우를 제외하고는 맨손으로 상처 부위를 만지지 않는다. 둘째, 눈의 상처나 이물질이 박혀 있는 상처, 머리뼈 골절의 경우엔 직접 압박을 하지 않는다. 셋째, 피에 젖은 거즈를 제거하지 말고 그 위에 새 거즈를 덧붙여 압박한다. 넷째, 압박붕대는 피가 순환되지 않도록 너무 단단히 감지 않도록 한다.

출혈이 멈추지 않거나 심한 손상과 관련이 있을 경우, 상처를 봉합할 필요가 있다고 생각되거나 돌이나 흙이 깊이 박혀서 물로 씻는 정도로 쉽게 제거되지 않을 경우는 전문가의 도움이 필요한 경우다.

아동들에게 가장 빈번하게 나타나는 출혈은 코피다. 코에 출혈이 있는 경우 코피가 폐로 유입되지 않도록 머리를 가능한 앞으로 숙이도록 하고, 코 위에 얼음 주머니를 올려놓아 지혈을 돕고, 15-20분 이상 출혈이 멈추지 않으면 의사에게 진찰받도록 한다. 귀로에서 출혈이 있는 경우 피나 액체가 흘러나오도록 손상 받은 쪽으로 귀를 기울이게 하고 소독 거즈로 귀를 덮고 접착성 테이프로 살짝 붙인다.

6) 절단

(1) 응급처치

흐르는 물에 절단된 신체부위를 세척한 뒤, 절단부를 약간 젖은 소독거즈나 깨끗한 천으로 감싼다. 감싼 절단부는 기타 방수 용기나 비닐봉지에 넣어 입구를 단단히 묶어 더 큰 비닐팩이나 아이스박스에 얼음과 물을 적당히 담은 후 절단물이 담긴 비닐봉지나 비닐팩을 넣어 병원에 가져간다. 이때 절단된 신체부위를 세척할 때 칫솔 등으로 문지르지 말고, 절단된 부위를 직접 얼음이나 물에 넣어서는 안된다. 절단된 신체부위를 넣은 비닐봉지는 입구를 잘 묶어 얼음이나 물이 직접 닿지 않게 한다(윤선화 외, 2012).

3. 동물에 물리거나 쏘였을 때 응급처치

1) 벌에 쏘였을 때

① 증상

사람의 활동에 자극을 받아 공격을 하는 벌은 말벌 그룹으로 말벌과 호박벌이 이에 속하며 이 중 알레르기 반응을 가장 많이 일으키는 벌은 노랑말벌이다. 노랑말벌은 당분이 포함된 것을 양식으로 삼기 때문에 음식, 쓰레기 등에 붙어 있다가 접근하는 사람을 공격한다(서길준 외, 2011). 벌에게 쏘였을 때는 벌침 속에 남아 있는 독액이 인체 내에 흡수되어 국소반응 및 독성반응, 아나필락시스 반응 등이 나타난다. 국소반응으로 벌에 쏘였을 때 나타나는 가장 흔한 반응으로 침에 쏘인 부위에 통증, 발적, 부종 등이 나타난다. 독성반응은 여러 차례 벌침에 쏘이면, 침독에 의해 전신 독성반응이 나타날 수 있는데 오심, 구토, 설사, 어지러움, 실신 등이 나타난다.

② 응급처치

벌 쏘임에 대한 심한 반응은 매우 드물고 대부분 즉시 짧은 시간 내에 일어난다. 아동이 벌에 쏘인 것으로 판단될 경우 교사는 아동을 안정시키고 기도유지 후 호흡과 순환을 확인한다. 적출기(신용카드나 핀셋)로 벌침을 제거한다. 2차 감염을 최소화하기 위해 비눗물로 상처부위를 깨끗이 씻는다. 국소 반응시 상처 부위에 얼음찜질을 시행하여 부종을 감소시키고 부종이 심할 때 물린 부위를 높인 후 안정시킨다. 통증을 진정시키기 위해 진통제를 복용한다. 알레르기 반응 등이 나타나면 신속하게 병원으로 이송한다.

벌쏘임 예방을 위해서 벌집 제거는 전문가에게 맡긴다. 야외 활동시 맨발 또는 샌들을 신지 말고 일할 때는 긴소매 옷, 긴바지, 장갑을 착용하고 밝은 색 또는 화려한 무늬 옷을 입지 않는다. 곤충에 심한 알레르기가 있는 사람은 성묘나 잔디깍기를 하지 않는다. 야외에서 당 성분의 음식이나 음료수를 마실 때 조심하고 쓰레기통 근처나 과일이 썩고 있는 과일나무 근처는 피한다. 벌과 마주치면 급하게 움직이지 않고 침착하게 그 장소를 피하며 피할 수 없을 경우 땅 주위에 눕고 팔로 머리를 감싼다(서길준 외, 2011).

2) 뱀에 물렸을 때

① 증상

뱀 뱀에게 물렸을 때 뱀을 쫓거나 잡으려 하지 말고 안정을 취하는 것이 적절하다. 뱀에 물리면 피부에 한 개 또는 두 개의 송곳니 자국이 생기고 부어오른다. 몇 분 내에 부종과 함께 통증이 나타나며 얼룩 또는 피가 고인다. 상처에 지속적인 삼출액과 땀이 많이 흐른다. 구토, 설사와 중증인 경우 쇼크가 일어난다.

② 응급처치

환자의 활동을 최소화시키고 안정시킨다. 기도유지 후 호흡과 순환을 확인한다. 상처부위의 옷과 장신구를 제거한다. 물린 부위를 물로 씻고 적출기를 사용한다. 물린 부위를 심장보다 낮게 위치시키고 상서부위 위쪽을 넓은 천으로 가볍게 묶어준다. 신속하게 병원으로 이송한다.

뱀에 물린 경우 응급처치 시 주의사항으로 먼저 혈관이나 신경을 손상시켜 2차 감염의 위험이 있으므로 상처를 칼로 절개하지 않는다. 둘째 상처부위를 째거나 입으로 빨지 않는다. 셋째, 냉찜질은 통증을 완화시키나 독의 흡수를 지연시키는 효과는 없으므로 상처에 얼음을 직접 대지 않는다. 뱀에 물린 경우 독사인지 여부를 판단하고 독이 퍼지는 속도를 늦추며, 필요한 경우에는 해독제를 최대한 빨리 투여 받도록 한다(서길준 외, 2011).

3) 개나 고양이에게 물렸을 때

① 증상

개나 고양이에게 물리면 출혈이 생기고, 통증이 유발되며, 부종이나 발적이 나타난다. 동물에게 물린 경우 감염이나 염증에 대한 세심한 관찰이 필요하고 이에 따른 항생제나 광견병 치료가 필요하다. 따라서 동물에 물린 경우 증상이 당장 나타나지 않거나 증상이 가볍더라도 반드시 병원으로 이송하여야 한다(서길준 외, 2011).

② 응급처치

먼저 환자를 안정시키고 활동을 최소화한다. 그런 다음 기도유지 후 호흡과 순환을 확인한다. 출혈이 있는 경우 지혈시키고 비눗물로 상처부위를 깨끗이 씻고, 물린 부위를 심장보다 낮게 위치시키고 상처부위 위쪽을 넓은 천으로 가볍게 묶어준 다음 부목으로 고정 후 병원으로 이송한다. 이때 집에서 키우는 개에게 물렸을 경우 광견병 예방 접종 여부를 확인하고, 개를 약 10일간 관찰하는 동안 아무 이상이 발견되지 않으면 안심해도 된다(서길준 외, 2011).

4. 화상 응급처치

1) 증상

화상은 열에 의해 피부세포가 파괴되거나 괴사되는 현상으로 직접적인 열손상, 부식성 화학물질, 전기 등에 의해 신체 조직이 손상된 상태를 말한다. 화상은 깊이에 따라 피부 표피층에 화상을 입은 경우로 피부는 붉게 변하나 수포가 없는 1도 화상, 피부 표피층이 완전히 손상되고 내피층까지 손상을 입은 경우로 수포가 생기고 통증이 심한 2도 화상, 모든 피부층은 물론 피하지방과 근육층까지 손상된 심한 화상으로 피부색은 회백색이나 검은색을 띠고 신경이 손상된 경우 감각이 마비되는 3도 화상으로 구분한다.

1도 화상은 피부의 표면층이 손상된 것으로 통증과 발적, 부종을 유발하고, 2도 화상은 피부의 표면층과 하부층이 손상된 것으로 좀 더 심한 통증, 발적, 부종, 물집을 유발한다. 3도 화상은 더 깊은 조직까지 손상 범위가 확장된 것으로 피부가 갈색이나 검은 색으로 되고 통증이 없을 수도 있다.

2) 응급처치

일반적인 화상 응급처치로는 화상이 더 진행되지 않도록 조치하고, 화상부위를 건조시키고 소독거즈와 화상거즈로 덮어 열의 손실을 박고 감염의 위험을 최소화하며, 환자의 생명기능을 보존한다. 그런 다음 화상환자를 치료할 수 있는 병원으로 신속하게 이동한다. 화상 환자의 응급처치를 할 때 주의사항으로 첫째, 화상 부위에 얼음 주머니를 올려 놓을 경우 피부가 벗겨진 상태이므로 저온손상에 주의한다. 둘째, 민간요법은 환부의 상태를 악화시키고 2차 감염을 유발하거나 피부에 손상을 준다. 셋째, 안면 화상은 부종으로 인한 호흡장애의 가능성이 있으므로 상체를 반쯤 일으킨 상태로 이송한다. 넷째, 화상직후에는 음식물과 물을 먹지 않는 것이 좋으며 술은 금기하고 물집은 터트리지 않는다.

유형별 화상 응급처치로 열화상은 첫째, 화재나 뜨거운 증기, 기름, 물 등에 의해 주로 아동에게 많이 발생한다. 아동은 체온 손실로 인한 저체온증에 빠질 수 있으므로 화상부위를 찬물에 10분 이상 담그지 않는다. 화상부위는 즉시 찬물로 식히고, 3도 와상인 경우 감염위험이 있으므로 찬물에 담그지 않는다. 화상 부위의 물집은 세금감염 위험이 있으므로 터트리지 않고 소독된 거즈 등으로 화상부위를 덮어 감염을 최소화한다.

화학약품화상 응급처치는 먼저 염산이나 황산 또는 강알칼리에 의한 화상인 경우 연기가 호흡기나 눈에 화상을 일으킬 수 있다. 손, 발, 관절 등의 화상은 48시간이 지나면 수축의 힘으로 구축성 변형을 방지하기 위해서 부목을 사용하여 관절을 적절한 위치로 고정하여야 한다. 둘째, 손상된 부위를 흐르는 물로 씻는다. 높은 압력의 물은 화학물질이 피부 깊숙이 침투할 수 있으므로 주의한다. 셋째 옷은 제거하고 통증이 사라진 후에도 10번 이상 씻어준다. 넷째, 안전을 위해 장갑을 착용한다. 화학물질이 눈에 들어간 경우 실명을 가져오므로 15분 이상 물로 씻고 눈을 만지지 못하게 한다.

전기화상의 경우 감전 사고는 전기 에너지에 의해 부정맥으로 심정지를 발생시킬 수 있다. 근육을 수축하고 뼈가 부러지거나 빠질 수 있으며 조직에 손상을 주기 때문에 매우 위험하다. 안전한 곳에서 기본 생명소생술에 따라 환자를 응급처치하도록 한다.

화상 시 즉시 이송해야 할 경우로 첫째, 광범위한 부위의 3도 화상, 둘째, 얼굴 · 관절 · 손 · 발 화상이 있는 환자, 셋째, 노인, 소아화상 환자, 넷째, 외상이 동반된 화상 환자, 다섯째, 연기를 많이 흡인한 환자, 여섯째, 증기, 화염화상 환자, 일곱째, 기존 질병이 있던 화상환자 등이 있다(서길준 외, 2011).

5. 열손상 응급처치

더운 환경에 인체가 노출되었을 때 열손상 유형은 열경련, 열피로, 열사병 3가지로 분류한다.

1) 열경련

(1) 증상

땀을 너무 많이 흘리게 되면 우리 몸이 전해질을 잃어버리게 되고 몸에 전해질의 균형이 깨져 경련이 일어나는 것을 열경련이라고 한다. 열경련이 발생하면 얼굴이 창백해지고 식은땀으로 피부가 축축해진다. 호흡이 약하고 맥박이 느려진다.

(2) 응급처치

열경련의 응급처치는 첫째, 시원한 곳으로 옮기되 체온을 지나치게 떨어지게 하면 안된다. 둘째, 옷을 느슨하게 하고 발 쪽을 약간 높게 한다. 셋째, 의식이 있어 물을 마실 수 있으면 전해질 보충을 위해 티스푼으로 1/2~1/4정도의 식염을 물 한 컵에 타서 마시게 하거나 이온음료를 마시게 한다. 넷째, 의식이 없을 때는 주사(수액)로 전해질 용액을 공급한다(서길준 외, 2011).

2) 열피로

(1) 증상

오랜 시간 동안 머리와 전신에 직사광선을 받으면 갑자기 어지워지면서 눈앞이 캄캄

해지는데 이런 현상을 열피로라고 하며 일명 일사병이라고 한다. 열피로가 발생하면 체온이 상승하고, 열이나고, 한기가 든다. 머리가 아프고, 전신에 힘이 없고, 어지러움을 느끼고 얼굴이 창백해진다. 심한 경우에는 경련이 나타나고 의식이 소실된다.

(2) 응급처치

첫째, 일시적인 것으로 그늘에서 휴식을 취하고 수분을 보충해 주면 대부분 의식을 회복한다. 체질적으로 정상이 아닌 사람들이 더 잘 발생하며 재발 가능성이 높다. 둘째, 먼저 시원한 그늘에 옮겨 다리를 높게 하고 물수건이나 부채 등을 이용해 열을 낮춘다. 셋째, 물을 마시게 하되 뜨거운 음료는 주지 않는다. 넷째, 의식이 없을 때는 먹을 것을 주면 안된다(서길준 외, 2011).

3) 열사병

(1) 증상

열사병은 직접 태양에 노출되거나 뜨거운 공간에서 강한 열에 장기간 노출된 경우 주로 발생한다. 증상으로는 피부가 뜨겁고 건조하며 붉은 색으로 변한다. 땀 분비가 거의 없고, 체온이 40℃ 이상 상승한다. 혼수상태에 빠지며 통증자극에 반응하지 않는다. 초기 맥박은 빠르고 강하나 시간이 경과할수록 약해지고 혈압은 저하되며 경련이 일어날 수 있다.

(2) 응급처치

첫째, 기도-호흡-순환을 확인한다. 둘째, 체온 하강이 가장 중요하며 우선 환자를 서늘하고 그늘진 곳으로 옮긴다. 셋째, 적극적인 냉각 요법을 통해 체온을 빨리 39℃아래로 떨어뜨리고 즉시 병원으로 이송한다. 넷째, 의복을 제거하고 젖은 수건이나 시트로 환자를 덮고 부채나 선풍기로 바람을 불어준다. 다섯째, 순환이 정지되면 신속히 심폐소생술을 시행하고 병원으로 신속히 이송한다(서길준 외, 2011).

열손상 예방 수칙
첫째, 고온과 관련된 질병은 모두 예방이 가능하므로 바깥온도가 높을 때는 과도한 신체활동을 피한다.
둘째, 운동 전에 염분과 포도당이 든 음료를 충분히 섭취하고 미리 스트레칭을 한다.
셋째, 더위에 오래 있지 않도록 하고 규칙적으로 수분을 150~20mL섭취한다.
넷째, 고온다습한 환경이나 하루 중 제일 더운 시간에는 과도한 신체활동을 하지 않는다.
출처 : 응급처치와 심폐소생술(서길준 외, 2011)

6. 한랭 손상 응급처치

온도가 낮은 저온 환경에 장시간 노출되면 방어기전이 억제되어 체온이 떨어진다. 수분은 공기보다 온도 전도율이 25배 정도 높아서 체온이 빠른 속도로 떨어진다. 체온손실은 피부를 통해 순환되며 전도, 대류, 기화, 호흡, 복사의 기전에 의해 발생한다. 체온이 35℃이하로 저하되면 저체온증이 발생하며 신체 일부분이 동결되어 동상과 동창이 발생한다.

1) 동상

(1) 증상

중증의 한랭 손상으로 조직의 수분은 결빙되지 않아 조직괴사가 발생하지 않은 상태이고, 통증이 심하지 않아 발병을 인지하지 못하는 경우가 많다. 주로 귀나 코에서 빈번히 발생하고, 손상된 피부가 창백하게 보인다. 촉진시 매우 딱딱하게 느껴지며 외견상으로 회색, 청백색으로 나타난다. 경미한 동상은 표층부만 손상된 것으로 저리고 화끈거리며 감각둔화가 나타나며 대부분 완전한 회복이 가능하다.

(2) 응급처치

첫째, 말단 부위를 따뜻하게 하고 38~42℃의 따뜻한 물에 담가 붉은 색이 회복될 때까지 시행한다. 둘째, 재결빙될 가능성이 있으면 뜨거운 물에 담그지 않는다. 셋째, 시행 후 재결빙된 경우 재차 뜨거운 물에 담그지 않는다.

하지 말아야 할 것에는 첫째, 동상 입은 부위에 뜨거운 물을 대거나 헤어 드라이기나 히터 같은 건풍 열원기를 적용하지 않는다. 둘째, 동상이 걸린 부분을 문지르고 마사지하거나 물집을 터뜨리지 않는다. 셋째, 실외에 있는 경우 다시 얼 가능성이 있으므로 동상이 걸린 부분을 녹이려 하지 않는다(서길준 외, 2011).

2) 동창

(1) 증상

동창은 가장 심한 한랭손상으로 피부가 실제로 얼어버린 결빙 상태를 말한다. 추운 환경에 지속적으로 노출된 경우 발생한다. 통증이 심하지 않아 환자 자신도 인지하는 못하는 경우도 있다. 동상은 네 단계로 1도에서 4도까지 구분하거나, 표층동상과 심부동상 두 가지로 구분한다.

(2) 응급처치

첫째, 따뜻한 물에 접촉시킨다. 둘째, 젖은 옷이나 신발, 양말을 벗기고 발을 점차 따뜻하게 한다. 셋째, 부드럽게 정상 감각이 회복될 때까지 따뜻하게 유지한다. 넷째, 손상부위를 문지르지 않는다. 다섯째, 즉시 병원으로 이송한다(서길준 외, 2011).

3) 저체온

(1) 증상

중심체온이 35℃이하로 내려가면 중요 장기의 기능저하로 저체온증이 발생한다. 차갑고 건조한 상태에서보다 차가운 물에 접촉하거나 젖은 옷을 입은 상태에서 더 체온을 잃기 쉽다. 저체온증이 발생하면 계속 떠는 현상, 허약감, 나른함, 의식 혼미, 느린 호흡, 쇼크 등의 증상이 발생한다.

(2) 응급처치

가벼운 저체온증이라도 방치하면 심각한 결과를 가져올 수 있으므로 모든 환자는 즉시 병원으로 이송하고 응급처치는 기도-호흡-순환에 준하여 현장에서부터 시행한다. 응급처치 방법으로는 첫째, 젖은 의복은 제거하고 신체를 건조시킨 후 담요와 옷으로 감싸준다. 둘째, 환자의 움직임을 최소화하고 조심스럽게 다룬다. 셋째, 따뜻하게 가습된 산소를 공급하고 의식이 있으면 따뜻한 물과 음식을 먹일 수 있으나 의식이 확인되지 않는다면 어떠한 물과 음식도 입에 넣지 않는다. 넷째, 15분 이내 의료기관이 있을 시 즉시 이송(15분 이상 시 응급처치 후 이송)한다(서길준 외, 2011).

■ 정리

1. 이물질, 외상, 무의식 등으로 인해 발생하는 기도폐쇄는 기침과 말을 하며 안절부절 하거나 청색증이 나타나는 부분기도폐쇄와 말을 하지 못하고 양손으로 목을 감싸는 촉킹-싸인이 나타나는 완전기도폐쇄로 나뉜다. 부분기도폐쇄의 경우 계속 기침을 하도록 유도하며, 이물질이 배출되지 않을 때에는 즉시 119로 연락을 하여 도움을 요청한다. 기도가 완전히 막힌 경우 의식 유무에 따른 복부 밀쳐 올리기를 실시한다.

2. 외상으로 근골격계 손상의 경우 두뇌의 기능을 살피는 외관, 호흡상태, 피부순환으로 평가하는 전반적 평가와 사지 순환평가를 통해 손상정도를 파악한다. 골격계의 공통된 처치법은 RICE 순서로 진행한다. 먼저 다친 부위를 움직이지 않고, 얼음이나 찬 것을 대며, 붕대 등을 감아 고정시키고, 다친 부위를 높게 올려준다. 이때 얼음 처치시 지나치게 오래 냉기에 피부를 노출시키면 동상의 위험이 있으므로 주의한다.

3. 벌에 쏘이면 아동을 안정시키고 기도유지 후 호흡과 순환을 확인한다. 적출기(신용카드나 핀셋)로 벌침을 제거하고, 비눗물로 상처부위를 깨끗이 씻은 다음 얼음찜질을 시행하여 부종을 감소시키고 알레르기 반응 등이 나타나면 신속하게 병원으로 이송한다. 뱀에 물리면 활동을 최소화시키고 안정시킨다. 기도유지 후 호흡과 순환을 확인하고, 상처 부위의 옷과 장신구를 제거한 뒤 물린 부위를 물로 씻고 적출기를 사용한다. 물린 부위를 심장보다 낮게 위치시키고 상서부위 위쪽을 넓은 천으로 가볍게 묶은 다음 신속하게 병원으로 이송한다. 개나 고양이에게 물린 경우 증상이 당장 나타나지 않거나 증상이 가볍더라도 반드시 병원으로 이송한다.

4. 화상은 열에 의해 피부세포가 파괴되거나 괴사되는 현상으로 직접적인 열손상, 부식성 화학물질, 전기 등에 의해 신체 조직이 손상된 상태로 깊이에 따라 1도, 2도, 3도 화상으로 구분한다. 화상이 더 진행되지 않도록 조치하고, 화상부위를 건조시키고 소독거즈와 화상거즈로 덮어 열의 손실을 박고 감염의 위험을 최소화하며, 환자의 생명기능을 보존한 다음

화상환자를 치료할 수 있는 병원으로 신속하게 이동한다.

5. 열손상 유형은 열경련, 열피로, 열사병 3가지가 있다. 열손상 예방을 위해 바깥온도가 높을 때는 과도한 신체활동을 피하고, 운동 전에 염분과 포도당이 든 음료를 충분히 섭취하고 미리 스트레칭을 한다. 더위에 오래 있지 않도록 하고 규칙적으로 수분을 섭취하며, 고온다습한 환경이나 하루 중 제일 더운 시간에는 과도한 신체활동을 하지 않는다.

6. 온도가 낮은 저온 환경에 장시간 노출되면 방어기전이 억제되어 체온이 떨어져 체온이 손실되고, 체온이 35℃이하로 저하되면 저체온증이 발생하며 신체 일부분이 동결되어 동상과 동창이 발생한다.

참고문헌

강영숙, 김찬선, 정준식, 최용신(2008). 현대사회와 생활안전. 진영사.

경기도 교육청(2013). 2013 행복을 지키는 안전교육길라잡이. 경기교육청.

경기도 고양교육지원청(2013), 현장체험학습관련 안전대책 (2013)

교육부 국정감사자료(2013.10), 학교시설물 안전관리현황, 2013.

교육부 보도자료(2014.9), 학생안전지역 통합운영, 2014.

교육부(2014) 학교폭력 사안처리 가이드북

교육부(2014), 생명존중 안전사회 구현을 위한 교육분야 안전종합대책, 2014.11

교육부, 학교안전공제중앙회(2014). 어린이 통학차량 2차 전수조사 통계집.

교육부, 학교안전공제회(2014), 학교안전사고발생통계

국가재난정보센터, 재난재해시 국민행동요령: http: www.safekorea.go.kr

국립공원관리공단 홈페이지 : www.knps.or.kr

국정감사 보고자료(2010), 20102014 국립청소년수련원 안전사고 발생현황

국회입법조사처(2013), 현장조사보고서 - 학교안전강화를 위한 과제, 2013.12.27.,

김명희(2004). 청소년 신체적 폭력의 예측모형. 중앙대학교 박사학위논문.

김아정, 중증도에 따른 손상규모추정, 아주대학교 보건대학원 석사학위논문, 2013

김일옥 외(2013). 아동안전관리. 양서원.

대한심폐소생협회 : http://www.kacpr.org/

문화체육관광부(2009), 공연장 안전매뉴얼

민간수련시설 안전실태 르포 : http://news.donga.com/3/all/20140714/65149916/1

박남수 외 (2014). 현장체험학습 안전길라잡이(2014) : 초등용 . 교육과학기술부

박남수 외 (2014). 현장체험학습 안전길라잡이(2014) : 중등용 . 교육과학기술부

박남수(2009), 학교기반 손상예방사업을 위한 국제안전학교모델 적용 방안, 한국학교보건학회지. 22(1) pp.145-153

법무부(2012). 학교폭력예방-교사용. 교육부.

보건복지부, 질병관리본부(2014), 휴가철 어린이 청소년 물놀이 안전 주의, 2014.7.23

서길준 외(2011). 응급처치와 심폐소생술. 메디칼 크로스.

서울특별시 교육청(2014), 학생안전매뉴얼

소방방재청 (2008), 물놀이 안전매뉴얼

소방방재청(2012), 안전생활가이드

소방방재청(2014). 2013 소방방재통계연보.

송숙경 외(2014). 서울시교육청 학생안전 매뉴얼. 서울시 교육청.

수원정자초등학교(2014), 국제안전학교 제3공인신청서, 아주대학교 지역사회안전증진연구소.

안전보건공단(2012) 생활속의 안전 교과서 및 교사용 지도서 : 초등학교
안전보건공단(2012) 생활속의 안전 교과서 및 교사용 지도서 : 중고등학교
엄우섭 외(2012). 체육안전사고 예방지침서 개발연구. 학교안전공제중앙회.
여성가족부(2014). 2013 청소년백서. 여성가족부.
유형근 외(2010). 집단따돌림에 갇힌 아이들. 학지사.
유형근 외(2012). 자살하려는 아이들. 학지사.
유형근 외(2014). 예비교사를 위한 학교폭력의 예방과 대처. 학지사.
윤선화 외(2012). 영유아 부모대상 아동안전사고 예방 및 응급처치 교육 매뉴얼. 한국생활안전연합.
이기숙 외(2008). 영유아를 위한 안전교육과 응급처치. 양서원.
이재수(2010). 자연재해의 이해. 구미서관.
장희화 외(2013). 초등학생을 위한 학교폭력 상담. 학지사.
정미라, 배소연, 이영미(2003). 유아건강교육. 양서원.
정정옥, 임미혜(2013). 유아교육기관에서의 안전교육. 창지사.
정혜선 외(2012). 생활 속의 안전: 교사용 지도서. 한국산업 안전보건공단.
조경순 외(2003). 초등학생의 따돌림 현상과 사회적지지, 부모-자녀간 의사소통과의 관계. 한국간호교육학회지 9(1), 126-135.
조준필, 박남수 (2008), 지역사회안전증진 이론과 실제, 군자출판사
중앙아동보호전문기관(2013). 2012 전국아동학대현황보고서. 보건복지부.
질병관리본부(2009), 건강증진과 사회안전을 위한 손상의 역학과 관리
채혜선, 임미혜, 김종배(2014). 아동안전관리. 양서원.
충청남도교육청(2014). 현장체험학습 운영개선 메뉴얼.
통계청(2015), 2014 사망원인통계
학교안전공제중앙회 (2013) 학교안전교육 교재분석
학교안전공제중앙회(2012) 학교안전교육가이드라인 개발
학교안전공제회(2010) 학교안전사고 사례집
학교안전공제회(2011), 학교안전사고 통계체계 개선 및 학교안전교육 활성화방안 연구
학교안전정보센터 : http://www.schoolsafe.kr (2015.2.25.)
학교폭력예방포털사이트 : http://www.stopbullying.or.kr
한국교육개발원(2014), 학생안전지역 통합관리 및 운영협조체계 구축을 위한 연구
한국교육개발원(2015), 안전교육 표준안 개발 정책연구
한국청소년활동진흥원 (2014) 청소년 수련활동안전종합매뉴얼
행정안전부(2012), 안전생활길잡이 지도서,
허경(2010). 초등학교 시설의 안전사고 실태 및 개선방안. 한국교원대학교 교육정책전문대학원 석사학위논문.

CDC(2005). Injury Surveillance Training Manual. National Center for Injury Prevention & Control. 2005.

Infant D.A, Riddle B.L. Horvath C.I, Tumlin, S.A (1992), Verbal aggressivenes
: messages and reasons, communication quarterly, 40(2), 116-126

Korean Red Cross(2011). Community Based First Aid Manual. Korean Red Cross.

WHO(2008). World report on child injury prevention.

WHO(2001). Injury Surveillance Guidelines. 2001

찾아보기